Kim-Björn Becker

Internetzensur in China

VS RESEARCH

Kim-Björn Becker

Internetzensur in China

Aufbau und Grenzen des chinesischen Kontrollsystems

Mit einem Geleitwort von
Prof. Dr. Sebastian Heilmann

VS RESEARCH

Bibliografische Information der Deutschen Nationalbibliothek
Die Deutsche Nationalbibliothek verzeichnet diese Publikation in der
Deutschen Nationalbibliografie; detaillierte bibliografische Daten sind im Internet über
<http://dnb.d-nb.de> abrufbar.

Magisterarbeit im Fach Politikwissenschaft an der Universität Trier, 2011

1. Auflage 2011

Alle Rechte vorbehalten
© VS Verlag für Sozialwissenschaften | Springer Fachmedien Wiesbaden GmbH 2011

Lektorat: Dorothee Koch | Jens Meisenheimer

VS Verlag für Sozialwissenschaften ist eine Marke von Springer Fachmedien.
Springer Fachmedien ist Teil der Fachverlagsgruppe Springer Science+Business Media.
www.vs-verlag.de

Umschlaggestaltung: KünkelLopka Medienentwicklung, Heidelberg
Gedruckt auf säurefreiem und chlorfrei gebleichtem Papier
Printed in Germany

ISBN 978-3-531-18208-7

Für meine Familie

Inhaltsverzeichnis

Abkürzungsverzeichnis

Tabellen- und Abbildungsverzeichnis

Vorwort

Das Internet hat die Welt unumkehrbar verändert. Und dieses Buch, obwohl auf Papier gedruckt, ist ein Beispiel dafür. Wie sind Sie, liebe Leserin, lieber Leser, darauf aufmerksam geworden? Haben Sie es vielleicht im Internet bestellt? Oder es in der Datenbank einer Bibliothek gefunden? In jedem Fall trug das Internet dazu bei. Eine belanglose Geschichte, möchten Sie jetzt vielleicht denken. Möglicherweise ist sie das. Aber nur auf den ersten Blick.

Noch nie war es den Menschen möglich, innerhalb so kurzer Zeit auf einen so großen Fundus aus Informationen zuzugreifen. Noch nie war das gesammelte Wissen so greifbar. Noch nie waren die Freunde in der Ferne so nah. Und noch nie war die Überflutung unseres Gehirns mit Ereignis-Bruchstücken so groß. Wenn von Globalisierung die Rede ist, ist meist der zunehmende Welthandel gemeint, die weltweit spürbaren Naturkatastrophen, die sozialen Probleme durch Massenmigration. Doch der Kern der Globalisierung ist der Zugang zu Informationen. Das Internet ermöglicht diesen Zugang in einer Weise, die noch vor 25 Jahren völlig undenkbar war. Das Internet ist der Kern der Globalisierung.

Damit ist das Netz auch ein zutiefst politisches Medium. Seine politische Dimension wird in Demokratien vor allem dann deutlich, wenn über Netzsperren diskutiert wird, die Internetkriminalität wirksam verhindern sollen. In autoritären Systemen hingegen ist das Internet vor allem ein Instrument der Minderheiten, das es ihren Mitgliedern ermöglicht, Informationen auszutauschen und sich trotz staatlicher Repressionen zu organisieren. Es verwundert daher nicht, dass das Internet in diesen Staaten zensiert wird. Internetzensur ist die moderne Form der Bücherverbrennung. Es ist darüber hinaus der Versuch, die Logik der Globalisierung zumindest in Teilen auszuhebeln: Während die positiven wirtschaftlichen Folgen einer immer stärker miteinander verbundenen Welt auch in den meisten autoritären Staaten gerne zum eigenen Vorteil angenommen werden, sollen die „negativen" gesellschaftlichen Folgen der Globalisierung eliminiert werden. Dazu zählt vor allem die Möglichkeit der Bürger, sich bei stetig sinkenden Kosten über staatliche Grenzen hinweg mit anderen Menschen auszutauschen. Es liegt auf der Hand, dass dieser Spagat nicht immer gelingen kann.

In der Volksrepublik China wird dieser Versuch dennoch seit einigen Jahren mit besonderer Intensität unternommen. Während die politische Führung in Peking seit der Ära Deng Xiaopings konsequent an der wirtschaftlichen Öffnung Chinas arbeitete, war sie gleichzeitig bemüht, eine vergleichbare Öffnung auf politischer und gesellschaftlicher Ebene zu verhindern. Mit dem Aufkommen des Internets in den 1990er Jahren stand die Kommunistische Partei Chinas (KPC) aber vor einer neuen Herausforderung. Um ihre Bürger auch in der Sphäre des Cyberspace kontrollieren zu können, installierte sie schrittweise System zur Zensur und Kontrolle des Internets. Heute hat die Volksrepublik das umfangreichste Kontrollsystem weltweit.

Mit zunehmender Entwicklung des chinesischen Internetsektors gerät dieses System aber an seine Belastungsgrenzen. Um die zukünftige politische Entwicklung Chinas beurteilen zu können, ist ein genaues Verständnis der Funktionsweise des Internets unerlässlich. Es reicht heute nicht mehr aus, gesellschaftliche Veränderungen im „Reich der Mitte" bloß auf der Ebene des politischen Systems oder des Mediensektors zu untersuchen. Ohne Urteilskraft in Fragen der digitalen Kommunikation würden die meisten Analysen zu kurz greifen.

An dieser Stelle setzt das vorliegende Buch an. Es basiert in weiten Teilen auf der Magisterarbeit, die unter dem Titel „Zensur und Kontrolle des Internets in der Volksrepublik China" im November 2010 vom Fachbereich III der Universität Trier angenommen wurde. Das Buch soll dem Leser einen breiten Überblick über die politischen, technischen und soziologischen Faktoren der Internetzensur in China liefern und ihm damit zu einer ausgeprägten Urteilskraft über den Gegenstand verhelfen. Auf eine normative Einordnung ist daher bewusst verzichtet worden. Es richtet sich insbesondere an Sozial- und Kulturwissenschaftler, die die Hintergründe der chinesischen Internetzensur begreifen möchten. Daher sind vor allem diejenigen Passagen, die sich mit den technischen Aspekten des Internets und seiner Zensur beschäftigen, so geschrieben, dass kein überdurchschnittliches Vorwissen aus dem Gebiet der Informatik notwendig ist. Ein grundlegendes Interesse an den Möglichkeiten des Internets ist völlig ausreichend.

Ich danke meinem Betreuer und Mentor Prof. Dr. Sebastian Heilmann für die konstruktiven Gespräche und Impulse bei der Planung des Projektes. Ohne seine distanziert-beobachtende Begeisterung für die Volksrepublik China hätte ich mich wohl erst einige Jahre später, wahrscheinlich erst lange nach meinem Studium, intensiver mit dem „Reich der Mitte" beschäftigt.

Ein weiterer Dank gilt Stefan Tomik, Politikredakteur der *Frankfurter Allgemeinen Sonntagszeitung*. Mit seiner journalistischen Beobachtungsgabe und seinem sicheren Gespür für Internet-Themen ist er mir ein Vorbild. Den kompromisslosen Enthusiasmus für tiefgehende Recherche habe ich mir von ihm sehr gerne abgeschaut.

Besonders danken möchte ich Dr. Kristin Kupfer und Frank Sieren. Die fachlichen Gespräche in Peking im März 2010 waren ein wichtiger Baustein meiner Recherche. Ihre Beobachtungen des chinesischen Internetsektors waren mir eine verlässliche Grundlage, daher bereichern ihre fundierten und differenzierten Analysen das vorliegende Buch ohne Zweifel ganz entscheidend.

Ein Dankeschön schicke ich auch an zwei gute Freunde aus Trier: Auf die verlässliche Urteilskraft von Reinhard Müller in konzeptionellen Fragen hätte ich nur ungern verzichtet. Lieber Reinhard, Du bist der Beweis, dass ein studierter Theologe auch in ganz weltlichen Fragen ein hervorragender Ratgeber sein kann.

Für seinen fachlichen Rat in allen informationstechnischen Fragen danke ich auch Stefan Justinger ganz herzlich. Stefan, Du hast mir sehr dabei geholfen, den Spagat zwischen zwei Fachgebieten zu schaffen.

Mein größter Dank gilt meiner Familie. Liebe Öm, Opa, Mama – Euch widme ich dieses Buch. Ihr wisst, warum. Ein herzliches Dankeschön für alles!

Kim-Björn Becker
München/Trier, im Mai 2011

Kontakt bei Fragen, Kritik oder Anregungen:
E-Mail: kbb@kimbjoernbecker.de – Twitter: @kimbjoernbecker

Geleitwort

Dieses Buch bietet eine äußerst informative Darstellung und Analyse der besonderen Strukturen von Internet-Nutzung und Internet-Kontrolle in der VR China. Kim-Björn Becker geht der kontrovers diskutierten Frage nach, ob das Internet – trotz des umfassenden Zensur- und Kontrollsystems, das die Regierung der VR China unterhält – in der Lage ist, zu einer innenpolitischen und gesellschaftlichen Liberalisierung Chinas beizutragen.

Strukturen, Verteilungs- und Nutzungsmuster sowie Ausweich- und Überwachungsmechanismen im chinesischen Netz werden umfassend dargelegt. Eine Serie von Fallstudien – unter anderem zur Funktion von Blogs und Microblogs als „bottom-up journalism" und zu Aktivitätsfeldern des chinesischen „hacktivism" – verdeutlicht, welches Potenzial politischer Mobilisierung auch im chinesischen Kontext in der internetbasierten Kommunikation liegt.

Becker dokumentiert eine beachtliche Kreativität und Optionsvielfalt in der Umgehung staatlicher Zensurmaßnahmen. Die kommunikativen *und* technischen Aspekte des verbreiteten Ausweichverhaltens werden vom Autor systematisch aufgeschlüsselt. Die immer aufwändigeren Gegenmaßnahmen, die staatliche Sicherheitsorgane gegen politisch unliebsame Formen des Internet-Aktivismus ergreifen, bleiben in ihrer Effektivität begrenzt. Technische Ausweichmöglichkeiten und fortschreitende gesellschaftliche Liberalisierung werden eine staatliche Kontrolle des Internet auf Dauer unmöglich machen.

Der politische Liberalisierungsdruck wird sich durch massenhafte Internetnutzung weiter verstärken – auch wenn dies nur mit Verzögerung zu Veränderungen im „analogen" politischen System und keinesfalls zwangsläufig zu einer Demokratisierung nach westlichen Vorstellungen führen wird.

Sebastian Heilmann
im Mai 2011

1. Einführung

Am Morgen des 20. April 2003 erreichte die chinesischen Hauptstadtjournalisten und die in Peking stationierten Korrespondenten eine Einladung zur Pressekonferenz:[1] Noch am selben Tag wollten sich der chinesische Gesundheitsminister Zhang Wenkang und der Pekinger Oberbürgermeister Meng Xuenong vor den Journalisten detailliert zum Ausbruch einer neuartigen Lungenkrankheit (*Severe Acute Respiratory Syndrome*, SARS) äußern. Allein, die Pressekonferenz fand niemals statt. Zhang und Meng wurden noch am selben Tag aus ihren Ämtern entlassen.[2]

Mit der Suspendierung zweier hochrangiger Funktionäre, darin sind sich die Beobachter weitgehend einig, reagierte die chinesische Regierung auf den zunehmenden Druck der chinesischen Bevölkerung und der Weltöffentlichkeit.[3] Das als unzureichend verurteilte Krisenmanagement der politischen Führung im Hinblick auf den Ausbruch der SARS-Krankheit drohte ihre Autorität zu beschädigen.[4] Dies erschien besonders bedeutsam angesichts der Tatsache, dass mit Hu Jintao und Wen Jiabao sowohl ein neuer Staats- als auch ein neuer Ministerpräsident seit kaum mehr als einem Monat in ihren Ämtern waren.[5]

Rückblick: Zwischen dem nachgewiesenen Ausbruch der Lungenerkrankung im November 2002 in der südchinesischen Provinz Guangdong und ersten Lokalzeitungsberichten darüber lagen mehrere Wochen,[6] in denen sich die Zahl der Betroffenen kontinuierlich erhöhte. Die lokale Propaganda-Abteilung der Kommunistischen Partei Chinas (KPC) wies die regionalen Medien am 7. Februar an, eine einheitliche Berichterstattung zu verfolgen.[7] Diese Regelung galt alsbald auch landesweit. Fortan erschienen kaum noch Berichte über SARS, Beobachter wie der Politikwissenschaftler Ashley Esarey sprechen in diesem Zusammenhang von ei-

---

[1] Fewsmith (2008a): S. 245.

[2] Vgl. ebd., 246.

[3] Vgl. He Q. (2006): S. 495; Fewsmith (2008a): S. 156f.; Zhao Y. (2008): S. 351; Abels (2004): S. 853

[4] Vgl. Abels (2004): S. 854.

[5] Holbig (2003): S. 314f.

[6] Die Angaben zu ersten regionalen Berichten sind unterschiedlich: Fewsmith (2008a): S. 245 berichtet von „Mitte Dezember" als frühestem Datum, Shi (2005): S. 5 nennt den 17. Januar, und Esarey (2007): S. 33 gibt den 11. Februar an.

[7] Vgl. Esarey (2007): S. 35, vgl. darüber hinaus Zheng (2009): S. 151.

nem kompletten „media black out".[8] Auch die staatliche Nachrichtenagentur *Xinhua* ignorierte die Epidemie in ihren Nachrichtenmeldungen.[9] In dieser Zeit konnte sich die Krankheit auch nach Hongkong, Taiwan, Vietnam, Singapur, Kanada und in die Schweiz ausbreiten.[10] Es wird kaum bezweifelt, dass das Verschweigen der Epidemie in der chinesischen Berichterstattung mit dem zeitgleich in Peking tagenden Nationalen Volkskongress (NVK) im Zusammenhang steht:[11] Neben der Auswahl eines neuen politischen Führungspersonals sollten keine anderen – und schon gar keine negativen – Schlagzeilen das Bild in den Medien bestimmen.

Joseph Fewsmith, der an der Bostoner Universität chinesische Politik unterrichtet, sieht dahinter eine bewusste Entscheidung der Regierung und nicht etwa Unwissen.[12] Immerhin, so Fewsmith, hätten die lokalen Gesundheitsbehörden in Guangdong die ersten SARS-Fälle bereits im November 2002 an die Pekinger Regierung gemeldet.[13] Am 15. März 2003 veröffentlichte die Weltgesundheitsorganisation (WHO) weltweit eine Warnung anlässlich der Ausbreitung der SARS-Krankheit;[14] am selben Tag wurde Hu Jintao vom NVK als neues Staatsoberhaupt Chinas gewählt[15], einen Tag darauf folgte die Wahl Wen Jiabaos zum neuen Regierungschef.[16]

Die Berichterstattung chinesischer Medien in dieser Zeit war von einer umfassenden inhaltlichen Steuerung seitens der politischen Führung in Peking gekennzeichnet: In den Tageszeitungen mussten anstatt eigener Recherchen die Berichte der staatlichen Nachrichtenagentur *Xinhua* abgedruckt werden.[17] Medien, die sich den Auflagen der Regierung nicht unterwerfen wollten, mussten mit drastischen Konsequenzen rechnen: Mitte März wurde die kritisch berichtende Tageszeitung *21. Jahrhundert Wirtschaftsbericht* geschlossen; wenig später wurde der Chefredakteur der ebenfalls kritischen Wochenzeitung *Südliches Wochenende* entlassen und gegen einen Mitarbeiter der KPC-Propaganda-Abteilung ausgetauscht.[18] Die Sozialwissenschaftlerin Sigrun Abels, die mit einer Dissertation über die politische Kontrolle der Massenmedien in China an der Ruhr-Universität Bochum promoviert wurde, sprach im Zusammenhang mit der SARS-Epidemie von „gezielter Noninformation" und „Desinformation".[19] Die in New York und Hongkong anässige Men-

---

[8] Vgl. Esarey (2007): S. 33.
[9] Vgl. ROG (2005): S. 7.
[10] Vgl. Esarey (2007): S. 38.
[11] Vgl. Fewsmith (2008a): S. 245.
[12] Vgl. ebd.
[13] Vgl. ebd.
[14] Vgl. Spiegel Online (15.3.2003a).
[15] Vgl. Xinhua (15.3.2003); Spiegel Online (15.3.2003b).
[16] Vgl. Xinhua (16.3.2003).
[17] Vgl. Esarey (2007): S. 31.
[18] Vgl. ebd., 33.
[19] Abels (2004): S. 853.

schenrechtsorganisation *Human Rights in China* (HRIC) führte die Unterdrückung der Berichterstattung auf eine umfassende Geheimnis-Kultur bei sensiblen Themen zurück.[20] Und der an der University of London lehrende Sinologe Kevin Latham bezichtigte die chinesische Regierung, den Ernst der Lage durch die Zensur der Medien verschleiert zu haben.[21] Schließlich erwies sich die von der Regierung gewählte Strategie einer streng kontrollierten Medienöffentlichkeit aber als wenig erfolgreich: Die eingangs skizzierten Entlassungen des Gesundheitsministers und des Pekinger Oberbürgermeisters am 20. April 2003 markierten einen Wendepunkt im Umgang mit der Epidemie. Partei und Regierung konnten ihre restriktive Politik angesichts des öffentlichen Drucks nicht länger aufrechterhalten.

Wie war das möglich?

Die Antwort fällt geteilt aus: Zunächst muss zwischen einer chinesischen und einer internationalen Öffentlichkeit unterschieden werden. Letztere wurde, nachdem die Krankheit auch in anderen Ländern ausgebrochen war, durch eine umfassende und überaus kritische Berichterstattung informiert. „Wie viele Fälle werden verschwiegen?", fragte etwa die in Hamburg erscheinende Wochenzeitung *Die Zeit* in ihrer Ausgabe vom 3. April 2003.[22] Und das amerikanische *Time*-Magazin druckte keine zwei Wochen später einen Bericht über den chinesischen Mediziner Jiang Yanyong, der im Pekinger Militärkrankenhaus Nr. 301 arbeitete und über die zunehmende Zahl der Erkrankten berichtete.[23]

Darüber hinaus entstand zwischen Februar und April 2003 auch zunehmend innenpolitischer Druck auf die Regierung. Dieser kann nur teilweise auf die wenigen Medienberichte zurückgeführt werden, die mit dem Krisenmanagement der politischen Führung trotz der drohenden Folgen hart ins Gericht gingen. Manchen Medien gelang es beispielsweise, die Zensurauflagen durch einen Trick zu umgehen: So etwa berichtete das in Peking erscheinende Wirtschaftsmagazin *Finanzen* über Ausbruch und Verlauf der Epidemie in Hongkong – und umging damit den Bann der Regierung, der sich auf Berichte über die Situation in Festland-China beschränkte.[24] Neben den wenigen regierungskritischen Medienberichten innerhalb Chinas war es aber vor allem ein anderes Medium, das wesentlich dazu beitrug, den innenpolitischen Druck auf die Regierung zu erhöhen: das Internet.

In Diskussionsforen und Weblogs zirkulierte alsbald die Nachricht über eine „gefährliche, sich schnell verbreitende Krankheit"[25]. Der in Peking geborene und heute in Köln lebende Publizist Shi Ming hat den Beginn der Online-Verbreitung

[20] Vgl. HRIC (2007): S. 9f. He Q. (2008): S. 58f. weist in diesem Zusammenhang darauf hin, dass die Verbreitung des *Acquired Immune Deficiency Syndrome* (AIDS) als Staatsgeheimnis behandelt wird.
[21] Vgl. Latham (2007): S. 205.
[22] Die Zeit (2003).
[23] Vgl. Time Online (21.4.2003).
[24] Vgl. Shirk (2008): S. 83.
[25] Shi (2005): S. 5; vgl. darüber hinaus Zheng (2009): S. 151.

dieser Information genauer untersucht: „Die Information (...) wurde im Internet zuerst durch unpolitische Foren zu Fragen von Gesundheit und Lifestyle thematisiert. Dies geschah zumeist auf unpolitische Art und Weise."[26] Nachdem sich die chinesische Regierung nach dem 20. April 2003 die Dramatik der Ereignisse eingestanden hatte, entwickelte sich nach Shis Beobachtungen „eine ganz und gar emotionalisierte Diskussion im Internet"[27]. Die an der University of Southern California forschende Politikwissenschaftlerin Minna Jia identifizierte E-Mails und Chat-Programme als Transmissionsriemen einer schnellen Verbreitung der Information über die SARS-Epidemie im Internet; viele Nutzer, so Jia, verließen sich lieber auf die im Internet kursierenden Infektionszahlen als auf die offiziellen Angaben der Regierung.[28]

Es ist bemerkenswert, dass das Internet als ernst zu nehmender Faktor innerhalb der chinesischen Gesellschaft durch seinen dezentralen und diskursiven Charakter dazu beigetragen hat, den Druck auf die politische Führung in Peking in einem Maße zu erhöhen, das eine strategische Wende der staatlichen Informationspolitik nach sich zog. Für den Einfluss des Internets spricht die Tatsache, dass die wenigen kritischen Medienberichte und internationalen Publikationen nur einem geringen Teil der chinesischen Bevölkerung zugänglich waren: Das Magazin *Finanzen* hatte 2003 eine Auflage von 100.000 Exemplaren, *Südliches Wochenende* lag bei etwa 800.000 Stück.[29] Das Internet hatte im Frühjahr 2003 aber eine Reichweite von etwa 60 Millionen Internetnutzern.[30] Heute ist diese mit 420 Millionen bereits sieben Mal so groß.[31]

Die Bedeutung des Internets wird noch deutlicher, wenn der weitere Verlauf der SARS-Debatte nach dem 20. April 2003 in den Fokus rückt: Die Regierung wechselte fortan zu einem „proaktiven Ansatz bei schlechten Nachrichten"[32], wie der chinesische Medienwissenschaftler Zhao Yuezhi konstatiert. Das zeigt sich auch in der strategischen Nutzung des Internets durch die politische Führung: Sowohl Hu Jintao als auch Wen Jiabao sagten, dass sie das Internet dazu nutzen wollten, um sich über die öffentliche Meinung ein genaueres Bild machen zu können.[33] Und die als Nachrichtenanbieter ebenso unter staatlicher Kontrolle stehenden chinesischen Internetportale *Sina* und *Sohu* veröffentlichten nach dem 20. April nicht

---

[26] Shi (2005): S. 5.
[27] Vgl. ebd.
[28] Jia (2005): S. 17. Wörtlich heißt es: „Citizens exchanged information with each other and relied on the Internet to get the latest infection number rather than listening to the official number from the government. Different versions of the folk prescriptions to the epidemic were prevailing in the chat rooms and bulletin boards."
[29] Vgl. Esarey (2007): S. 45.
[30] Vgl. CNNIC (2003): S. 4.
[31] Vgl. CNNIC (2010b).
[32] Zhao Y. (2008): S. 39.
[33] Vgl. Shirk (2008): S. 100.

nur die tagesaktuelle Zahl der SARS-Infektionen innerhalb Chinas, sie luden gar Experten als Ansprechpartner für chinesische Internetnutzer in Online-Chats ein.[34]

1.1 Internet und Liberalisierung

Die kurze Fallstudie weckt die Erwartung, dass dem Internet ein enormes soziales Veränderungspotenzial immanent ist. Viele Forscher – ob Politikwissenschaftler, Medienwissenschaftler oder Soziologen – haben sich dieses Thema in jüngster Zeit zu eigen gemacht.

Bezogen auf *demokratisch regierte Staaten* wird der Einfluss des Internets auf die Gesellschaft vielfach aus theoretischer Perspektive betrachtet.[35] Auf konkreter Ebene steht dessen Verwendung als Instrument in Wahlkampagnen im Mittelpunkt: Unzählige Forscher arbeiten insbesondere seit den amerikanischen Präsidentschaftswahlen im Jahr 2008 – bei denen die Online-Kampagne Barack Obamas eine neue Qualität der politischen Nutzung des Internets markierte – daran, Erfolgsfaktoren für zielgruppengenaue politische Online-Kommunikation zu entwerfen.[36]

In *autoritären Systemen*, die in der Regel durch eine umfassende politische Kontrolle der Massenmedien und öffentlichen Meinung gekennzeichnet sind, zielt die akademische Beschäftigung mit dem (zumeist ebenso stark kontrollierten)[37] Internet vor allem auf dessen möglichen Beitrag zu gesellschaftlichem Wandel innerhalb eines ansonsten geschlossenen Systems.[38] Diese Forschungsperspektive wird vor allem im Zusammenhang mit dem stark kontrollierten chinesischen Internet ambi-

---

[34] Vgl. Jia (2005): S. 18.

[35] Vgl. beispielsweise Rogg (2003); Saco (2002).

[36] Vgl. Brauckmann (2009): S. 186. Den Wahlerfolg Barack Obamas führt Brauckmann unter anderem auf den Einsatz eines diversifizierten Online-Instrumentariums zurück, das im Rahmen einer „Grassroots-Kampagne" (S. 171) auch Angebote der unter dem Schlagwort *Web 2.0* subsumierten Inhalte enthält. Dazu zählten etwa Auftritte des Kandidaten in sozialen Netzwerken wie *Facebook, Flickr* und *YouTube* oder einem Mikroblogdienst wie *Twitter*. Ferner gibt es Untersuchungen, die etwa einen direkten Zusammenhang zwischen der Repräsentanz in sozialen Netzwerken wie etwa *Facebook* und dem Erfolg einer politischen Kampagne herzustellen versuchen, vgl. Williams/Gulati (2008): S. 11f.; Sturz (2009); Cecere (2004); Rhein/Merz (2009): S. 67f. sowie umfassend Merz/Rhein (2009): S. 75f. und Hindman (2009): Kapitel 3 und 4. Zu internetbasierten Verfahren direkter Demokratie siehe Rogg (2003): S. 167f.

[37] Am Beispiel der Internetzensur liefern Faris/Villeneuve (2008) eine umfassende empirische Untersuchung der Internetzensur weltweit. Nachweise einer Zensur des Internets fanden sie in insgesamt 24 Ländern, neben China waren auch autoritär regierte Staaten wie Libyen, Iran, Syrien, die Vereinten Arabischen Emirate oder der Jemen darunter.

[38] Vgl. Freedom House (2010): S. 7; Wagner (2009); Deibert/Palfrey/Rohozinski/Zittrain (Hrsg.) (2010); Deibert/Palfrey/Rohozinski/Zittrain (Hrsg.) (2008); ROG (2010a); ROG (2009a).

tioniert diskutiert: Der an der New Yorker Columbia-Universität lehrende Sinologe
Yang Guobin sieht in der Entwicklung des chinesischen Cyberspaces eine „Kommunikationsrevolution"[39]: Die soziale Dynamik moderner Online-Aktivität, so
argumentiert er, werde in Zukunft vermehrt zu Spannungen und politischen Konflikten innerhalb Chinas führen.[40] Dieses Konfliktpotenzial macht für Yang darüber hinaus auch eine „soziale Revolution"[41] mit Internetnutzern an ihrer Spitze
aus, die in Zukunft die „inoffizielle Demokratie"[42] chinesischer Bürger erweitern
werde. Die Politikwissenschaftlerin Susan Shirk argumentiert in dieselbe Richtung:
Das Internet könne zusammen mit den kommerziellen Massenmedien die Entwicklung einer politischen Opposition in China ermöglichen und damit zur Bedrohung für die KPC werden.[43] Auf abstrakterer Ebene formuliert es der an der Universität Singapur lehrende Politikwissenschaftler Zheng Yongnian: Beide Akteure,
sowohl der Staat als auch die Gesellschaft, profitierten durch die neuen Kommunikationsmöglichkeiten des Internets. Folglich veränderten sich auch die Beziehungen zwischen Staat und Gesellschaft durch das Internet dauerhaft. Die bislang
praktizierte Dichotomie, die den Staat klar von der gesellschaftlichen Sphäre abgrenzt, verschwimme durch das Internet zusehends.[44] Und weil das Internet durch
seine dezentrale Architektur mit zunehmender Verbreitung eine immer wichtigere
Quelle für Informationen werde, argumentiert der Medienwissenschaftler Tai Zixue, konkurriere es dauerhaft nicht nur mit den in China nach wie vor stark kontrollierten Tageszeitungen oder dem Staatsfernsehen; auch sei es als effektives Instrument der sozialen Organisation geeignet, neue gesellschaftliche Akteure zu-
sammenzuführen. Trete zu dieser Konfiguration noch politischer Internetpopulis-
mus hinzu, könne das Internet als ernst zu nehmende Gefahr für die Regierung
gelten.[45]

Im bereits skizzierten Beispiel, dem SARS-Fall in China, hat sich das Internet
als bedeutsames Medium erwiesen, das wesentlich dazu beigetragen hat, dass die
politische Führung ihre Strategie im Umgang mit der Pandemie unter öffentlichem
Druck revidiert.

Die Installation eines rigiden Internetzensursystems spricht dafür, dass die politische Führung in Peking diese gesellschaftlichen Herausforderungen, die mit dem
Internet verbunden zu sein scheinen, erkannt hat. Daher beschäftigen sich viele
Wissenschaftler auch mit der Frage, welche Funktionslogik der chinesischen Internetzensur zugrunde liegt. Die Forscher der *OpenNet Initiative* (ONI), einem Zu-

---

[39] Eigene Übersetzung nach Yang (2009): S. 213.
[40] Vgl. ebd.
[41] Ebd.
[42] Ebd.
[43] Vgl. Shirk (2008): S. 85.
[44] Vgl. Zheng (2008): S. 10f.
[45] Vgl. Tai (2006): S. 286.

sammenschluss der Universitäten Harvard, Toronto und Ottawa zur Untersuchung der Internetzensur weltweit, erkannten beispielsweise im Rahmen einer empirischen Analyse in den Jahren 2004 und 2005 eine zunehmende Verfeinerung des chinesischen Zensursystems.[46] Und die in Paris ansässige Menschenrechtsorganisation *Reporter ohne Grenzen* (ROG) beschreibt dieses in ihrer jüngsten vergleichenden Untersuchung als eines der technisch ausgereiftesten Zensursysteme überhaupt.[47] Es ist also eine Mischung *erstens* aus aktuellen gesellschaftlichen Anlässen wie etwa dem SARS-Fall oder der jüngst geführten Diskussion um das Engagement des amerikanischen Konzerns *Google* in China, und *zweitens* einer fachübergreifend kontrovers geführten akademischen Debatte, die die aktuelle Beschäftigung mit den sozialen Implikationen des Internets in China kennzeichnet.

Das Internet in China soll im Rahmen dieser einführenden Monografie im Hinblick auf seine Fähigkeit zu sozialer Veränderung innerhalb der Volksrepublik untersucht werden. Im Zentrum steht das umfassende Zensur- und Kontrollsystems, das die Regierung der Volksrepublik unterhält. Denn es ist derzeit noch heftig umstritten, ob dieses in der Lage ist, die potentiell liberalisierenden Kräfte des Internets im Zaum zu halten oder nicht.

Den Begriff der *Liberalisierung* definiert der Heidelberger Politikwissenschaftler Manfred G. Schmidt allgemein als „Abbau von Hemmnissen individueller Freiheit in Gesellschaft, Wirtschaft und Politik".[48] Das für diese Analyse bedeutsamste „Hemmnis individueller Freiheit"[49] in China besteht in der Kontrolle und Steuerung der öffentlichen Meinung: Denn KPC und Regierung tolerieren die Äußerungen von politischen Meinungen nur in engen Grenzen. Für die chinesischen Bürger bedeutet diese Kontrolle eine Einschränkung der öffentlich diskutierbaren Themen im Allgemeinen und in der Art der politischen Kommentierung dieser Themen im Besonderen. Konkret bedeutet dies, dass grundsätzlich nur solche Themen öffentlich diskutiert werden können, die der Regierung keinen offensichtlichen Schaden zufügen, und dass selbst bei den in China öffentlich debattierten Themen ein Trend zu parteipolitischem Konformismus zu beobachten ist. Allerdings zeigte der eingangs beschriebene SARS-Fall, dass das Internet in der Lage ist, beide Einschränkungen zu umgehen.

Das analytische Konzept für politische Liberalisierung durch das Internet gründet also auf drei zentralen Indikatoren. Folgende Funktionen des Internets in China sollen untersucht werden:

---

[46] Vgl. ONI (2005): S. 52.
[47] Vgl. ROG (2010a): S. 8.
[48] Schmidt (2004): S. 416.
[49] Ebd.

- seine Fähigkeit, gesellschaftliche Akteure und Interessengruppen miteinander zu verbinden,
- sein Potenzial, die politische Agenda durch internetbasierte Themensetzung zu beeinflussen und
- sein Vermögen, öffentlichen Druck auf Partei und Regierung aufzubauen.

Innenpolitische Liberalisierung muss als dynamischer Prozess begriffen werden und nicht als statische Zustandsbeschreibung. Dieser Prozess ist eng mit dem Begriff der *politischen Partizipation* verknüpft, der als öffentliche Handlung der Bürger mit dem Ziel der politischen Einflussnahme verstanden werden soll.[50] Diese Einflussnahme richtet sich in der Regel gegen das politische System.[51]

Wie könnte ein Szenario innenpolitischer Liberalisierung durch das Internet aussehen? Die politische Debatte im Internet wäre durch die zunehmende Fähigkeit gesellschaftlicher Akteure gekennzeichnet, im öffentlichen Raum einen freien, d.h. unzensierten und nicht durch thematische Restriktionen eingegrenzten Diskurs über politische Themen führen zu können. Darüber hinaus könnten sich die Internetnutzer in die Lage versetzen, die für sie jeweils bedeutenden politischen Themen zum Gegenstand öffentlicher Debatte und Verhandlung zu machen, die im Idealfall eine Beschäftigung der Regierung mit diesen Themen einschließt.

Es geht in dieser Untersuchung darum herauszufinden, ob in der gegenwärtigen Konfiguration des politisch kontrollierten Internets das Potenzial für eine innenpolitische Liberalisierung erkennbar ist oder nicht. Der Begriff der *Zensur* muss dabei vom Begriff der *Kontrolle* unterschieden werden: Zensur soll in dieser Arbeit als Sammelbegriff für alle von Partei und Regierung ausgeführten Handlungen verstanden werden, die darauf abzielen, die Inhalte im chinesischen Internet durch Manipulation oder Löschung zu ihren Gunsten zu ändern. Kontrolle hingegen beschreibt das weiter gefasste Feld der politischen und ökonomischen Regulierung bzw. Administration. Zensur ist damit ein Bestandteil von Kontrolle, und Kontrolle ist mehr als bloß Zensur.

Gleichwohl gilt auch eine methodische Einschränkung: Denn eine umfassende Analyse würde es erforderlich machen, zunächst alle denkbaren Einflussfaktoren einer möglichen gesellschaftlichen Liberalisierung Chinas zu identifizieren und einzuordnen, um daraus schließlich die Bedeutung des Internets zu isolieren. Eine solch umfassende Aufgabe kann im Umfang eines Einführungswerks freilich nicht geleistet werden; ungeachtet der Tatsache, dass die sozialwissenschaftliche Forschung eine solch weitreichende empirische Basis für den Untersuchungsgegen-

---

[50] Diese Definition bildet die gemeinsame Klammer, die alle Partizipationsdefinitionen eint, vgl. Schucher (2009): S. 8f., Heberer/Schubert (2008): S. 96 und Xie/Jaeger (2008): S. 3f.
[51] Damit wird die von Schucher (2009): S. 10 referierte Typologie politischer Partizipation aufgegriffen, in der er zwischen Protestaktionen differenziert, die entweder für die geltende politische Ordnung sprechen oder die gegen diese gerichtet sind.

stand China bislang nicht erarbeitet hat. Das Internet muss also von vornherein isoliert von anderen möglichen Einflussfaktoren betrachtet werden, die ebenfalls zur Liberalisierung beitragen können. Dies schränkt die Aussagekraft der Untersuchung nicht substanziell ein, aber es ergibt sich eine wichtige Vorbemerkung: Es soll in Kenntnis dieser Einschränkung und zugunsten der analytischen Güte der Argumentation vermieden werden, die Bedeutung des Internets allzu sehr überzubewerten. Von daher basieren die im Rahmen dieser Analyse präsentierten Erkenntnisse und Schlussfolgerungen stets auf einer kritischen und konservativen Auslegung der nachweisbaren Fakten und nicht auf einer optimistischen und damit unkritischen Interpretation. Aus dieser grundlegenden Fragestellung ergeben sich weitere Aspekte, die im Verlauf der Arbeit umfassend beantwortet werden sollen.

Erstens ist zu ermitteln, wie der chinesische Internetsektor strukturiert ist: Welche Informationen lassen sich über die soziologische und geografische Verteilung der Internetnutzer gewinnen, und wie nutzen sie das Internet? *Zweitens* geht es um die konkrete Nutzung des Internets durch Dissidenten und gesellschaftliche Organisationen. Inwieweit formieren sich soziale Bewegungen im Internet, die in der Lage sind, das Regime herauszufordern? *Drittens* gilt es, die Frage zu beantworten, auf welchen Säulen das chinesische Zensursystem ruht und wie effektiv seine einzelnen Instrumente funktionieren. Dieser Punkt ist zentral, weil er Möglichkeiten und Grenzen eines liberalen politischen Diskurses entscheidend bestimmt. *Viertens* ist auch von Bedeutung, welche Strategien zur Umgehung der Zensur von den chinesischen Internetnutzern ausgearbeitet wurden, wie häufig diese angewendet werden und inwiefern sich ihre Anwendung auf die Effektivität des Zensursystems insgesamt auswirkt. Die Beantwortung dieser Fragestellungen mündet in eine umfassende Bewertung des chinesischen Systems zur Zensur des Internets und zeigt sowohl Stärken als auch Schwächen auf.

Es ist bedeutsam, den Begriff der *Liberalisierung* vom Konzept der *Demokratisierung* zu trennen. Denn im Zusammenhang mit der allgemeinen politischen Transformationsfähigkeit der Volksrepublik China wird auch die Frage nach den Perspektiven für eine Demokratisierung des Landes kontrovers diskutiert.[52] Die Diskussion intensivierte sich nach dem 17. Parteitag der KPC im Jahr 2007, als der damalige Parteichef und spätere Staatspräsident Hu Jintao in seiner Rede mehrmals von Demokratie sprach. In der Folge propagierte der chinesische Intellektuelle und Parteifunktionär Yu Keping den Begriff der „inkrementellen Demokratie", die Yu aber primär im Rahmen innerparteilicher Demokratie innerhalb der KPC verwirklicht sieht und die sich, so argumentierte er, durch Entwicklungen auf der *Grassroots*-Ebene entfalten werde.[53] Es kann kaum überraschen, dass der Demokratisie-

---

[52] Vgl. allgemein Fewsmith (2010): S. 271f.; Zheng (2010): S. 295f.; Gallagher (2010): S. 318f.; Perry (2010b): S. 377f.
[53] Vgl. Yu K. (2008): S. 53f.; Holbig (2007): S. 32; He B. (1996).

rungsdiskurs auch mit Blick auf das Medium Internet sehr intensiv geführt wird.[54] Yang Guobin argumentiert etwa, die Internetpartizipation in China habe bereits jetzt zu einer „inoffiziellen Demokratie"[55] geführt. Aber wo ist die Grenze zwischen Liberalisierung und Demokratisierung?

Zheng Yongnian hat die Trennung beider Konzepte in Anlehnung an die gemeinsame Arbeit der Politikwissenschaftler Guillermo O'Donnell und Philippe Schmitter auf das chinesische Internet angewendet. O'Donnell und Schmitter definieren politische Liberalisierung als „the process of making effective certain rights that protect both individuals and social groups from arbitrary or illegal acts as committed by the state or third parties"[56], Demokratisierung verstehen sie als „process whereby the rules and procedures of citizenship are either applied to political institutions previously governed by other principles, or expanded to include persons not previously enjoying such rights and obligations, or extent to cover issues and institutions not previously subject to citizen participation."[57]

Für Zheng besteht der zentrale Unterschied darin, dass Demokratisierung eines fundamentalen strukturellen Wandels bedarf, Liberalisierung hingegen nicht – folglich kann Liberalisierung auch ohne Demokratisierung auftreten.[58] Der Politikwissenschaftler Bruce Gilley beispielsweise stellt eine Demokratisierung Chinas nicht infrage – offen bleibt für ihn nur, unter welchen Bedingungen diese sich vollzieht.[59] Das von O'Donnell und Schmitter präsentierte Konzept des „liberalisierten Autoritarismus"[60], in dem Elemente der Liberalisierung innerhalb des institutionellen Rahmens eines autoritären Systems existieren, verbindet Zheng mit dem Internet. So, argumentiert er, seien Faktoren wie die Offenheit des Regimes, Transparenz und die Zuordnung politischer Verantwortlichkeit in autoritären Systemen wie dem chinesischen ohne das Aufkommen moderner Kommunikationstechniken kaum denkbar.[61]

Als Grundlage einer tiefergehenden Untersuchung des chinesischen Zensursystems ist zunächst eine detaillierte Bestandsaufnahme erforderlich: In *Kapitel 2* geht es um die Vermessung des chinesischen Internetsektors und mithin um die Fragen, wie sich die Nutzerstruktur in China darstellt, welche Bevölkerungsgruppen Zugriff auf das Netz haben und welche Anwendungen von ihnen bevorzugt werden. Ist das Internet in China also primär ein Medium der Unterhaltung oder dient es Dis-

---

[54] Einen Überblick liefern Goldenstein (2007): S. 50f. und Leaning (2009): S. 104f.
[55] Yang (2009): S. 223.
[56] O'Donnell/Schmitter (1989), zitiert nach Zheng (2008): S. 88. Vgl. darüber hinaus Schucher (2009): S. 11f.
[57] O'Donnell/Schmitter (1989), zitiert nach Zheng (2008): S. 88.
[58] Vgl. Zheng (2008): S. 88.
[59] Vgl. Gilley (2004): S. 118f.
[60] Eigene Übersetzung eines englischen Zitats bei O'Donnell/Schmitter (1989), zitiert nach Zheng (2008): S. 88.
[61] Vgl. Zheng (2008): S. 88.

sidenten, sich trotz der Kontrolle gegen Partei und Regierung zu positionieren? Eine umfassende Analyse des chinesischen Zensursystems in *Kapitel 3* baut auf diesen empirischen Befunden auf, identifiziert relevante Akteure und systematisiert die einzelnen Instrumente der Zensur, indem sie einzeln auf ihre Wirksamkeit hin untersucht werden. In *Kapitel 4* rücken die Grenzen der Zensierbarkeit und die Möglichkeiten der aktiven Zensurumgehung in den Mittelpunkt. Es geht darum, sowohl systemimmanente Defizite des Zensursystems als auch Umgehungsstrategien chinesischer Internetnutzer genauer zu untersuchen. *Kapitel 5* zieht eine Bilanz aus diesen Befunden und liefert eine Antwort auf die Frage, ob dem Internet in China trotz der gegenwärtigen Zensurbemühungen das Potenzial zu politischer Liberalisierung zueigen ist. Im Anschluss werden mögliche Policy-Optionen der politischen Führung diskutiert und auf ihre Machbarkeit hin untersucht.

1.2 Der weitere Kontext: Warum Peking das Netz zensiert

1.2.1 Die westliche Perspektive

Gegenstand einer breiten öffentlichen Aufmerksamkeit im Westen ist das chinesische Internetzensursystem primär durch drei Ereignisse geworden: *erstens* im Rahmen der Olympischen Sommerspiele 2008 in Peking, als die ausländischen Reporter im Olympischen Pressezentrum in ihren jeweiligen Medien über den blockierten Zugang zu internationalen Nachrichtenwebseiten berichteten.[62] In westlichen Medien wurde die Zensurdebatte im Zusammenhang mit Olympia kritisch kommentiert: Von „Chinas Kampf gegen das freie Netz" schrieb etwa die *Frankfurter Allgemeine Zeitung* in ihrer Online-Ausgabe,[63] *Zeit Online* attestierte China „selektive Repression",[64] *Spiegel Online* wies auf „perfide Methoden der Zensoren"[65] hin und sah die chinesische Zensur als Simulation einer „Total-Kontrolle".[66] Das britische Magazin *Newsweek* schrieb im Zusammenhang mit Internetzensur von „Repression 2.0"[67] als Anspielung auf die interaktiven Internetanwendungen, die unter dem Begriff *Web 2.0* subsumiert werden. Allerdings bestätigen in China lebende Beobachter wie der Pekinger *Zeit*-Korrespondent Frank Sieren, dass diese westliche Les-

---

[62] Vgl. Spiegel Online (27.7.2008); Spiegel Online (31.7.2008a); FAZ.NET (30.7.2008a/b); Reuters (8.5.2008).

[63] Vgl. FAZ.NET (31.7.2008).

[64] Zeit Online (4.8.2008).

[65] Vgl. Spiegel Online (31.7.2008).

[66] Spiegel Online (17.4.2008).

[67] Newsweek Online (5.4.2008).

art der Ereignisse sich kaum mit der chinesischen Interpretation deckt: Viele Chinesen hätten die Beschwerden der internationalen Journalisten vor allem als ein Luxusproblem empfunden.[68]

Zweitens wurde der „Fall Google"[69] im Westen aufmerksam verfolgt und debattiert: Der chinesische Ableger des amerikanischen Suchmaschinenkonzerns kündigte im Januar 2010 nach einem mutmaßlichen Angriff chinesischer Hacker auf unternehmenseigene Nutzerdaten[70] eine zuvor unterzeichnete Selbstverpflichtung auf. Darin hatte *Google* den chinesischen Behörden zugesichert, die Ergebnislisten von Suchanfragen chinesischer Nutzer auf kritische Schlagwörter hin zu filtern.[71] Nach der Kündigung der Vereinbarung leitete *Google* alle chinesischen Anfragen zeitweise auf seine Server in Hongkong um,[72] die nicht zensiert wurden und den chinesischen Nutzern daher ungefilterte Ergebnislisten lieferten. Unter dem Druck, die Lizenz für Festland-China und damit für den größten Internetmarkt der Welt zu verlieren,[73] kehrte *Google* wenig später jedoch wieder nach China zurück und akzeptierte die von der chinesischen Regierung gestellten Bedingungen.[74] Schon als das Unternehmen die Selbstverpflichtungserklärung Anfang 2006 unterzeichnete, kommentierte *Spiegel Online*: „Google wird böse."[75] Nachdem die Drohung *Googles*, die Selbstverpflichtung gegenüber Chinas Regierung aufzukündigen, sogar als „Comeback des Guten"[76] gelobt und als Rebellion gegen die Zensoren gewürdigt worden war[77], kommentierten westliche Medien den „Rückzug vom Rückzug" vornehmlich mit Verweisen darauf, dass „Informationsfreiheit [in China, KBB.] nur wenig gilt."[78] *Spiegel Online* identifizierte die chinesische Regierung gar als Hauptverantwortlichen für die Rückkehr *Googles*: „China zwingt Google zum Rückzieher"[79], titelte das Online-Magazin.

Und *drittens* blickten im Westen viele auf das chinesische Zensursystem, als im Februar 2011 eine größere Protestwelle in mehreren chinesischen Städten nach dem Vorbild der Jasmin-Revolution in den Staaten Nordafrikas und des Nahen

---

[68] Persönliches Gespräch mit Frank Sieren. Das trifft auch auf die im Vorfeld der Olympiade geführte Menschenrechtsdebatte zu, vgl. Kolonko (2002): S. 31; Edney (2008); Smith/Himmelfarb (2008); Human Rights Watch (7.7.2008).

[69] Vgl. Fallstudie, S. 138.

[70] Vgl. FAZ.NET (13.1.2010); Spiegel Online (13.1.2010b); Zeit Online (13.1.2010b).

[71] Vgl. Spiegel Online (25.1.2006); FAZ.NET (3.2.2006).

[72] Vgl. Google Inc. (22.3.2010); Zeit Online (23.3.2010a/b/c).

[73] Vgl. FAZ.NET (29.6.2010a/b); Spiegel Online (29.6.2010).

[74] Vgl. Reuters (20.7.2010); Reuters (9.7.2010).

[75] Spiegel Online (25.1.2006). Bemerkenswert ist die Beobachtung des Pekinger *FAZ*-Korrespondenten Mark Siemons, die Reaktionen auf die unterzeichnete Selbstverpflichtung seien in China von deutlich weniger Empörung gekennzeichnet gewesen als im Westen, vgl. FAZ.NET (3.2.2006).

[76] Spiegel Online (13.1.2010b).

[77] ROG Blog (13.1.2010).

[78] Zeit Online (8.7.2010).

[79] Spiegel Online (29.6.2010).

Ostens aufbrandete. Maßgeblich soll die im Ausland registrierte regimekritische Internetseite *Boxun* dafür verantwortlich gewesen sein – sie wurde Berichten zufolge kurze Zeit später von Hackern angegriffen und durch Sabotage abgeschaltet.[80] Und auf der Seite des in China gesperrten Mikroblogdienstes *Twitter* wurde der Tahrirplatz in Kairo, das Zentrum der ägyptischen Proteste, mit dem Tiananmenplatz in Peking verglichen, auf dem schon 1989 tausende Studenten für Demokratie demonstriert hatten.[81] Wie internationale Medien berichteten, lösten Großaufgebote der Polizei die Demonstrationen mit teilweise mehreren hundert Teilnehmern in Shanghai und Peking auf.[82] Dabei wurden auch einzelne Demonstranten in Gewahrsam genommen, Menschenrechtsorganisationen sprachen von etwa 100 Aktivisten, die vorübergehend festgesetzt worden seien.[83] „Die chinesischen Behörden verhaften damit nicht nur spontane Dissidenten, sie versuchen, eine neue Generation von Online-Aktivisten stumm zu machen", warnte eine Mitarbeiterin der Menschenrechtsorganisation *Amnesty International*.[84] Auch westliche Journalisten, darunter Mitarbeiter der deutschen Fernsehanstalten *ARD* und ZDF sowie ein Korrespondent des *Stern*-Magazins, gehörten zu den Festgenommenen.[85] In insgesamt 13 chinesischen Städten sei es zu Protesten gekommen, berichtete *Zeit Online*.[86] Eine Woche später fanden abermals Proteste statt, diesmal in 27 Städten.[87] Auch diese sind vor allem über das Internet organisiert worden: Die Bürger sollten sich an jedem Sonntag um 14 Uhr Ortszeit in den zentren der großen Städte treffen, um für politische Reformen zu demonstrieren.[88] Die chinesische Regierung verschärfte in dieser Zeit die Zensur des Internets erheblich. „Wir werden Sicherheit und Geheimhaltung von Informationen intensivieren und das Management von Informationsnetzwerken verbessern", sagte Premierminister Wen Jiabao.[89] In der Praxis stellte sich das wie folgt dar: Die Regierung blockierte die Begriffe „Jasmin" und „Ägypten" auf mehreren Internet-Plattformen, darunter auf den großen Portalen *Sina* und *Sohu*.[90] Es wird berichtet, dass eine Fehlermeldung erschien, wenn ein Internetnutzer einen der verbotenen Begriffe eingab. Die Anfrage könne „wegen der geltenden Gesetze nicht übermittelt werden", soll es zur Begründung geheißen haben.[91] Außerdem berichtete der Internetkonzern *Google* von vermehr-

---

[80] Vgl. Zeit Online (20.2.2011).
[81] Vgl. Zeit Online (31.1.2011).
[82] Vgl. Zeit Online (20.2.2011).
[83] Vgl. Focus Online (27.2.2011).
[84] Amnesty International Blog (23.3.2011).
[85] Vgl. Stern Online (6.3.2011); Focus Online (27.2.2011).
[86] Vgl. Zeit Online (20.2.2011).
[87] Vgl. Focus Online (27.2.2011).
[88] Vgl. Zeit Online (27.2.2011).
[89] Wirtschaftswoche Online (1.4.2011).
[90] Vgl. Zeit Online (29.1.2011) und Zeit Online (20.2.2011).
[91] Vgl. Zeit Online (29.1.2011).

ten Hacker-Angriffen auf die E-Mail-Konten seiner Kunden, zu denen vielfach auch Regimekritiker gehören.[92] Auch von einer SMS-Zensur wurde berichtet.[93]

1.2.2   Bedeutung traditioneller Massenmedien und journalistisches Selbstverständnis in China

Das Internet entwickelte sich in China nicht isoliert. Es trat als neuer Informationskanal in ein bereits etabliertes und von politischer Kontrolle gekennzeichnetes Mediensystem hinzu. Ein kurzer Blick in die Entwicklungsgeschichte der chinesischen Massenmedien erleichtert daher die Einordnung der Internetzensur in China.

Als Verlautbarungsorgan des Tang-Kaisers Xuanzong konzipiert, benennen Historiker die *Hofzeitung*, die ab der ersten Hälfte des 8. Jahrhunderts erschien, als ersten Vorläufer moderner Massenmedien in China.[94] Ihre Inhalte bestanden vor allem darin, über Audienzen des Kaisers zu berichten, über Beförderungen und Entlassungen hoher Beamter zu informieren oder kaiserliche Edikte abzudrucken.[95] In den folgenden Jahrhunderten erfüllten chinesische Zeitungen, wie etwa auch die *Hauptstadtzeitung*[96], diese Verlautbarungs-Funktion. Eine kritische Opposition bildeten sie nur selten. Vor dem Hintergrund einer kontinuierlichen Instrumentalisierung der Presse zugunsten politischer Einflussnahme bezeichnet es Sigrun Abels als „konsequent, dass die Kommunistische Partei Chinas (...) bereits kurz nach ihrer Gründung 1921 einen eigenen, von ihr geleiteten Medienapparat aufbaute."[97] Am 30. Dezember 1940 errichtete die KPC in der zentralchinesischen Stadt Yan'an die erste größere Rundfunkstation, um diese im Zuge der japanischen Invasion in Chinas Nordosten zur Propaganda zu nutzen.[98] Als wichtigstes Sprachrohr der Partei gilt die *Volkszeitung*, deren erste Ausgabe bereits über ein Jahr vor der Gründung der Volksrepublik, am 15. Juni 1948, veröffentlicht wurde.[99] Die *Volkszeitung* untersteht dem Zentralkomitee der KPC und hat die Aufgabe, die politischen Ziele der Partei zu unterstützen.[100] Auch das Medium Fernsehen wusste die politische Führung alsbald für sich zu nutzen: Nach ersten Experimenten mit Regionalsendern strahlte das chinesische Staatsfernsehen *China Central Television*

---

[92] Vgl. Wirtschaftswoche Online (1.4.2011).
[93] Vgl. Zeit Online (20.2.2011).
[94] Vgl. Chang (1989): S. 3f.; Zhang X. (2007): S. 30.
[95] Vgl. Abels (2006): S. 72.
[96] Vgl. Chang (1989): S. 4f.
[97] Abels (2006): S. 72.
[98] Vgl. Chang (1989): S. 150.
[99] Vgl. Fischer (2001): S. 9; Chang (1989): S. 92f.
[100] Vgl. Chang (1989): S. 92.

(CCTV) 1978 erstmals sein Programm aus[101] und steht bis heute unter Kontrolle von Partei und Regierung.[102]

Zwischen Aufkommen von Presse und Rundfunk und dem Beginn der wirtschaftlichen Öffnungspolitik unter Deng Xiaoping 1978[103] war der chinesische Mediensektor von einer deutlichen Dominanz staatlicher Medien gekennzeichnet. Während dieses Monopol im Rundfunksektor bis heute in weiten Teilen fortbesteht,[104] wurde es im Bereich der Printmedien im Zuge einer umfassenden Kommerzialisierung der Medienbranche aufgebrochen: Ab 1979 gestattete die Regierung chinesischen Medien, Werbung zu platzieren und durch die daraus resultierenden Einnahmen einen Teil ihres Budgets zu finanzieren.[105] Dieser Schritt war die logische Folge aus zwei Trends: *Erstens* sank die Zahl der Abonnenten von Parteipublikationen dramatisch; zwischen 1980 und 1994 dezimierte sich etwa die Leserschaft der *Volkszeitung* von täglich acht auf zwei Millionen.[106] *Zweitens* führten „steigende Preise für Zeitungspapier und Postvertrieb (...) dazu, dass die Zeitungsverlage in wachsendem Umfang Verluste produzierten, die schließlich durch weitere finanzielle Unterstützung von der Zentralregierung aufgefangen werden mussten"[107], wie die Ökonomin Doris Fischer bilanziert. Um diesen Trend zu stoppen, propagierte die Regierung eine „Entwöhnung"[108] der Medien von staatlichen Zuweisungen.

Parallel zum Rückzug als Financiers der Medien sicherten sich Partei und Regierung aber weiterhin einen weitreichenden Einfluss auf die Inhalte der Berichterstattung, so dass sich die chinesischen Medien einem neuen Dilemma gegenübersehen: Sie müssen einerseits den inhaltlichen Anforderungen der politischen Führung genügen und andererseits auf die Ansprüche ihrer Leserschaft eingehen, um sich eine möglichst große Auflage und damit hohe Werbeeinnahmen zu sichern.[109] Zhao Yuezhi beschreibt den Prozess der Kommerzialisierung daher auch als

---

[101] Vgl. Chang (1989): S. 213. Einen Überblick über das aktuelle Programm gibt die Analyse von KPMG (2008): S. 19.

[102] Vgl. Akhavan-Majid (2004): S. 559; Abels (2004): S. 841; Lull (1991): S. 48f.

[103] Vgl. ausführlich Naughton (2007): S. 85f. und Zweig (2010): S. 191f.

[104] Ein Empfang ausländischer Satellitenprogramme ist in chinesischen Haushalten nach wie vor nicht durchgehend möglich, vgl. Abels (2004): S. 841. Eine Ausnahme stellen die von der *News Corporation* betriebene Fernsehsender *StarTV* dar, der über Satellit in Teilen Chinas empfangen werden kann, vgl. Curtin (2007): S. 192f. sowie wenige Ableger ausländischer Fernsehsender mit Niederlassungen in Festlandchina oder in Hongkong, vgl. Hong (1998): S. 117f.

[105] Vgl. Akhavan-Majid (2004): S. 557.

[106] Vgl. ebd., 558. Zur Einordnung muss zusätzlich auf die hohe Zahl der obligatorischen Abonnements von Institutionen hingewiesen werden, vgl. Heilmann (2004): S. 219.

[107] Fischer (2001): S. 11.

[108] Ebd. Ein weiterer fundamentaler Einflussfaktor besteht in der zunehmenden Digitalisierung der Medienbranche, vgl. dazu Deutsche Bank Research (2010b); Hindman (2009): S. 2; Fallows (2010a).

[109] Vgl. Tai (2006): S. 110; Fischer (2001): S. 13.

„zweischneidiges Schwert"[110]. Tai Zixue geht in seiner Einschätzung gar so weit, zu argumentieren, die Kräfte des Marktes hätten die Vorgaben der Partei als Leitplanke der Medien abgelöst.[111] Auch der an der Washingtoner Universität forschende Politikwissenschaftler David Shambaugh, ein ausgewiesener Kenner der KPC, sieht einen ähnlich gelagerten „shift from propaganda to profit"[112]. Im Jahr 2005 hatte der chinesische Werbemarkt beispielsweise ein Volumen von 142 Milliarden Yuan und umfasste etwa 125.000 Unternehmen mit fast einer Million Beschäftigten.[113] Im Gegensatz dazu identifiziert Zhao Yuezhi die Propaganda-Abteilung der KPC als eine omnipräsente Organisation, die es der Partei trotz der fortschreitenden Kommerzialisierung durchaus ermöglicht, ihren Vorstellungen von Ideologie und Kultur in der täglichen Medienpraxis zur Durchsetzung zu verhelfen.[114]

Die Geschichte des chinesischen Mediensektors macht deutlich, dass Massenmedien in China traditionell den jeweils Herrschenden untergeordnet waren und sich eine Emanzipation von politischer Einflussnahme nach dem Beginn der Privatisierung allenfalls in den eher unpolitischen Sphären der Unterhaltung entfalten konnte. Eine abgeschlossene Entwicklung der Medien als „Vierte Gewalt" oder als „Gegenöffentlichkeit" zur Regierung kann in China nicht beobachtet werden; bestenfalls ist ein Trend zu investigativem Journalismus als Randerscheinung des chinesischen Mediensystems zu verbuchen.[115] Ohne Zweifel hat diese lange Tradition der politischen Inanspruchnahme der Medien zu einer klar umrissenen Funktionszuschreibung durch die Parteiregierung geführt; und ohne Zweifel hat diese Tradition auch das (Selbst-)Verständnis vieler chinesischer Journalisten maßgeblich beeinflusst. Ein Selbstbild der Journalisten als „Wachhunde", wie es im Westen häufig Anwendung findet, hat sich in China kaum herausgebildet,[116] viele sind zudem Mitglieder der KPC.[117] Zhao Yuezhi charakterisiert die in China geltende

---

[110] Eigene Übersetzung nach Zhao Y. (2008): S. 82: „On the one hand, it [media commercialization, KBB.] has provided the necessary institutional imperatives for the media to pursue innovations, sometimes even to offer challenging content. On the other hand, media organizations and media mangers developed a vested interest in sustaining the current political economic order by following the party line while pursuing financial gains. The media, in short, trade political obedience for the state's sustenance of their monopolistic operations."

[111] Vgl. Tai (2006): S. 110.

[112] Shambaugh (2008): S. 109.

[113] Vgl. Zhao Y. (2008): S.77.

[114] Vgl. ebd., 24.

[115] Vgl. de Burgh (2003): S. 36. Zur Diskussion, inwiefern das Internet allgemein zu einer gesellschaftlichen „Gegenöffentlichkeit" beitragen kann, siehe Leaning (2009): S. 81f.

[116] Vgl. Hung (2003): S. 25. Für eine eingehende Betrachtung kritischer Journalisten siehe Sæther (2008).

[117] Fen (2010): S. 425 spricht von 53 Prozent aller chinesischen Journalisten, die über eine Parteimitgliedschaft verfügen.

Funktionszuschreibung der Medien primär als „Sprachrohr-Funktion"[118]. Diese findet nach Zhao ihren Niederschlag im „Parteiprinzip", das er in Anlehnung an ein chinesisches Lehrbuch für angehende Journalisten wie folgt charakterisiert:

> „They must propagate the Party's guiding ideology as its own; (...) they must propagate the Party's programs, policies, and directives; and (...) they must accept the Party's leadership and stick to the Party's organizational principles and press policies."[119]

Dieser funktionale Anspruch lässt sich mit dem Begriff des *Parteijournalismus* treffend charakterisieren. Zhao bemisst diesem gar eine Qualität als eigenständiger Form der politischen Kommunikation bei, die sich von dem Modell der wechselseitigen medialen Kommunikation (die Medien berichten sowohl über politische Programme als auch über die öffentlichen Reaktionen darauf) abgrenzt und primär als ein Einbahnstraßen-Modell (oder auch als *top-down-Ansatz*) einordnen lässt.[120] In einer Umfrage aus dem Jahr 2001 sagte die Mehrzahl der befragten Journalisten, dass ihre Funktion für sie darin bestehe, eine Verbindung zwischen Regierung und Bürgerschaft herzustellen.[121] Bei kritischen Themen, die geeignet sind, das Ansehen der Regierung zu beschädigen, konstatiert der Journalist Qiu Zhenhai zudem eine „Mentalität des Schweigens"[122] bei chinesischen Journalisten; und nach Angaben der chinesischen Publizistin Dai Qing sind „politische Qualifizierung" und der „richtige Standpunkt" eines Journalisten wichtige Qualifikationsmerkmale.[123] Um „Fehlleistungen" von Journalisten besonders deutlich zu machen, kündigte die staatliche chinesische Nachrichtenagentur *Xinhua* im Februar 2009 an, die Regierung wolle zukünftig eine Schwarze Liste von Journalisten führen, die sich „ungesunden professionellen Verhaltens" schuldig gemacht hätten und die dafür ihre Lizenz verlieren würden.[124]

Ferner gilt es als gesichert, dass Journalisten bereits in ihrer Ausbildung darauf vorbereitet würden, in einem ideologisch stark aufgeladenen und von Indoktrinierung geprägten Umfeld zu arbeiten, wie der britische Medienwissenschaftler Hugo de Burgh argumentiert.[125] Zu diesem Zweck unterhält etwa die staatliche Nachrichtenagentur, die unmittelbar dem Staatsrat unterstellt ist und von der Propaganda-

---

[118] Zhao Y. (1998): S. 19. Vgl. für historische Hintergründe Vittinghoff (2002). Für diese Funktionszuschreibung sprechen auch die negativen Einschätzungen von Menschenrechtsorganisationen, die der chinesischen Presse immer wieder schlechte Zeugnisse ausstellen, vgl. Freedom House (2010); Freedom House (2009b); ROG (2009b); ROG (2008a); ROG (2007b); ONI (2007); ROG (2006).

[119] Zhao Y. (1998): S. 19.

[120] Vgl. Zhao (1998): S. 25.

[121] Vgl. de Burgh (2003): S. 107.

[122] Qiu (1997): S. 25.

[123] Zitiert nach Abels (2006): S. 94.

[124] Vgl. ebd. sowie Deibert/Palfrey/Rohozinski/Zittrain (Hrsg.) (2010): S. 453 und He Q. (2004).

[125] Vgl. de Burgh (2003): S. 135.

Abteilung der KPC kontrolliert wird, eine eigene Journalistenschule.[126] Allerdings attestieren ausländische China-Korrespondenten ihren chinesischen Kollegen vielfach große Courage beim Versuch, die Grenzen der kritischen Berichterstattung sukzessive auszuweiten.[127] Insofern würde die einseitige Wahrnehmung der Arbeit von chinesischen Journalisten in jedem Fall zu Verzerreffekten führen – die Wirklichkeit liegt also abermals in der Mitte. Und einiges spricht dafür, dass sich der Trend in Richtung einer stärker parteiunabhängigen Berichterstattung entwickelt, wenngleich noch auf einem für westlich geprägte Beobachter recht niedrigen Niveau.

1.2.3   Internetzensur und Legitimitätssicherung der KPC

Die in westlichen Medien vorherrschende Interpretation der chinesischen Internetzensur identifiziert die Volksrepublik primär als ein kontrollwütiges Regime, das seine Bürger notfalls mit Gewalt von jeglichen Informationen fernhält und damit isoliert. Diese hier zugespitzt referierte Darstellung ist als Basis einer wissenschaftlichen Untersuchung des Phänomens der chinesischen Internetzensur ungeeignet, denn die westliche Perspektive ignoriert in ihrer moralisch berechtigten Kritik an der chinesischen Internetzensur in weiten Teilen die Motive der chinesischen Regierung für die Zensur des Netzes.

Die Frage nach dem *Warum* muss in Kenntnis der innenpolitischen Herausforderungen für die KPC beantwortet werden, damit die Analyse nicht zu kurz greift. Internetzensur erfüllt vor allem die Funktion, die Legitimitätsbasis der KPC zu sichern. Der Begriff der Legitimität sollte in diesem Zusammenhang von der westlichen Sichtweise losgelöst werden – *demokratische Legitimität* ist mithin eine von vielen möglichen Grundlagen politischer Legitimität, aber sie ist nicht die einzige. *Legitimation* soll im Gegensatz als der Prozess der Erzeugung von Legitimität verstanden werden.

Es ist, um Max Weber und dessen theoretischen Konzepten zu folgen,[128] eine Mischung aus rationaler und traditioneller Herrschaft, die auf die KPC angewandt werden kann. Der Aspekt der Traditionalität liegt heute darin begründet, dass sich die KPC deutlich länger an der Macht gehalten hat als etwa die Kommunistische Partei der Sowjetunion (KPSU) einschließlich ihrer regionalen Ableger. Das Überleben der KPC ist im Wesentlichen auf ihre Fähigkeit zur Anpassung zurückzuführen, wie David Shambaugh in seinem bekannten Werk über die KPC argumentiert

---

[126] Vgl. Abels (2006): S. 93f.
[127] Persönliche Gespräche mit Frank Sieren und Kristin Kupfer.
[128] Weber (1922): S. 124.

hat.[129] Dieselbe Strategie der Anpassung konstatiert auch der Trierer Politikwissenschaftler und Chinaforscher Sebastian Heilmann – doch bewertet er die Taktik der Partei deutlich kritischer: Die KPC ist für ihn „eine im Niedergang begriffene Organisation"[130], welche die „porösen, labilen Fundamente"[131] ihres inneren Zusammenhalts kaum verbergen könne. Die kommunistische Ideologie, wie sie die KPC bis zum Beginn der Wirtschaftsreformen unter Deng Xiaoping verfolgt hat, ist nach Heilmann einer „ideologischen Orientierungslosigkeit"[132] gewichen. Heike Holbig und Bruce Gilley sehen in der Reformära den Versuch der KPC, ihre frühere ideologisch begründete Legitimität auf ein neues Fundament zu stellen.[133] Angesichts dieser Entwicklungen speist sich das Legitimitätsreservoir der Partei aktuell aus nunmehr drei verbliebenen Quellen:

- *Wirtschaftliche Leistungsfähigkeit und Wohlstandsgewinn.* Die KPC hat es durch die wirtschaftspolitische Öffnungspolitik der 1980er Jahre vermocht, die Leistungsfähigkeit der chinesischen Volkswirtschaft bedeutend zu stärken und damit das Pro-Kopf-Einkommen enorm zu erhöhen. Zwischen 1980 und 2009 stieg es nach Angaben der Weltbank von 246 auf 6838 US-Dollar nach Kaufkraftparitäten.[134] Allerdings wird diese positive Entwicklung durch die zunehmende Ungleichverteilung materieller Güter innerhalb Chinas konterkariert. Nach Darstellung des Ökonomen Barry Naughton stieg der Gini-Koeffizient – der die Ungleichverteilung der materiellen Güter einer Volkswirtschaft misst und dabei Werte zwischen 0 (absolute Gleichverteilung) und 1 (absolute Ungleichverteilung) annehmen kann – zwischen 1980 und 2002 von 0,31 auf 0,45.[135] Der von der Weltbank aufgeführte aktuellste Gini-Wert für China stammt aus dem Jahr 2005 und beträgt 0,415.[136] Das wirtschaftliche Wachstum vergrößerte mit den Ungleichheiten gleichsam das soziale Unruhepotenzial. Insofern ist die Erzeugung von Wohlstand unter diesen Bedingungen als sehr fragile Grundlage politischer Legitimität zu kennzeichnen.

---

[129] Shambaugh (2008): S. 5.
[130] Vgl. Heilmann (2004): S. 94.
[131] Ebd., 92.
[132] Ebd., 93. Brown (2009): S. 456 bestätigt diesen Befund.
[133] Vgl. Holbig/Gilley (2010): S. 7.
[134] Vgl. Weltbank (2010). Vgl. in einem weiteren Kontext Holbig/Gilley (2010): S. 6 und S. 11f.
[135] Vgl. Naughton (2007): S. 218.
[136] Siehe http://data.worldbank.org/country/china, abgerufen am 14.10.2010). Vgl. darüber hinaus und Fewsmith (2008b): S. 213.

- *Kadersystem.* Die Nomenklatura[137] markiert das am weitesten reichende Karrieresystem Chinas und garantiert der Partei damit das Monopol der Festlegung und Steuerung politischer Karrieren. Für Sebastian Heilmann ist die KPC „noch immer die einzige Organisation, über die man in China politische Macht erlangen kann. Aus Wirtschaft und Gesellschaft sind trotz vielfältiger Autonomisierungstendenzen bisher keine homogenen Eliten und tragfähigen Organisationsformen hervorgegangen."[138] Darüber hinaus geht Heilmann davon aus, dass „ein Großteil der jüngeren Parteimitglieder (...) offensichtlich aus Karrieregründen in die KPC eingetreten" ist.[139] Damit gelingt es der KPC nicht nur, wichtige Schlüsselpositionen in der Verwaltung zu besetzen. Sie bleibt damit als Organisation auch für nachfolgende Eliten attraktiv. Allerdings ist diese Legitimitätsgrundlage nur so lange ein fester Untergrund, wie sich keine alternativen Strukturen gesellschaftlicher Organisation etabliert haben, über die ebenfalls politische Karrieren in China möglich wären.

- *Soziale Stabilität.* Sie ist die zentrale Quelle der Legitimität der KPC[140] und für den Fortbestand der Partei kaum ersetzbar, wie Joseph Fewsmith argumentiert.[141] Die Ergebnisse einer Erhebung chinesischer Sozialwissenschaftler aus dem Jahr 2006 sollten der KPC in diesem Zusammenhang Anlass zur Selbstsicherheit geben: der Studie zufolge würden 44 Prozent aller Befragten „sehr" und weitere 48 Prozent „relativ" der These zustimmen, dass KPC und Regierung in der Lage seien, das Land gut zu führen.[142] Auf der anderen Seite stieg aber die Zahl der registrierten Massenproteste von 58.000 im Jahr 2003 auf 90.000 im Jahr 2008.[143] Vor allem im ländlichen Raum sehen die Chinaforscher Kevin O'Brien und Li Lianjiang Potenzial für weitere Proteste.[144] Das Fundament sozialer Zustimmung ist angesichts dieser Zahlen zwar durchaus tragfähig, aber mitnichten so stabil, wie es (staatlich geförder-

---

[137] Vgl. ausführlich Lieberthal (2004): S. 234f.
[138] Heilmann (2004): S.93
[139] Ebd.
[140] Vgl. Shirk (2008): S. 52f.
[141] Vgl. Fewsmith (2008a): S. 212.
[142] Vgl. Ebd., 215. In diesem Zusammenhang ist auch der Faktor Nationalismus zu nennen, dem Holbig/Gilley (2010): S. 6 eine eigenständige Qualität als legitimitätssichernde Ressource beimessen. Zhao S. (2005): S. 25 argumentiert zudem, die politische Führung habe Nationalismus als Ersatz für die sinkende Bedeutung von Ideologie instrumentalisiert.
[143] Vgl. Fewsmith (2008a): S. 231; Schucher (2009): S. 22; Chung/Lai/Xia (2010): S. 169. Nach Schucher (2009): S. 23 kam es in China im Jahr 2006 zu 87 Protesten mit mindestens 100.000 Teilnehmern. Adressaten der Proteste waren zumeist lokale Regierungen, Unternehmen oder Einrichtungen der Sicherheitsbehörden. Schucher berichtet, dass Proteste gegen die Zentralregierung demgegenüber eher selten seien (S. 24). Zugunsten der Bedeutung des Lokalen argumentiert auch Sparks (2007): S. 137f.
[144] Vgl. O'Brien/Li (2010a): S. 262.

te) Umfragen suggerieren. In der Folge versucht die KPC, das Ziel der sozialen Stabilität durch eine weitreichende Steuerung der öffentlichen Meinung zu erreichen.[145] Angesichts der zuvor benannten ideologisch-konzeptionellen „Abnutzungseffekte"[146] der KPC kann dieser Punkt in seiner Bedeutung kaum überschätzt werden. Das verdeutlicht exemplarisch der zu Beginn der Arbeit skizzierte Umgang mit der SARS-Epidemie im Jahr 2003: Um die öffentliche Aufmerksamkeit gänzlich auf die Wahl des neuen politischen Spitzenpersonals zu lenken, durfte über die schnelle Verbreitung der Infektionskrankheit nicht berichtet werden. Und auch die harte Reaktion der politischen Führung auf die Proteste in Anlehnung an die Jasmin-Revolution im Frühjahr 2011 verdeutlichen diese Logik. Um es auf eine prägnante Formel zu bringen: Die KPC zensiert immer dort, wo ein freier Diskurs das Ansehen der Partei beschädigen und damit ihre Legitimitätsgrundlage unterminieren könnte. Umgekehrt propagiert sie Themen, die sie für geeignet hält, das Ansehen und damit die Legitimität zu vergrößern.[147] Deutlich wurde das in einem Interview aus dem Jahr 2000, das der damalige Regierungschef Jiang Zemin dem amerikanischen Fernsehsender *CBS* gab: „We need to be selective. We hope to restrict as much as possible information not conductive to China's development", sagte er.[148] Mit der „Entwicklung Chinas" ist in der öffentlichen Sprachregelung chinesischer Politiker aber stets die politische Linie der KPC gemeint, die das Monopol darauf beansprucht, festzulegen, in welche Richtung die Entwicklung im Einzelfall gehen soll.

1.3 Theoretische Grundlagen

Theorie ist, wie Karl Popper es formulierte, „das Netz, das wir auswerfen, um ‚die Welt' einzufangen, — sie zu rationalisieren, zu erklären und zu beherrschen. Wir arbeiten daran, die Maschen des Netzes immer enger zu machen."[149] Der Abstand dieser Maschen entscheidet folglich über Dichte und Anzahl der einzelnen Elemente, aus denen sich Erkenntnis schlussendlich zusammensetzt. Das Knüpfen eines solchen Popper'schen Netzes ist die Aufgabe dieses Kapitels. Um die Qualität des noch auszuwählenden Netzes beurteilen zu können, bedarf es zunächst einer im Voraus vorzunehmenden Aufstellung von Kriterien.

---

[145] Vgl. Freeman (2010): S. 2.
[146] Heilmann (2004): S. 93.
[147] Vgl. Wu G. (2009): S. 81; Stevenson-Yang (2005): S. 8.
[148] Zitiert nach Damm (2003): S. 227.
[149] Popper (1971): S. 31.

Eine Theorie muss erstens *adäquat*, dem Untersuchungsgegenstand also angemessen, sein. Sie muss zweitens in sich *kohärent* sein, denn theoretische Widersprüche würden die Gefahr bergen, auch Widersprüche in der Argumentation nach sich zu ziehen. Sie muss drittens in einem gewissen Maß *flexibel* sein, denn ein starres theoretisches Gerüst ist auf einen dynamischen Untersuchungsgegenstand erfahrungsgemäß nicht ohne Reibungsverluste anzuwenden. Und sie muss viertens *aussagekräftig* sein und eine abschließende Festlegung im Hinblick auf die Ausgestaltung und Einordnung der Erkenntnis-Elemente sicherstellen.

1.3.1   Rationalität statt Normativismus

Von westlicher Perspektive aus ist es relativ problemlos möglich, eine kohärente normative Position zur Internetzensur in China zu formulieren. Eine politisch motivierte Zensur des Netzes ist für einen Beobachter in Deutschland, Frankreich oder den Vereinigten Staaten zweifellos ein Verstoß gegen die Menschenrechte, die das Recht auf freie Meinungsäußerung einschließen. Dennoch ist in diesem Fall eine Abkehr vom Modell des Normativismus geboten, und das aus zwei Gründen: Eine normative Perspektive würde zum einen Unterschiede in der journalistischen Kultur ignorieren. Mehrere Autoren haben anhand der Entwicklungsgeschichte des chinesischen Journalismus nachvollziehbar argumentiert, dass mit medialer Berichterstattung in China traditionell die Funktion verbunden wird, den Staat zu stärken und der KPC zu dienen. Und viele weisen auf die traditionelle Funktion der Medien als „Sprachrohr der Partei" hin.[150] Für den Kommunikationswissenschaftler Johan Lagerqvist gilt das auch für Online-Journalismus in China.[151] Darüber hinaus konstatiert Zhao Yuezhi eine den Medien zugewiesene Funktion der „Erziehung" des Volkes nach Vorgaben der Partei.[152] Qiu Zenhai sieht im Hinblick auf kritische Themen bei chinesischen Journalisten zudem eine „Kultur des Schweigens"[153], Hugo de Burgh spricht gar von „Selbstzensur"[154]. Eine wichtige theoretische Grundlage dieser Verhaltensmuster bildet nach Cao Peixin die „sozialistische Theorie des Journalismus", die im Rahmen der chinesischen Journalistenausbildung als Schnittmenge aus den Lehren von Marx, Lenin und Mao gelehrt werde.[155] Cao unterrichtet als Medienwissenschaftler an der Pekinger Kommunikations-

---

[150] Vgl. Shirk (2008): S. 81, Weston (2010): S. 329f., Zhao Y. (1998): S. 19 und Chang (1989): S. 256f.
[151] Vgl. Lagerqvist (2008): S. 136
[152] Vgl. Zhao Y. (3008): S. 26.
[153] Qiu (1997): S. 24
[154] de Burgh (2003): S. 24
[155] Cao (2010): S.110. Vgl. darüber hinaus Chang (1989): S. 257f.

Universität und arbeitete davor als Journalist für das chinesische Staatsfernsehen CCTV. Ein investigativer und kritischer Journalismus, wie er sich zunächst in den Vereinigten Staaten spätestens nach dem Ende des Zweiten Weltkriegs herausgebildet hat,[156] ist in China hingegen ein relativ neues und seltenes Phänomen,[157] dessen Entfaltung als ein Prozess mit offenem Ergebnis zu verstehen ist. Die skizzierte kulturelle Differenz macht aber eine normative Betrachtung nach gleichen Maßstäben obsolet.

Zum anderen ist auch das Verhältnis des Staates zur Gesellschaft ein anderes. Während der Staat im Westen seit der Französischen Revolution als bloß rahmensetzende Institution bürgerlichen Zusammenlebens verstanden und individuelle Freiheitsrechte in der Folge primär als Abwehrrechte der Bürger gegen staatliches Eingreifen definiert wurden,[158] hat es eine vergleichbare Entwicklung in China nicht gegeben. Die Akzeptanz der Bürger im Hinblick auf einen Staat, der eine weitreichende Regulierung vieler Lebensbereiche vornimmt, ist dort ungleich größer.[159] Im Jahr 2006 gaben beispielsweise mehr als 90 Prozent aller befragten Chinesen an, dass die KPC „sehr" oder „relativ gut" in der Lage sei, die Probleme des Landes zu lösen.[160] Und eine in mehreren Ländern durchgeführte Umfrage zeigte, dass in China 24 Prozent aller Befragten der Meinung waren, dass die Menschenrechte in ihrem Land viel gelten; in Deutschland waren es nur 14,5 Prozent und in den Vereinigten Staaten 15,5 Prozent.[161] Eine Überbrückung dieser Kluft wäre durch eine normative Perspektive nicht zu leisten, die Kriterien der *Adäquanz* und *Aussagekraft* könnten nicht in ausreichendem Maße erfüllt werden.

In Kenntnis des für eine Theorie geltenden Anforderungskatalogs hat sich im gegensatz zum Normativismus die Rational-Choice-Theorie als starker Ansatz erwiesen. Deren Fähigkeit, Internetzensur in China nachvollziehbar zu erklären, ist als am größten zu bewerten. Die Rational-Choice-Theorie geht – analog zu anderen Ansätzen innerhalb der Neuen Politischen Ökonomie – davon aus, dass der jeweils handelnde Akteur anhand nachvollziehbarer Kriterien zwischen mehreren Optionen eine Entscheidung trifft, die seinen Nutzen maximiert. Die Logik der Ökonomie findet Anwendung auf die Logik politischen Verhaltens. Anthony Downs, einer der führenden Vertreter der Rational-Choice-Theorie, fasst diese Grundannahme wie folgt zusammen:

---

[156] Vgl. Weichert (2008): S. 187.
[157] Vgl. de Burgh (2003): S. 36.
[158] Vgl. Fenske (2007): S. 153f., bzw. 166f.
[159] Nach Heilmann (2004): S. 244 handelt es sich im Hinblick auf die chinesische Bürgergesellschaft um „vielschichtige Verflechtungserscheinungen": „Ein Großteil der am Wandel führend beteiligten sozialen Gruppen stützt sich auf enge Bande zum Parteistaat. Staatliche Instanzen und gesellschaftliche Kräfte arrangieren sich neu miteinander."
[160] Vgl. Fewsmith (2008b): S. 215.
[161] Vgl. Freeman (2010): S. 10.

„Ein rationaler Mensch ist einer, der sich wie folgt verhält: (1) wenn er vor eine Reihe von Alternativen gestellt wird, ist er stets imstande, eine Entscheidung zu treffen; (2) er ordnet alle Alternativen, denen er gegenübersteht, nach seinen Präferenzen so, dass jede im Hinblick auf jede andere entweder vorgezogen oder indifferent oder weniger wünschenswert ist; (3) seine Präferenzrangordnung ist transitiv; (4) er wählt aus den möglichen Alternativen stets jene aus, die in seiner Präferenzordnung den höchsten Rang einnimmt; (5) er trifft, wenn er vor den gleichen Alternativen steht, immer die gleiche Entscheidung."[162]

Diese zentralen Eigenschaften sind für Downs auf alle „Entscheidungsträger"[163] innerhalb eines politischen Systems anzuwenden. Den Begriff der Rationalität bezieht er hingegen bloß auf den Prozess der Handlung, nicht aber auf die zugrunde liegenden Ziele oder auf den Erfolg bei der Umsetzung einer getroffenen Entscheidung.[164] Mit dieser Einschränkung hat Downs zudem große Weitsicht bewiesen: „Es ist nur zu bekannt, dass rationale Planung manchmal zu Ergebnissen führt, die den durch pures Glück erzielten weit unterlegen sind. Auf lange Sicht erwarten wir natürlich, dass ein rationaler Mensch ceteris paribus mehr Erfolg hat als ein irrationaler, denn die Zufallsfaktoren heben einander auf, und Wirtschaftlichkeit triumphiert über Unwirtschaftlichkeit."[165] Downs selbst stellte ferner fest, dass das von ihm skizzierte Modell „auf der Annahme [beruht, KBB.], dass jede Regierung das Ausmaß an Ansehen und Unterstützung, das sie beim Volk genießt, zu maximieren sucht."[166] Unterstützung soll als Grundlage von Legitimität und damit von politischer Macht definiert werden,[167] ungleich, ob es sich um die Legitimation eines demokratischen oder eines autoritären Systems handelt. Die von Downs propagierte Annahme darf deshalb ohne Zweifel auch auf die KPC übertragen werden. Wenngleich Downs sein Modell ursprünglich als Erklärungsmuster für demokratische Systeme konzipiert hatte und ihm deshalb den Titel „Ökonomische Theorie der Demokratie" gab, öffnet er diese Perspektive aber, indem er festlegt, dass die Annahme nutzenmaximierenden Handelns „für alle Entscheidungsträger"[168] zu gelten hat. Eine Einschränkung auf Demokratien impliziert dieser Grundsatz nicht. Auf dieser Grundlage bietet die Rational-Choice-Theorie den konkreten Erklärungsrahmen für die Frage, welche Entscheidungen die KPC im Hinblick auf die Zensur des Internets trifft, um ihr Ziel einer dauerhaften Sicherung ihrer Legitimitätsgrundlage zu erreichen.

---

[162] Downs (1968): S. 6.
[163] Ebd. Explizit nennt Downs Parteien, Interessengruppen und Regierungen.
[164] Vgl. ebd.
[165] Vgl. ebd.
[166] Ebd., 11.
[167] Macht kann nach Max Webers bekannter Definition verstanden werden als die „Chance, innerhalb einer sozialen Beziehung den eigenen Willen auch gegenüber Widerstreben durchzusetzen, gleichviel, worauf diese Chance beruht", Weber (1922): S. 28.
[168] Downs 1968: S. 6

Doch erfüllt die Rational-Choice-Theorie auch die eingangs aufgestellten Kriterien? Im Hinblick auf die *Adäquanz* der Theorie fällt die Bilanz positiv aus. Ziel der Untersuchung ist es, die Bedeutung der Internetzensur für die innenpolitische Stabilität zu untersuchen. Aufgrund der Annahme, dass die KPC als zentraler Akteur an der Sicherung innenpolitischer Stabilität interessiert ist, ist es geboten, die mit der Zensur des Internets verbundenen Entscheidungen im Hinblick auf ein zielgerichtetes Handeln zu bewerten. Folglich ist Rational Choice als Theorie dem Untersuchungsgegenstand angemessen und erfüllt mithin das Kriterium der Adäquanz. Darüber hinaus zeichnet sich die Theorie durch ein großes Maß an *Kohärenz* aus. Sie basiert auf einer *a priori* festgelegten Annahme (Akteure haben das Ziel, ihren Nutzen zu maximieren) und differenziert nicht die Intensität, mit der das Konzept auf die zu untersuchenden Akteure angewandt wird. Bei der Betrachtung des Kriteriums *Flexibilität* sind allerdings geringe Abstriche zu verbuchen, da die Rational-Choice-Theorie nur über die Wahl einer Handlungsoption Aussagen zu treffen vermag, nicht aber über deren zugrunde liegenden Ziele oder die weiteren Folgen dieser Handlung. Gleichwohl hat Downs selbst darauf eine sehr plausible Antwort gegeben. Schlussendlich ist die Theorie aus der Summe der Urteile für diese Untersuchung als *aussagekräftig* zu würdigen. Da der Blickwinkel der Untersuchung auf die gezielte Nutzung der Kontrollmöglichkeiten der KPC im Zusammenhang mit der möglichen Entstehung innenpolitischer Liberalisierung zielt, liefert die Theorie für die notwendige Argumentation einen fundierten Erklärungsrahmen für das Verhalten politischer und gesellschaftlicher Akteure.

1.3.2   Was ist das Internet? Die sozialwissenschaftliche Perspektive

Grundsätzlich ist das Internet als ein System des Datenaustauschs zwischen zwei oder mehreren Computern zu charakterisieren. Bedeutender aber ist die Frage nach den zugrunde liegenden Regeln, die Art und Ablauf des Datenaustauschs bestimmen. Diese Regeln entscheiden über die tatsächliche Funktionsweise des Internets – und damit auch über seine Regulierbarkeit.[169] Zwei amerikanische Autoren haben sich mit dieser Frage in jüngster Zeit besonders eingehend beschäftigt und sich mit ihren Werken gleichsam als Internetvordenker profiliert: Der an der Stanford Law School lehrende Jurist Lawrence Lessig definiert das Internet primär über den ihm zugrunde liegenden „Code"[170], und der an der Harvard Law School unterrichtende Politikwissenschaftler Jonathan Zittrain prägte für das Netz den Begriff eines „ge-

---

[169] Ronald/Rohozinski (2010): S. 4. sehen in der Regulierung des Internets einen Paradigmenwechsel im Zusammenhang mit einer Verfeinerung der Zensur, die über bloße Blockaden hinausgeht.
[170] Lessig (2006): S. 5.

nerativen Systems"[171], das sich durch seine strukturelle Offenheit auszeichnet und damit außerordentlich wandelbar ist.

Mit seiner Maxime „Code is Law"[172] zielt Lessig auf die grundlegende Struktur des Netzes. Denn das Internet, argumentiert er, funktioniert nach klaren Regeln, welche die Übertragung der Daten zwischen zwei oder mehreren Rechnern strukturieren. Damit ist es der zugrunde liegende Code des Netzwerks, der die Kommunikation und den Austausch von Daten regelt – und die Kontrollierbarkeit durch Regierungen sicherstellt. Die zunehmende Vereinheitlichung der Übertragungstechniken ist auch Gegenstand der Überlegungen von Jonathan Zittrain. Er hat für den offenen und chaotischen Urzustand des Netzes den Begriff „generatives Internet"[173] geprägt, doch dieser Zustand, so Zittrain, werde zunehmend durch eine immer stärker vereinheitlichte Struktur ersetzt, die wenig mit dem ursprünglichen und chaotischen Zustand des Netzes gemein habe.[174] Diese Kanalisierung erhöhe nach Zittrain auch die Kontrollierbarkeit des Informationsstroms.

Das Internet ist also mehr als bloß ein Netzwerk aus Computern, die Daten austauschen. Es ist ein technisches System, dessen Grundlage mathematische Codes und Algorithmen sind. Diese entscheiden schlussendlich über die tatsächliche Beschaffenheit und Kontrollierbarkeit des Netzes. Aus sozialwissenschaftlicher Perspektive besitzt das Internet darüber hinaus eine gesellschaftliche Qualität, die insbesondere im Kontrast mit klassischen Massenmedien deutlich wird. Diese Unterschiede treten in drei Kategorien[175] zutage:

• Das Internet grenzt sich von den traditionellen Massenmedien zum einen durch seine *Interaktivität* ab. Während der Informationsfluss bei Tageszeitung, Buch, Radio- und Fernsehsendung eindimensional ist, nämlich fast ausschließlich vom Sender zum Empfänger verläuft, so hat sich diese bislang klare Rollenverteilung im Internet aufgelöst. Die eingangs skizzierte Offenheit des Codes ermöglichte es, Internetanwendungen zu konstruieren, die den früheren Medienrezipienten heute auch gleichsam zum Produzenten machen. Diese Transformation ist essenziell, und sie ist auch das deutlichste Unterscheidungsmerkmal zwischen traditionellen Medien und dem Internet. Folglich musste mit dem Aufkommen des Internets auch eine neue Begrifflichkeit für seine Akteure gefunden werden. Der bei traditionellen Medien

---

[171] Zittrain (2008): S. 7.

[172] Lessig (2007): S. 5.

[173] Eigene Übersetzung nach Zittrain (2008): S. 8.

[174] Vgl. ebd.

[175] Eine Aufstellung von Kategorien des Internets ist von mehreren Autoren bereits vorgenommen worden. An dieser Stelle sei exemplarisch auf Damm (2003): S. 223f. und Goldenstein (2007): S. 11f. verwiesen, die eine ähnliche Aufteilung vornehmen wie die in dieser Arbeit präsentierte. Vgl. darüber hinaus Leaning (2009): S. 44f., der das Kriterium der Personalisierung hervorhebt (S. 59f.).

verwendete Terminus des Rezipienten – oder synonym: des Konsumenten, des Lesers, des Zuschauers, ... – lässt sich nicht mehr auf das Internet anwenden, er unterschlägt dessen interaktive Komponente. An die Stelle des Rezipienten ist für das Internet nun der *Nutzer* getreten.

• Darüber hinaus unterscheidet sich das Internet durch seine *Unmittelbarkeit*. Unmittelbarkeit bedeutet in diesem Zusammenhang, welche zeitliche Distanz zwischen einem realen Ereignis und seiner Rezeption im entsprechenden Medium liegt. Der Sinologe Jan Goldenstein verwendet dafür den Begriff der „Echtzeit-Qualität"[176]. Die Unmittelbarkeit des Internets ist im Vergleich zu traditionellen Medien am größten. Es profitiert dabei auch von der Integration sozialer Netzwerke wie etwa dem Mikroblog-Dienst *Twitter*, die Nachrichten mit persönlichen Erlebnisberichten von Augenzeugen verknüpft.[177]

• Schließlich ist das Internet durch seine *Dezentralität* gekennzeichnet. Aufgrund der Architektur des Internets, das in der Regel als chaotisches System der Verknüpfungen zu verstehen ist, passieren die Informationen bei der Übertragung unzählige Scharniere, die den Datenstrom aufteilen und lenken. Während beispielsweise eine Tageszeitung von einer Redaktion an einem bestimmten Ort produziert wird, kann ein Weblog von mehreren Autoren ungeachtet deren geografischer Verteilung mit Inhalt gefüllt werden. Diese Dezentralität führt folglich dazu, dass eine inhaltliche Kontrolle durch die Funktionsweise des Internets deutlich schwerer zu aufrechtzuerhalten ist als etwa bei traditionellen Massenmedien.

Diese Eigenschaften – Interaktivität, Unmittelbarkeit, Dezentralität – kennzeichnen das Internet als gesellschaftliche Sphäre. Larry Lessig trennt daher aus gutem Grund den Begriff des *Internets* von dem Terminus *Cyberspace*. Während er das Internet allgemein als Technik des Datenaustauschs versteht, definiert er Cyberspace als sozialen Raum, den die Technik des Internets hat entstehen lassen.[178] Mit dieser Differenzierung hat Lessig implizit auf einen Umstand hingewiesen, der im Hinblick auf die Zensur des Internets fundamental ist: Im Internet ist durch das Auf-

---

[176] Goldenstein (2007): S. 12.

[177] Vgl. ONI (2010): S. 19f. Als besonders bemerkenswertes Beispiel in Deutschland sei an dieser Stelle an die Vorab-Veröffentlichung des Wahlergebnisses bei der Bundespräsidentenwahl am 23. Mai 2009 durch zwei Mitglieder der Bundesversammlung erinnert, vgl. Zeit Online (25.5.2009).

[178] Vgl. Lessig (2006): S. 83. Yang (2009b): S. 22 verwendet dafür den Begriff der „digitalen Zivilgesellschaft" („digital civil society").

kommen des Cyberspace eine neue Form der Öffentlichkeit entstanden.[179] „Öffentlich" nannte Jürgen Habermas „Veranstaltungen, wenn sie, im Gegensatz zu geschlossenen Gesellschaften, allen zugänglich sind."[180] In China ist das Internet aufgrund der noch relativ niedrigen Partizipationsrate von 32 Prozent[181] korrekterweise als Teilöffentlichkeit zu beschreiben. Mit zunehmender Zahl der Internetnutzer wird dieser Teil aber immer größer, bis schließlich das einschränkende Präfix vor dem Begriff der Öffentlichkeit gänzlich zu tilgen wäre. Dieser Punkt, freilich Definitionssache, ist in China noch nicht erreicht. Wird der Cyberspace aber grundsätzlich als öffentlicher Raum definiert, dann ist er gleichsam auch eine zusätzliche Arena der politischen Auseinandersetzung. Eine Zensur des Cyberspace hat also im Vergleich zum *analogen* öffentlichen Raum dieselben Folgen für die chinesischen Bürger. Eine in den Anfangsjahren des Internets am weitesten verbreitete Annahme über das noch junge Medium war dessen mutmaßlich grenzenlose Freiheit: Denn anstatt physische Objekte von einem Ort zum anderen zu transportieren, kursierten nun Daten, als elektrische Impulse umgewandelt, durch die Kabelsysteme. Larry Lessig warnt davor, diesen Erwartungen an das Internet unkritisch zu begegnen.[182] Der Fall Chinas führt den Fehlschluss deutlich vor Augen.

1.3.3 Von Paketen und Protokollen

In der bisherigen Beschreibung wurde das Internet primär als sozialer Raum skizziert. Doch jede Internetanwendung basiert gleichsam auf einem technischen Standard, das die Interaktionen – vom Aufrufen einer Internetseite bis zum Versand einer E-Mail – überhaupt erst ermöglicht. Um die Mechanismen von Internetzensur in China zu verstehen, ist es zunächst notwendig, die technischen Grundlagen der Datenübertragung zu begreifen.

Pakete und Protokolle bilden den Rahmen für den Austausch von Daten zwischen zwei oder mehr Computern. Das wichtigste Prinzip bei der Übertragung von Daten ist die Aufteilung in Datagramme, also kleine Dateneinheiten, auf denen die

---

[179] Leaning (2009): S. 68f.; Niedermayer (2008): S. 51f. und Salter (2003): S. 121 diskutieren diese Frage intensiv.

[180] Habermas (1990): S. 54.

[181] Vgl. CNNIC (2010a).

[182] Lessig (2006): S. 31: „If there was a meme that ruled talk about cyberspace, it was that cyberspace was a place that culd not be regulated. That it ‚cannot be governed'; that its ‚nature' is to resist regulation. Not that cyberspace cannot be broken, or that government cannot shut it down. But if cyberspace exists, so first-generation thinking goes, government's power over beahviour there is quiet limited. In its essence, cyberspace is a place of no control. (...) This kind of rhetoric sould raise suspicions (...). If there is a place where nature has no rule, it is in cyberspace. If there is any place that could be constructed, cyberspace is it."

Informationen Stück für Stück transportiert werden.[183] Umgangssprachlich wird in diesem Zusammenhang auch von Datenpaketen gesprochen. Das ist aber nur bedingt zutreffend, da ein Datenpaket nur *eine* mögliche Ausprägung eines Datagramms ist. Allgemein ist zwischen Datenframes, Datenpaketen und Datensegmenten als mögliche Ausprägungen eines Datagramms zu unterscheiden, je nachdem, auf welche Informationen sich die Betrachtung im Detail bezieht.

Die für die Funktionsweise des Internets höchst bedeutsame Unterscheidung lässt sich am besten auf der Ebene der einzelnen Dateneinheit nachvollziehen: Jedes Datagramm besteht gemäß dem *OSI-Referenzmodell*[184] aus sieben Schichten (engl. *layers*), die jeweils unterschiedliche Informationen transportieren. Die einzelnen Schichten kommunizieren dabei auf dem Weg vom Sender zum Empfänger jeweils untereinander.[185]

Abbildung 1: OSI-Referenzmodell der Datenübertragung

Schicht	Kategorie	Funktion	Protokolle
1	Transport	Physikalische Schicht	-
2		Verbindungsschicht	-
3		Netzwerkschicht	IP
4		Transportschicht	TCP
5	Anwendung	Sitzungsschicht	HTTP, HTTPS
6		Präsentationsschicht	POP3, IMAP, FTP,
7		Anwendungsschicht	...

Eigene Darstellung nach Lienemann/Larisch (2011): S. 2f.

Die Schichten eins und zwei sind grundlegend und beziehen sich auf die allgemeine Möglichkeit, Daten in Form von Bits zu übertragen. Weil sie den technischen Rahmen zur Übertragung elektrischer Signale setzen, werden dort also Datenframes übertragen. Sie sind für die weitere Analyse weniger bedeutend und sollen daher an dieser Stelle nicht näher beschrieben werden.

Schicht drei wird als Vermittlungsschicht bezeichnet und bezieht sich auf die Übertragung der Daten auf der Ebene des Netzwerks. Die Einheit der dort übertragenen Daten ist das Datenpaket. Die Aufteilung von größeren Datenmengen in kleine Datenpakete wird vom *Internet Protocol* (IP) übernommen, das heute das Standardprotokoll zur Datenübertragung ist. Die einzelnen IP-Datenpakete bestehen aus einer Kopfzeile (*header*), der die wichtigsten Kennzahlen des Datenpakets

---

[183] Vgl. Lienemann/Larisch (2011): S. 42f.

[184] Das Open Systems Interconnection Reference Model (OSI-Referenzmodell) wurde bereits 1983 von der Internationalen Organisation für Normung (ISO) in seiner gegenwärtigen Ausprägung festgeschrieben, vgl. Lienemann/Larisch (2011): S. 2.

[185] Vgl. im Folgenden ausführlich: Lienemann/Larisch (2011): S. 42-82 sowie Plötner/Wendzel (2007): S. 577-625.

wie Absender, Empfänger und Größe angibt, und einem Körper (*body*), der die
eigentlichen Dateninhalte transportiert.

Abbildung 2: Header-Informationen und Daten-Body eines IP-Datenpakets

Version	Header-Länge	Service-Typ	Paketlänge	
Identifikation			Fragment-Kennzeichnung	Fragment-Zusammenführung
Lebensdauer	Transportprotokoll		Kontrollnummer des Headers	
IP-Adresse des Absenders				
IP-Adresse des Empfängers				
Optionsfeld				
Daten *(body)*				

Nach Lienemann/Larisch (2011)

Adresse und Empfänger werden in Form von IP-Adressen in der Form
111.111.111.111 angegeben. Beide Computer, zwischen denen die Daten ausgetauscht werden, müssen über eine gültige IP-Adresse verfügen. Wird beispielsweise
eine Internetseite aufgerufen, so werden die Daten der Seite (Seitenstruktur, Text,
Bilder) in Form von IP-Paketen von demjenigen Server, auf dem die Seite gespeichert ist, auf den Computer übertragen, auf dem die Seite angezeigt werden soll.
Das IP-Protokoll übernimmt auch die Aufgabe, einen passenden Weg auszusu-
chen, über den die Daten vom Sender zum Empfänger gelangen. Beim sogenannten *Routing* passieren die Datenpakete in der Regel mehrere Knotenpunkte zwischen verschiedenen Netzwerken. An jedem Knotenpunkt sorgt ein Router dafür,
dass die eintreffenden Pakete effizient weitergeleitet werden und ihren Zielort erreichen. Da Router zur Abwehr von Computerviren und Trojanern in der Regel
mit Firewalls ausgestattet werden, die mit ihren Filtern potentiell schädliche Datenpakete blockieren, können sie auch grundsätzlich zur Zensur des Datenstroms
eingesetzt werden. Im weiteren Verlauf der Untersuchung wird diese Möglichkeit
noch ausführlich beschrieben.

Auf der Grundlage des Netzwerkprotokolls IP auf der dritten Datenschicht
bauen die Transportprotokolle der vierten Schicht auf, von denen das *Transmission
Control Protocol* (TCP) am bedeutsamsten ist. Das TCP ergänzt die grundlegende IP-
Übertragung in einem wesentlichen Punkt, da diese, wie die Informatiker Gerhard
Lienemann und Dirk Larisch bemerken, „keinen Mechanismus zur Gewähr von

Datensicherheit oder Datenflusssteuerung"[186] besitzt. Folglich ist das TCP dafür zuständig, dass die Verbindungen auch wirklich lückenlos und stabil sind und keine Übertragungsfehler entstehen können.[187] Das TCP ermöglicht damit überhaupt erst komplexere Anwendungen über das Internet. Waren auf der Basis des Netzwerkprotokolls IP-Adressen die Identifikationsmerkmale von Sender und Empfänger, so sind Quellen- und Ziel-*Ports* die Einheiten des TCP.[188] Im Gegensatz zur IP-Adresse beziehen sich die Ports aber nicht auf die jeweiligen Computer, sondern auf die konkrete Internet-Anwendung, die auf dem TCP aufbaut. Das TCP ist damit das Grundlagenprotokoll für alle weiter ausdifferenzierten Protokolle, die diesen Anwendungen entsprechen: So ist Portnummer 80 etwa für Internetseiten des *HTTP*-Protokolls vorgesehen, Port 110 ist für E-Mails reserviert, die nach dem gängigen *POP3*-Protokoll übermittelt werden und Port 5190 ist für den Internet-Chat-Dienst *ICQ* vorgemerkt, der ebenfalls über ein eigenes Protokoll verfügt.[189] Diese hochdifferenzierten Protokolle finden sich auf den verbliebenen drei Schichten des Datagramms. Die Schichten eins bis vier sind folglich für den Transport der Daten erforderlich, die drei weiteren Schichten beziehen sich auf die eigentlichen Anwendungen.

Die bisherige skizzenhafte Darstellung zeigte bereits, nach welcher Funktionslogik Daten im Internet ausgetauscht werden. Da sich die Zensur des Internets in China primär auf Internetseiten bezieht, deren Inhalte die politische Führung von ihren Bürgern abschirmen will, ist überdies ein genauerer Blick auf die Übertragung von Internetseiten vonnöten. Auch hier gilt grundsätzlich das System von Sender und Empfänger: Die Internetseite ist auf einem Server gespeichert und ihre Daten werden an denjenigen Rechner übertragen, von dem aus sie aufgerufen wird. Das geschieht abermals auf der Basis der TCP/IP-Protokollfamilie. Allerdings werden Server und Computer bei der Übertragung durch ihre jeweiligen IP-Adressen identifiziert. Folglich besteht jede Internetseite eigentlich aus einer IP-Adresse in der bereits beschriebenen Form http://*111.111.111.111*. Weil aber abstrakte IP-Adressen nur schwer zu merken sind und folglich kaum in der Lage wären, für eine schnelle Verbreitung der Seite zu sorgen, hat sich relativ früh ein System der Zuordnungen von Domains zu IP-Adressen entwickelt: Das *Domain Name System* (DNS) ist ein Verbund aus Servern, deren einzige Funktion es ist, die Zuordnung einer leicht merkbaren Internetadresse (Uniform Resource Locator, auch URL) wie etwa *http://www.kimbjoernbecker.de* zu ihrer genauen IP-Adresse vorzunehmen. Bis 1984 war das amerikanische *Network Information Center* (NIC) die zentrale Stelle zur Zuordnung von URLs zu IPs.[190] Allerdings überforderte das stetig wachsende In-

---

[186] Lienemann/Larisch (2011): S. 67.
[187] Vgl. ebd.
[188] Vgl. ebd., S. 70.
[189] Vgl. Murdoch/Anderson (2008): S. 59; Lessig (2006): S. 145f.
[190] Vgl. Lienemann/Larisch (2011): S. 166.

ternet alsbald die Verwaltung an einer zentralen Stelle und in der Folge bildete sich
das dezentrale DNS-System heraus. Die größten Verwaltungseinheiten des DNS-
Systems sind die *Top-Level-Domains* (TLDs), die relativ leicht an den Endungen von
Internetseiten erkennbar sind und die gleichzeitig die höchste Ebene der Registrierung darstellen. Dazu gehören länderspezifische TLDs wie .DE für Deutschland
oder .FR für Frankreich genauso wie die internationalen TLDs für Unternehmen
(.COM; .BIZ) oder Netzwerke (.NET) sowie branchenspezifische TLDs wie etwa
.AERO für Luftfahrtorganisationen. Jede dieser Domänen verfügt über mindestens
einen zentralen DNS-Server, auf dem die Zuordnungen von Internetadresse und
IP-Adresse gespeichert sind. Für alle Domains innerhalb einer TLD ist darüber
hinaus eine registrierende Behörde (*Registrar*) verantwortlich, welche die jeweiligen
Registrierungen dann an die höchste Registrierungsbehörde, die *Internet Assigned
Numbers Association* (IANR), übermittelt. Auf diese Weise kann trotz der dezentralen Systemarchitektur sichergestellt werden, dass keine Domain doppelt vergeben
wird.

Für die Zuordnung von einer URL zu einer IP ist der entsprechende DNS-
Server also die wichtigste Instanz. Dieser auch *Nameserver* genannte Rechner kann
nur von solchen Geräten angesprochen werden, die über eine *Resolver* genannte
Software verfügen. Sie ist die Schnittstelle zum Nameserver und leitet die Auflö-
sung von URL zu IP dann an die entsprechende Anwendung weiter, welche die
Information gerade benötigt.[191] Wie später noch en detail gezeigt wird, ist eine
Zensur des Internets nicht nur auf der Basis von Routern, sondern auch bei den
DNS-Servern möglich. Insofern ist die für den normalen Internetnutzer praktisch
unbemerkte ablaufende Praxis der Namensauflösung für die Funktionsweise des
Internets zentral.

Das DNS-System ermöglicht also, dass Internetseiten grundsätzlich über leicht
zu merkende Adressen erreichbar sind. Aber was genau sind eigentlich Internetseiten? Aus informationstechnischer Perspektive ist abermals der Blick auf die
TCP/IP-Protokollfamilie notwendig: Für die Übermittlung und die Darstellung
von Internetseiten sind zwei Standards wichtig, das Protokoll HTTP und die Programmiersprache HTML. Die grafische Darstellung von Internetseiten obliegt der
Hyper Text Markup Language genannten Programmiersprache, kurz HTML. Sie ist in
der Lage, den Quellcode einer Seite grafisch aufzulösen. Es wurde 1991 von den
CERN-Forschern Tim Berners-Lee und Robert Cailleau entwickelt und sollte ei-
gentlich nur dazu dienen, elektronische Dokumente zwischen den Mitarbeitern des
Genfer Forschungszentrums effizient auszutauschen.[192] Zur Übertragung von
HTML-Seiten ist das *Hyper Text Transfer Protocol* (HTTP) unerlässlich. Für Lawrence

---

[191] Vgl. Lienemann/Larisch (2011): S. 166.
[192] Vgl. ebd.,146.

Lessig sind die 1991 entwickelten Protokolle auch die bekanntesten ihrer Art, weil erst sie das WWW in seiner heutigen Form ermöglichten.[193]

Der Abruf einer Internetseite über HTTP beginnt im Detail also mit einer Anfrage des Computers (auch: Clients), auf dem die Seite angezeigt werden soll. Durch die Eingabe der URL wird ein DNS-Server angesprochen, der die entsprechende IP-Adresse der gewünschten Internetseite heraussucht und dem Computer übermittelt. Mit dieser präzisen Adressinformation beginnt das Routing über diverse Knotenpunkte des Internets bis hin zum Server, auf dem die Internetseite gespeichert ist. Der Server prüft die Anfrage und leitet eine Nachricht an den Client weiter.[194] Wenn keine Probleme auftreten, beginnt die Übertragung der Internetseite paketweise, bis diese vollständig im Browserfenster des Clients aufgebaut ist. Ist die Kommunikation aber fehlerhaft – etwa weil einzelne Einstellungen falsch sind oder durch Manipulation in den Prozess eingegriffen wurde – erscheint im Browserfenster anstatt der Internetseite eine Fehlermeldung. Die „Statuscodes" genannten Meldungen sind mit Nummern von 100 bis 505 standardisiert. Alle Codes, die mit den Ziffern 1 oder 2 beginnen, werden zumeist nicht angezeigt und dienen nur der internen Verwendung. Codes mit der Anfangsziffer 3 verweisen auf eine erforderliche Umleitung des Datenverkehrs hin. Codes mit einer 4 am Anfang bezeichnen Client-Fehler, die also vom Computer des Anfragenden ausgehen. Für die vorliegende Untersuchung sind Fehlercodes mit der Ziffer 5 am Anfang interessant: Sie verweisen auf Übertragungsfehler auf Server-Ebene und zeigen an, dass der Server „die Ausführung eines offensichtlich gültigen Requests"[195] verweigert.

Diese kurze Überblicksdarstellung zeigt, nach welcher Logik der Datenstrom im Internet aufgeteilt wird und welche Protokolle für die einzelnen Aufgaben der Datenübertragung zuständig sind. Diese technische Grundlage darf auch in einer politikwissenschaftlichen Untersuchung des Phänomens Internetzensur in China nicht zu kurz greifen; an passender Stelle wird zusätzlich eine punktuelle Vertiefung der technischen Details erforderlich sein. Der zweite Teil besteht in der Entwicklungsgeschichte des chinesischen Internets – und diese beginnt ein paar Tausend Kilometer weiter westlich, in den Vereinigten Staaten.

---

[193] Vgl. Lessig (2006): S. 145.

[194] Vgl. im Folgenden Lienemann/Larisch (2011): S. 231.

[195] Ebd., S. 235. Dort befindet sich auch eine Übersicht über alle Statuscodes im Detail.

2. Der chinesische Internetsektor

2.1 Entwicklungsgeschichte des chinesischen Internets

Das Internet hat seinen Ursprung in den Vereinigten Staaten: Als militärisches Instrument zur effizienteren Informationsübermittlung wurde es dort in den 1960er und 1970er Jahren konzipiert. In den Forschungslabors des amerikanischen Verteidigungsministeriums entstanden die ersten Übertragungsstandards, die es ermöglichten, Datenpakete von einem Rechner zu einem anderen zu übermitteln.[196] Jan Goldenstein führt die intensive Beschäftigung Amerikas mit der Informationstechnik auf das „nationale Trauma" zurück, das durch den Abschuss des ersten Weltraumsatelliten *Sputnik* durch die Sowjetunion 1957 ausgelöst wurde.[197] Immerhin zwölf Jahre liegen zwischen diesem Ereignis und der Inbetriebnahme des ersten amerikanischen Computernetzwerks *ARPANET*, das der erste Vorläufer des heutigen Internets war.[198] Die Entwicklung standardisierter Übertragungsprotokolle wie TCP/IP, HTTP oder der Programiersprache HTML führte zur Weiterentwicklung des frühen Internets zum *world wide web*[199], wie es heute bekannt ist.

Wenngleich die VR China zunächst auch aus militärischen Gründen an der neuen Technik interessiert war,[200] so verfolgten die chinesischen Internetpioniere wenige Jahre später vor allem das Ziel, das Internet aus wissenschaftlicher Perspektive für Forschungsprojekte zu nutzen:[201] Das *China Academic Network* (CANet) wurde als erstes chinesisches Computernetzwerk im Jahr 1986 installiert und firmierte als Kooperationsprojekt zwischen dem Pekinger Institut für angewandte Informatik und der Universität Karlsruhe. Die Zusammenarbeit führte am 20. September 1987 zum Versand der ersten E-Mail über eine Direktverbindung von Chi-

---

[196] Vgl. Goldsmith/Wu (2006): S. 23.
[197] Vgl. Goldenstein (2007): S. 7.
[198] Vgl. O'Hara (2009): S. 122f.; Goldenstein (2007): S. 7f.; Brandenburg (2006): S. 209.
[199] Vgl. Goldenstein (2007): S. 9f.; O'Hara (2009): S. 124f.
[200] Vgl. Tai (2006): S. 92.
[201] Vgl. Harwit/Clark (2006): S. 15; Qiu (1997): S. 79.

na nach Westdeutschland: „Across the Great Wall, we can reach every corner in the world", stellten die euphorischen chinesischen Pioniere fest.[202]

Die Datenleitungen innerhalb Chinas wurden fortan kontinuierlich ausgebaut, doch „jeder Winkel der Erde" war für chinesische Forscher damit noch längst nicht erreichbar: Vielmehr war das chinesische Internet in seiner Frühphase vor allem als ein geschlossenes Netzwerk innerhalb der Volksrepublik zu begreifen und, von einzelnen Direktverbindungen wie etwa nach Deutschland abgesehen, in keines der bestehenden internationalen Netzwerke integriert. Das war möglich, weil die amerikanische Regierung aufgrund ihres technischen Vorsprungs eine Monopolstellung in der Architektur der frühen internationalen Netzwerke innehatte. Sie entsprach dem Antrag Chinas zur Aufnahme ins internationale Netz erst 1994.[203]

In der Zwischenzeit sicherte sich die Volksrepublik mit der Endung „.CN" bereits eine eigene Top-Level-Domain für chinesische Internetseiten.[204] Ein erstes experimentelles Online-Forum wurde 1991 freigegeben und mündete in die Installation des ersten Forschungs-Internetforums an der Tsinghua-Universität 1995.[205] Als China im Jahr zuvor nun die erhoffte Genehmigung durch die amerikanische *National Science Foundation* (NSC)[206] erhielt, nahm die Volksrepublik ihren ersten Server zur Verwaltung chinesischer .CN-Internetseiten in Betrieb und verband diesen mit dem bis dahin noch rudimentär entwickelten internationalen Internet.[207] Dieses Ereignis im April 1994 markierte den eigentlichen Beginn des chinesischen Internets, zusammen mit der Inbetriebnahme eines Web-Servers, der nun die ersten chinesischen Internetseiten beherbergte.[208]

Zu dieser Zeit war das Internet noch ein exklusives Medium für Wissenschaftler; nur etwa 3000 Personen hatten im Frühjahr des Jahres 1995 überhaupt Zugang.[209] Zwischen 1993 und 1995 schlossen sich ausgewählte chinesische Universitäten zum *China Education and Research Network* (CERNET) zusammen.[210] Ihr Ziel war es, mit der Zeit alle Hochschulen und sogar Ober- und Primarschulen mit dem Internet zu verbinden.[211] Doch damit verharrte das Internet zunächst noch in den Sphären des akademischen Betriebs und der Wissenschaft.

Ein erster Schritt fort von dieser Exklusivität bestand in der Gründung des *ChinaNET*, eines landesweiten Netzwerks öffentlicher Computer, das seinen

---

[202] Vgl. Abels (2006): S. 106; Li (2005): S. 79.
[203] Vgl. Abels (2006): S. 106.
[204] Vgl. Zhou (2006): S. 136; Damm/Thomas (2006): S. 15.
[205] Vgl. ebd.
[206] Vgl. Abels (2006): S. 106.
[207] Vgl. Zhou (2006): S. 136.
[208] Vgl. ebd.
[209] Vgl. ebd.
[210] Vgl. Damm/Thomas (2006): S. 15; Zhou (2006): S. 136.
[211] Vgl. Damm/Thomas (2006): S. 16.

Dienst im Januar 1996 aufnehmen konnte.[212] Im ersten Jahr des Betriebs von *Chi-naNET*, das unter der Leitung des chinesischen Post- und Telekommunikations-ministeriums stand,[213] stieg die Zahl der an das Internet angeschlossenen Personen von 3000 auf 200.000, weitere zehn Monate später hatten bereits 620.000 Menschen in China Zugang zum Internet.[214] Gleichzeitig ist auch eine erste Diversifizierung der Netzbetreiber zu beobachten: Das Ministerium für die Elektronikindustrie schickte mit dem eigenen Satelliten-Netzwerk *Jitong* einen ersten Konkurrenten zu *ChinaNET* ins Rennen, wenig später ergänzte das Ministerium seinen neuen Dienst und startete unter der Leitung des ihm ebenso unterstellten Telefonanbieters *China Unicom* das *UniNET*-Netzwerk.[215] In diese Zeit fällt auch die Einrichtung von Internetcafés: Das erste seiner Art öffnete der Überlieferung nach im November 1996 in Peking, doch dauerte es noch mindestens drei weitere Jahre, ehe sich das Konzept marktwirtschaftlich in China etablierte.[216]

Im Jahr 1998 startete die chinesische Regierung das Projekt „Goldener Schild", das eine weitreichende Regulierung des Internets zum Ziel hatte.[217] Mitte des Jahres 2003 konkurrierten in China bereits zehn große Internetnetzwerke, von denen *ChinaNET* – inzwischen kontrolliert vom neu gegründeten Ministerium für die Informationsindustrie (MII) – mit mehr als 60 Prozent des gesamten Datenvolumens ein Quasi-Monopol[218] innehatte. Waren in der Frühphase vor allem die unter strikter Regierungskontrolle stehenden lokalen Telefonanbieter auch gleichzeitig die wichtigsten Anbieter von Internetverbindungen (*Internet Access Providers*, IAPs, auch *Provider* genannt), so entstanden ab 1995 auch zunehmend kollektiv- oder privatwirtschaftliche Provider. Weil sie aber nicht auf eine eigene Infrastruktur zurückgreifen konnten, mussten sie unter der Lizenz der großen staatlichen Netzwerke agieren.[219] Diese Struktur hat im Kern bis heute Bestand: Noch immer ist das MII, das unterdessen in *Ministerium für die Informationstechnik* (MIIT) umbenannt wurde, als regulierende Behörde maßgebend und kontrolliert den staatlichen Telekommunikationsbetreiber *China Telecom*, dem seinerseits das *ChinaNET* als größtes sogenanntes *Backbone-Netzwerk* gehört. Als Backbone-Netzwerke werden in China alle Netzanbieter verstanden, die vom MIIT autorisiert sind, Datenverbindungen ins Ausland herzustellen. Sie haben also eine Scharnierfunktion und bilden daher sie das sprichwörtliche Rückgrat des chinesischen Internets. Ihre von der Regierung festgelegte niedrige Zahl (derzeit gibt es sechs Stück) und die strikte

---

[212] Vgl. Zhou (2006): S. 136.
[213] Vgl. Damm/Thomas (2006): S. 16.
[214] Vgl. CNNIC (1997).
[215] Vgl. Damm/Thomas (2006): S. 16.
[216] Vgl. Zhou (2006): S. 139.
[217] Vgl. Deibert/Palfrey/Rohozinski/Zittrain (2010): S. 463f.
[218] Vgl. Damm/Thomas (2006): S. 17.
[219] Vgl. ebd. Die Unternehmerin Zhang Shuxin gilt als erste private Internetanbieterin Chinas. Sie startete ihr Unternehmen um September 1995 erhielt Lizenzen für acht Großstädte Chinas.

Überwachung der Backbones ermöglicht Partei und Regierung mir relativ einfachen Mitteln eine effektive Kontrolle des Informationsflusses sowohl innerhalb Chinas als auch des internationalen Datenverkehrs. Insofern ist die Architektur des chinesischen Internets mit seiner geringen Anzahl staatlich lizenzierter Backbones bereits als grundsätzliches Element zur Ausführung von Zensur zu verstehen. Regionale Behörden und privatwirtschaftliche Internetanbieter mieten dann das benötigte Datenvolumen von *ChinaNET* oder anderen Backbones und bieten den chinesischen Kunden einen Internetanschluss nach ihren jeweiligen Vertragsbedingungen an.[220]

2.2 Makroperspektive: Größe und Struktur des Internetsektors

Wie ist der chinesische Internetsektor beschaffen? Was kennzeichnet ihn, was kennzeichnet seine Nutzer? Antworten lassen sich den Berichten des *China Internet Network Information Center* (CNNIC) sowie den bis 2007 erschienenen Studien an der Chinesischen Akademie für Sozialwissenschaften entnehmen. Beide Periodika stützen sich auf umfassende Erhebungen und können daher als belastbare Hinweise auf die Beschaffenheit des chinesischen Internetsektors herangezogen werden. In diesem Abschnitt werden die empirischen Befunde dieser Studien nach einer eigenen Systematik aufgeteilt: Im Rahmen der *makroperspektivischen Betrachtung* geht es in diesem ersten Teil darum, den Internetsektor zunächst in seiner Gesamtheit zu erfassen. Danach zielt die *mikroperspektivische Analyse* im zweiten Teil auf das Verhalten der einzelnen Internetnutzer ab.

2.2.1 *Internetanschlüsse, IP-Adressen, Webseiten und Traffic*

Mit dem neuen Rekordwert von 420 Millionen Internetnutzern zum 30. Juni 2010 wurde der enorme Wachstumstrend der vergangenen Jahre abermals bestätigt.[221] Alleine im ersten Halbjahr des Jahres 2010 erhöhte sich die Zahl der chinesischen Internetnutzer um 36 Millionen, das entspricht einer Wachstumsrate von etwa 9,4 Prozent oder mehr als 197.000 neu angemeldeten Nutzern an jedem Tag. Damit sind nunmehr fast 32 Prozent der chinesischen Bevölkerung mit dem Internet verbunden.[222] Dieser Anteil steig in den vergangenen Jahren kontinuierlich: Im Jahr

---

[220] Vgl. Damm/Thomas (2006): S. 20.
[221] Vgl. CNNIC (2010a).
[222] Vgl. ebd. Siehe darüber hinaus Abb. 20, S. 220.

2002 nahmen etwa nur 4,6 Prozent aller Chinesen am Online-Geschehen teil. Seitdem hat sich die Zahl der Internetnutzer mehr als versiebenfacht.

Abbildung 3: Internetnutzer in China

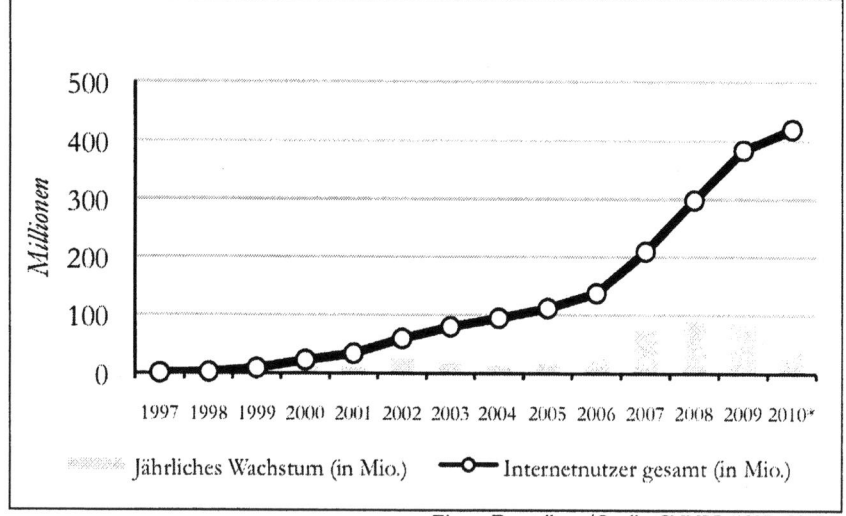

 Jährliches Wachstum (in Mio.)   —○— Internetnutzer gesamt (in Mio.)

Eigene Darstellung/Quelle: CNNIC (1997...2010a)

Die Verbreitung moderner Zugangstechniken ist eng mit diesem enormen Wachstum verbunden: Die als veraltet geltende Kabelmodemverbindung ist in China kaum noch präsent; stattdessen hat sich die Breitbandverbindung[223] mit 98 Prozent aller fest installierten Computer durchgehend als Verbindungsstandard etabliert.[224] Auch das mobile Internet wird immer bedeutsamer: Von den 420 Millionen Nutzern insgesamt verfügen 277 Millionen über eine Internetverbindung via Mobiltele-

---

* Die Werte für das Jahr 2010 bezieht sich in diesem Werk durchgängig auf die vom CNNIC zum 30. Juni 2010 erhobenen Zahlen und nicht, wie bei den anderen Jahren, auf den Wert zum 31. Dezember. Die Jahresabschlusserhebung 2010 lag bei Redaktionsschluss dieser Ausgabe im Mai 2011 noch nicht in englischer Sprache vor.

[223] Eine Kabelmodemverbindung nutzt in der Regel die vorhandenen Telefonleitungen und liefert daher eine deutlich geringere Übertragungsgeschwindigkeit der Daten als ein Breitbandzugang, bei dem die Datenpakete über ein eigenes Leitungsnetz verschickt werden. Siehe ausführlich Berkman Center (2010b): S. 18f.

[224] Vgl. CNNIC (2010a).

fon.[225] Das mobile Internet wuchs im vergangenen Halbjahr mit 18,6 Prozent etwa doppelt so schnell wie das stationäre.[226]

Dieses Wachstum der Internetnutzer insgesamt spiegelt sich auch in der zunehmenden Vergabe von *IP-Adressen* wieder. Diese Adressen basieren auf dem *Internet Protocol* als Übertragungsstandard und weisen jedem Computer oder Server, der mit dem Internet verbunden ist, eine eigene Zahl zu, die als „Adresse" des Rechners firmiert und aus vier Zifferblöcken besteht. In China waren zum 30. Juni 2010 etwa 250 Millionen IP-Adressen registriert.[227] Die Zahl ist niedriger als die der gesamten Internetnutzer, da beispielsweise öffentliche Rechner eine einzige IP-Adresse haben, aber mehreren Personen Zugang zum Netz ermöglichen. Aufgrund der großen Anzahl vergebener IP-Adressen wurde die Belastungsgrenze der 32 Bit umfassenden *IPv4* genannten Codierung nach Ansicht des CNNIC aber bereits überschritten.[228] Die chinesischen Behörden sind daher mit Hochdruck an der Weiterentwicklung und Inbetriebnahme neuer IP-Adressen mit einem Umfang von 128 Bit (*IPv6*) beschäftigt, um den zunehmenden Registrierungsbedarf von Computern und Servern decken zu können.[229] Im Gegensatz zum Wachstum von Internetnutzern und angeschlossenen Computern ist allerdings eine rückläufige Zahl chinesischer Internetseiten zu beobachten. Zu unterscheiden ist hier zwischen *Domains* und *Webseiten*.

Bei den in China insgesamt registrierten *Domains* verzeichnet das CNNIC aktuell einen Wert von 11,2 Millionen.[230] Zum ersten Mal sank damit die Zahl der registrierten Domains, nachdem sie zum Ende des Jahres 2009 mit 16,8 Millionen ihren vorläufigen Scheitelpunkt erreicht hatte.[231] Aktuell macht die chinesische Top-Level-Domain .CN knapp zwei Drittel aller in China registrierten Domains aus, das entspricht 6,5 Millionen Domains (gefolgt von .COM mit 30 Prozent, .NET mit 4 Prozent und .ORG mit einem Prozent).[232] Noch vor sechs Monaten lag der Anteil der .CN-Domains bei 80 Prozent, die .COM-Domains machten zu diesem Zeitpunkt nur knapp 17 Prozent aus.[233] Von den im Sinken begriffenen chinesischen Internetseiten werden also zunehmend Domains mit der Endung .COM anstatt .CN ausgewählt. Das hat vor allem damit zu tun, dass die chinesische Regierung in Gestalt ihres Registrars *CNNIC* Privatpersonen ab Dezember

---

[225] Vgl. CNNIC (2010a). Zur Entwicklung des Mobil-Sektors siehe Guo/Wu (2009): S. 38f.
[226] Vgl. CNNIC (2010a).
[227] Vgl. Guo/Wu (2009): S. 38f.
[228] Vgl. ebd. Siehe darüber hinaus Abb. 22, S. 221.
[229] Vgl. ebd.
[230] Vgl. CNNIC (2010a).
[231] Vgl. CNNIC (2010b).
[232] Vgl. CNNIC (2010a).
[233] Vgl. CNNIC (2010a/b), siehe Abb. 23, S. 221.

2009 untersagte, Domains mit .CN-Endung zu registrieren. Dieses Privileg ist fortan nur noch Unternehmen vorbehalten.[234]

Der Rückgang bei den Domains findet seinen Widerhall in einem Rückgang bei den in China registrierten *Internetseiten*. Ihre Zahl lag Ende Juni bei 2,79 Millionen, was angesichts des Vorhalbjahreswerts von 3,23 Millionen einem Rückgang von fast 14 Prozent entspricht.[235] Es ist wiederum das erste Mal, dass sich ein rückläufiger Trend offenbart. Nach Angaben des CNNIC ist dieser im Zusammenhang eines globalen Rückgangs der registrierten Internetseiten um etwa 27 Millionen in der ersten Hälfte des Jahres 2010 einzuordnen. Der Grund dafür liegt laut CNNIC darin, dass viele Host-Anbieter[236] ihren Betrieb zwischenzeitlich eingestellt hätten.[237] Allerdings ist ein Zusammenhang mit der zurückgegangenen Zahl registrierter Domains wahrscheinlicher.

Gleichzeitig aber wächst der internationale Datenaustausch rapide: Die Bandbreite der ins Ausland übertragenen Daten (*international outlet bandwidth*) gibt Aufschluss darüber, wie viele Megabit an Daten pro Sekunde (Einheit: *Mbps*) von China aus ins Ausland verschickt werden. Das kann in Form übermittelter Dateien sein oder durch das Anrufen einer Webseite, die auf einem chinesischen Server gespeichert ist und von einem ausländischen Internetnutzer aufgerufen wird. In jedem Fall ist bedeutend, dass die übertragenen Daten die Grenzen des chinesischen Internets passieren müssen. Das ins Ausland übertragene Datenvolumen kann so präzise bestimmt werden, weil dieser Datenfluss einen der zentralen Backbones des chinesischen Internets passieren muss. Denn nur über diese ist eine Verbindung ins Ausland überhaupt möglich. (Siehe Abbildung 4, folgende Seite)

---

[234] Vgl. Global Voices Advocacy (3.2.2010). Gleichwohl ist die weitere Entwicklung der Domainregistrierung abzuwarten: Im April 2010 kündigte die chinesische Regierung an, dass die neue chinesische Top-Level-Domain in chinesischen Schriftzeichen das internationale Akkreditierungsverfahren bestanden hätte. Damit können chinesische Internetseiten fortan auch komplett in chinesischen Schriftzeichen registriert werden, wie das Beispiel der Pekinger Universität verdeutlicht. Nach Goldenstein (2007): S. 78 wurde die Verwendung chinesischer Schriftzeichen bereits im Jahr 2000 von der internationalen Verwaltungsbehörde ICANN genehmigt. Vgl. darüber hinaus zur weltweiten DNS-Verwaltung durch ICANN: Goldsmith/Wu (2006): S. 168f.
[235] Vgl. CNNIC (2010a).
[236] *Host-Anbieter* stellen Speicherplatz (*Webspace*) zur Verfügung, um darauf den Inhalt einer Internetseite – die Seitenstruktur in Form von HTML-Dateien, Texten, Bildern, Videos usw. – zu speichern.
[237] Vgl. CNNIC (2010a).

Abbildung 4: Datenaustausch mit dem Ausland

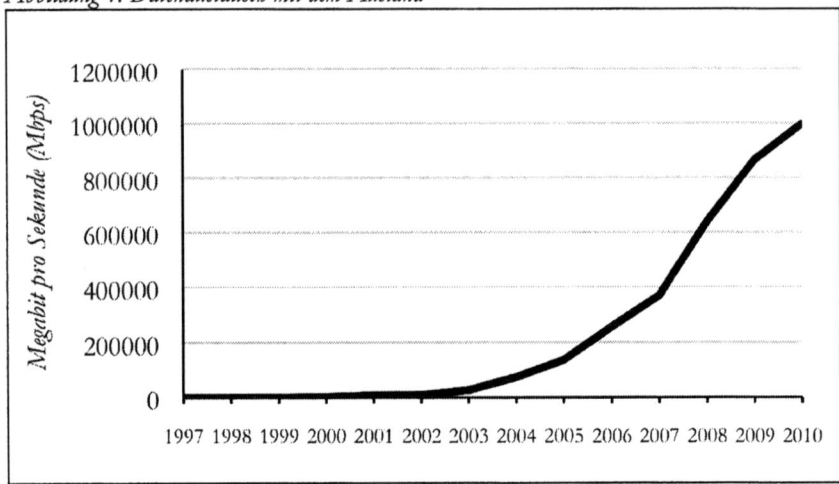

Eigene Darstellung/Quelle: CNNIC 2002...2010a

Die Abbildung zeigt, dass der Datenfluss zum 30. Juni 2010 bei 998.217 Mbps lag. Damit stieg er in den vorausgegangenen sechs Monaten um über ein Drittel.[238] Im historischen Vergleich ist dieses Wachstum des Datentransfers als exponentielles Wachstum zu kennzeichnen, wie die seit 2002 steil ansteigende Kurve in der Abbildung verdeutlicht.

2.2.2   Regionale Disparitäten

Die geografische Verteilung der chinesischen Internetnutzer ist vor allem im Hinblick auf eine digitale Spaltung der Gesellschaft bedeutsam, die auch als *digitial divide* bezeichnet wird. Denn wie bereits deutlich wurde, hat in China derzeit nur etwa jeder dritte Bürger Zugang zum Netz. Diese Ungleichheit zeigt sich in einer doppelten regionalen Disparität: Sie betrifft sowohl das allgemeine Stadt-Land-Gefälle als auch Unterschiede zwischen den einzelnen Provinzen.

Mit 72,6 Prozent sind etwa drei von vier chinesischen Internetnutzern im urbanen Raum beheimatet, demgegenüber befindet sich mit 27,4 Prozent nur etwas

---

[238] Vgl. CNNIC (2010a).

mehr als jeder vierte Nutzer im ländlichen Raum.[239] Dieser Verteilung entspricht auch relativ präzise die Verteilung derjenigen Internetnutzer, die mobil auf das Netz zugreifen. Allerdings zeigt die diachrone Betrachtung, dass es in den vergangenen Jahren zu einer sukzessiven Angleichung des Stadt-Land-Gefälles gekommen ist.[240]

Darüber hinaus lässt sich ein starker Zusammenhang zwischen der wirtschaftlichen Leistungsfähigkeit einer Provinz und der Verbreitung des Internets feststellen.[241] Als Indikatoren ermittelt das CNNIC die Verteilung der IP-Adressen sowie den Anteil der registrierten Domains und Webseiten in einer Provinz, gemessen am chinesischen Gesamtaufkommen. Bezogen auf die IP-Adressen machen die zehn stärksten chinesischen Provinzen und regierungsunmittelbaren Städte fast zwei Drittel aus; bezogen auf die registrierten Webseiten liegt die Summe der zehn stärksten Provinzen bei 69 Prozent und bei den registrierten Domains gar bei 71 Prozent.[242] Neben den regierungsunmittelbaren Städten Peking und Shanghai sind vor allem die südöstlichen Küstenprovinzen Guangdong, Zhejiang, Jiangsu, Fujian und Shandong überproportional stark ins Internet integriert.[243]

Ist dieser doppelte *digital divide* im Hinblick auf das Internet als politisches Partizipationsmedium bedeutsam? Ja, argumentiert der Politikwissenschaftler Matthew Hindman und verweist auf empirische Befunde, die den Schluss nahelegen, dass das Internet in anderen Ländern grundsätzlich nur wenig zu politischer Partizipation beigetragen habe.[244] Nein, sagt Zheng Yongnian. Zwar führe die digitale Spaltung Chinas dazu, dass sich nicht alle gesellschaftlichen Akteure am Internet beteiligen könnten, doch erlaubten die bestehende Infrastruktur und die geringen Kosten alsbald praktisch allen, Zugang zum Internet zu haben.[245] Dieses Argument ist umstritten. Auf der einen Seite bewirkt die konstatierte digitale Spaltung, dass der Cyberspace als öffentlicher Raum mit Einschränkungen zu betrachten ist. Und im Hinblick auf die Fragestellung, die dieser Untersuchung zugrunde liegt, wirkt sich ein *digital divide* negativ auf die mutmaßliche liberalisierende Schlagkraft des Internets aus. Im Gegensatz dazu hat Zheng recht, wenn er argumentiert, dass trotz

---

[239] Vgl. CNNIC (2010a). Eine umfassende Untersuchung des Internets im ländlichen Raum hat Zhao J. (2008) vorgenommen, vgl. insbesondere die Fallstudien einzelner Städte und Landkreise auf S. 143f., 158f., 185f., 203f. und 215f. Umfassend beleuchtet auch Fong (2009): S. 5f. die digitale Spaltung Chinas.

[240] Vgl. Zhao J. (2008): S. 233. Zhao argumentiert nachvollziehbar, dass die Angleichung der Internetverbreitung demselben Muster entsprechen werden, in dem sich Radio und Fernsehen in den ländlichen Raum ausgebreitet haben. Siehe ferner Abb. 25, S. 222.

[241] Zu Unterschieden der wirtschaftlichen Leistungsfähigkeit der chinesischen Provinzen vgl. Deutsche Bank Research (2010a) und Davison/Vogel/Harris (2005). Siehe ausführlich Tabelle 3, S. 213f. und Abb. 26, S. 223.

[242] Vgl. CNNIC (2010a).

[243] Vgl. ebd.

[244] Vgl. Hindman (2009): S. 8f.

[245] Vgl. Zheng (2008): S. 107.

bestehender Disparitäten der Zugang zum Netz so umfassend ist wie noch nie. Verlängert man den Wachstumstrend der vergangenen Jahre, so würden in wenigen Jahren schon mehr als 50 Prozent aller Chinesen am Internet teilnehmen. Diese Perspektive, abgeleitet aus den Entwicklungen der Vergangenheit, mildert die Folgen der digitalen Spaltung, da der trennende Graben kleiner zu werden scheint.

2.2.3   Anwendungsbereiche

Das Internet ermöglicht es aufgrund seiner Dezentralität und seiner Unmittelbarkeit einer Vielzahl von Personen, über physische Grenzen hinweg in Kontakt zueinander zu treten. Eine der ersten Anwendungen, die sich diese Charakteristika des Internets zunutze machte, war die *E-Mail*.[246] Gegenüber dem klassischen Postbrief ist die E-Mail im Hinblick auf Kosten und Übermittlungsdauer deutlich effizienter. Nach wie vor ist der elektronische Brief mit derzeit 220 Millionen Nutzern[247] eines der beliebtesten Internetkommunikationsmittel in China, wobei die Gruppe der Berufseinsteiger (25 bis 34 Jahre) als die aktivste gelten kann.[248] Damit geht auch eine zunehmende Vernetzung einher: Etwa jeder fünfte der von der Chinesischen Akademie für Sozialwissenschaften befragten Internetnutzer gab an, dass sich mehr als 50 Kontakte in seinem digitalen Adressbuch befänden; bei jedem vierten fanden sich immerhin zwischen 20 und 49 Kontakte im Speicher.[249]

Internetforen – auch *bulletin boards* genannt – entwickelten sich nur unwesentlich später als die E-Mail und haben ihren Ursprung im akademischen Umfeld.[250] Das mutmaßlich erste chinesische Internetforum SMTH erschien im Umfeld der Tsinghua-Universität im Jahr 1995. Später folgten die Universitäten in Peking, Nanjing, Fudan und Zhejiang. Im Jahr 2000 hatte die Universität Peking bereits 149 Internetforen zum akademischen Austausch, die Universität Xian Jiaotong verfügte über 129.[251] Internetforen ermöglichen es ihren registrierten oder auch unregistrierten Benutzern, (teil-)öffentliche Einträge in einem inhaltlich strukturierten Umfeld zu publizieren und andere Beiträge zu kommentieren.[252] Die thematische Bandbreite der Diskussionen reicht von persönlichen Erlebnissen bis zur aktuellen politischen Ereignissen.[253] Auch thematische Nischen wie etwa Militärpoli-

---

[246] Vgl. Chase/Mulvenon (2002): S. 15f.
[247] Siehe Ab. 16, S. 218.
[248] Vgl. Guo L. (2007): S.62.
[249] Vgl. ebd., 64.
[250] Vgl. Yang (2009): S. 161.
[251] Ebd.
[252] Ebd.
[253] Vgl. Yang (2009): S. 161.

tik können eine Rolle spielen: Exemplarisch verdeutlicht das ein Forum unter dem Namen „V-War", das ein Student an der Tsinghua-Universität im Jahr 2000 ins Leben rief und das vier Jahre später schon über 233.000 registrierte Diskutanten hatte.[254] Eine auf das Jahr 2002 datierte inhaltliche Auswertung aller 443 chinesischen Internetforen, die beim amerikanischen Anbieter *Geocities*[255] registriert waren, zeigt beispielsweise eine Dominanz kultureller Themen, gefolgt von Politik, Studium sowie Wissenschaft und Wirtschaft.[256] Ähnlich wie auch die anderen Kommunikationsinstrumente, stieg die Nutzung von Internetforen in den vergangenen Jahren kontinuierlich.[257] Schätzungen zufolge gab es im Jahr 2003 etwa 100.000 Internetforen in China.[258]

Erstaunlicherweise markierte das Aufkommen von *Weblogs* als neue Kommunikationsform nicht das Ende der Foren, wie Beobachter dereinst fürchteten.[259] Weblogs – oder kurz: *Blogs* – entstanden in China ab dem Jahr 2002 und sind als öffentliche Online-Tagebücher konzipierte Internetseiten; jedes Weblog wird dabei von einem oder mehreren Autoren geschrieben. Die einzelnen Blog-Einträge, in die oftmals auch Fotos und Videos eingebettet werden, können normalerweise über eine Kommentar-Funktion von anderen Lesern mit Anmerkungen versehen werden.[260] Die ersten chinesischen Bloganbieter[261] nahmen ihren Dienst 2002 auf, dazu gehören etwa die Plattform *bokee.com*, die der IT-Analyst Fang Xingdong in Peking gründete und das in Hangzhou beheimatete Projekt *blogcn.com*.[262]

Die Zahlen zur Häufigkeit von Weblogs[263] in China geben ein uneinheitliches Bild ab: Ashley Esarey und Qiang Xiao berichten über geschätzte eine Million Blogs Ende 2005,[264] Yang Guobin spricht von über sieben Millionen aktiven Weblogs im Jahr 2006,[265] der vom CNNIC im selben Jahr publizierte Bericht über die chinesische Blogosphäre nennt gar 33,7 Millionen Blogs insgesamt, von denen knapp 10 Millionen Blogs regelmäßig aktualisiert würden.[266] Die Zahl der regelmäßig aktiven Blogger beziffert das CNNIC auf 7,7 Millionen.[267] Und der Journalist Sherman So sowie der Ökonom Christoph Westland geben an, im Jahr 2008 hätten

---

[254] Vgl. Zhou (2006): S. 213f.
[255] *Geocities* wurde 1994 als Internetunternehmen gegründet, 1999 von dem amerikanischen Internetkonzern *Yahoo* aufgekauft und im Frühjahr 2009 abgeschaltet, vgl. Spiegel Online (24.4.2009)
[256] Vgl. Yang (2009): S. 165.
[257] Vgl. Abb. 16, S. 147.
[258] Vgl. Yang (2009): S. 165.
[259] Vgl. ebd.
[260] Vgl. ausführlich Schmidt (2008): S. 71f.
[261] Eine Übersicht der erfolgreichsten Anbieter in China liefern So/Westland (2010): S. 182.
[262] Vgl. So/Westland (2010): S. 181.
[263] Siehe Abb. 18, S. 219.
[264] Vgl. Esarey/Xiao (2008): S. 752f.
[265] Vgl. Yang (2009): S. 79
[266] Vgl. CNNIC (2006b): S. 7.
[267] Vgl. CNNIC (2006b): S. 9.

bereits 162 Millionen Chinesen ein eigenes Weblog, von denen mehr als die Hälfte dessen Inhalte regelmäßig aktualisiere.[268]

Im Zusammenhang mit politischer Partizipation stehen Weblogs im Fokus sozialwissenschaftlicher Analyse: Für Yang Guobin sind sie „*par excellence* spaces of social production".[269] Und für den Pekinger *Zeit*-Korrespondenten Frank Sieren ist das Aufkommen von Weblogs die logische Folge einer stark regulierten chinesischen Presselandschaft.[270] Die bei vielen Bloganbietern praktizierte Präsentation der neuesten Einträge auf einer prominent platzierten Liste sichere konstant hohe Leserzahlen und damit die Rezeption des Inhalts durch andere Nutzer, außerdem würden sich Menschen mit ähnlichen thematischen Interessen durch die Verschlagwortung der Beiträge schnell zu so genannten „blog circles" zusammenfinden können.[271] Der chinesische Politikwissenschaftler Zhang Junhua misst Weblogs in China eine besondere Funktion im Zusammenhang mit der Konstruktion eines „neuen öffentlichen Gedächtnisses" zu: „The blog is one typical form of ‚bottom-up' journalism. In the Chinese society, it has already become part of socialization process in terms of informing the audience about the historical facts and events."[272] Diese Einschätzung begründet Zhang mit einer selbst durchgeführten Inhaltsanalyse von 600 Blogeinträgen, verfasst von 150 chinesischen Bloggern. Vor allem zwei Berufsgruppen, Studenten und Angestellte in Medienunternehmen, dominierten die chinesische Blogosphäre.[273] Auf inhaltlicher Ebene differenzierte Zhang die Blogeinträge in drei Kategorien: 56 Prozent aller Beiträge ließen auf eine neutrale oder indifferente Einstellung im Hinblick auf die durch offizielle Medien referierten Fakten schließen, etwa 12 Prozent begegneten diesen offiziellen Darstellungen unkritisch und 31 Prozent kritisch.[274] Darüber hinaus war bei der Mehrheit der Beiträge eine sachliche Argumentation vorherrschend, gefolgt von einer emotionalen Berichterstattung und einer normativ geprägten Sichtweise.[275] Schließlich kam Zhang zu dem Ergebnis, dass die Blogger in der Altersgruppe zwischen 36 und 45 Jahren diejenigen waren, die am häufigsten über sensible Themen („within the red line") schrieben, während die jüngeren ihre Sujets eher außerhalb kritischer Themen suchten.[276] Für die Sinologen Ashley Esarey und Xiao Qiang ist die Zahl der politisch motivierten Blogeinträge nicht nur im Steigen begriffen; auch

---

[268] Vgl. So/Westland (2010): S. 181.
[269] Yang (2009): S. 105, Hervorhebung im Original.
[270] Persönliches Gespräch mit Frank Sieren.
[271] Vgl. Yang (2009): S. 105.
[272] Zhang J. (2009): S. 90.
[273] Vgl. ebd., 97.
[274] Die verbliebenen Prozentpunkte konnte der Autor der Studie nicht eindeutig zuordnen, vgl. ebd., 98.
[275] Vgl. Zhang J. (2009): S. 98.
[276] Vgl. ebd., 100.

hätten sich Blogs nunmehr zu den politisch freiesten Medien innerhalb Chinas entwickelt.[277]

Dazu treten noch sogenannte *Mikroblogs*, deren Einträge zumeist durch eine Begrenzung der Zeichenzahl reduziert werden. Mikroblogs bieten ihren Nutzern die Möglichkeit, Nachrichten gegenseitig zu abonnieren. Dabei ist vor allem der amerikanische Dienst *Twitter*[278] mit seinen auf 140 Zeichen begrenzten Meldungen für chinesische Anbieter stilprägend geworden. Mikroblogdienste gelten mithin als die effizientesten Kommunikationskanäle, vor allem in Kombination mit sozialen Netzwerken und Instant-Messaging-Diensten.

Soziale Netzwerke sind als teilöffentliche Internetgemeinschaften zu verstehen, bei denen jeder angemeldete Nutzer eine eigene Profilseite erhält und sich darüber hinaus mit Freunden und Bekannten vernetzen kann. Die Profilseiten verfügen in der Regel über eine Pinnwand-Funktion, die es den Nutzern ermöglicht, im Rahmen des Netzwerks öffentliche Nachrichten zu hinterlassen. Ferner gibt es die Möglichkeit, private Nachrichten zu verschicken. Das erste chinesische soziale Netzwerk *Xiaonei* entstand im Dezember 2005; es wurde von Studenten an den Pekinger Universität Tsinghua entwickelt und übernimmt die wichtigsten Kommunikationselemente von dem erfolgreichen amerikanischen Vorbild *Facebook*,[279] das im Februar 2004 online ging[280] und im Juli 2010 nach eigenen Angaben mehr als 500 Millionen registrierte Mitglieder verzeichnete.[281] Im Jahr 2009 änderte das chinesische Netzwerk *Xiaonei* seinen Namen und heißt seitdem *RenRen*. Es verbuchte zu dieser Zeit bereits 40 Millionen Mitglieder und 22 Millionen tägliche Aufrufe.[282]

Analog zu sozialen Netzwerken finden auch die westlichen *Instant-Messaging-Dienste* (kurz: IM-Dienste) ihren Widerhall in chinesischen Angeboten. Sie funktionieren auf der Basis einer Internetseite oder einer speziellen Software, über die nach vorheriger Anmeldung Kurznachrichten verschickt oder Dateien ausgetauscht werden können. Der Unterschied zur E-Mail besteht darin, dass in der Regel nur dann kommuniziert wird, wenn der Gesprächspartner ebenfalls angemeldet und damit als „online" markiert ist und folglich sofort auf die eintreffende Nachricht antworten kann.[283] Vor allem das international erfolgreiche *ICQ*[284], das zwischen 1998 und 2010 dem Internetkonzern *America Online* (AOL) gehörte,[285] ist als IM-Dienst stilprägend geworden. In China hat sich der Dienst *QQ*[286] als erfolg-

---

277 Vgl. Esarey/Xiao (2008): S. 755.
278 *http://www.twitter.com.*
279 Siehe *http://www.facebook.com.* Für Hintergründe vgl. ONI (2010): S. 6f.
280 Vgl. So/Westland (2010): S. 182f.
281 Vgl. Facebook Blog (21.7.2010).
282 Vgl. So/Westland (2010): S. 184.
283 Vgl. Tipp (2008): S. 177f.
284 Siehe *http://www.icq.com.*
285 Vgl. So/Westland (2010): S. 113.
286 Siehe *http://www.qq.com.*

reichstes IM-Kommunikationsmittel etabliert. Vor allem aufgrund einer extensiven Marketing-Kampagne in chinesischen Internetcafés und dank der stetig sinkenden Kosten für einen Breitbandinternetzugang gelang es der Betreiberfirma von *QQ*, *Tencent*, die Verbreitung ihres Produkts zu fördern.[287] Nach Angaben von *Tencent* waren zum 31. März 2010 weltweit etwa 568 Millionen Nutzer registriert[288]; damit hat der Dienst einen Vorsprung von fast 70 Millionen Nutzern gegenüber *Facebook*, das in China blockiert wird.[289] Diese große Mitgliedergemeinde sicherte *QQ* in China einen Marktanteil von annähernd 80 Prozent; Schätzungen zufolge melden sich 70 Prozent aller chinesischen Internetnutzer täglich bei *QQ* an.[290] Auch werden immer mehr Chat-Programme in die sozialen Netzwerke integriert, so dass die Grenze zwischen sozialen Netzwerken und Instant-Messaging-Diensten zunehmend verschwimmt. Sherman So und Christopher Westland sehen in dem Erfolg von IM-Diensten wie *QQ* in China in der Nutzerstruktur, die vor allem aus Schülern, Studenten und Fabrikarbeitern bestehe.[291] Auch In der Studie der Chinesischen Akademie für Sozialwissenschaften waren Studenten abermals die am stärksten vertretene Gruppe im Netzwerk *QQ*.[292] Sie kommunizieren vor allem mit Internetfreunden sowie mit Kommilitonen bzw. Kollegen oder beruflichen Kontaktpersonen.[293]

Im Zusammenhang mit einer politischen Nutzung des Internets ist natürlich die Frage bedeutsam, welche Inhalte über Chatprogramme ausgetauscht werden. Den gemeinsamen Recherchen des Politikwissenschaftlers Eric Harwit und des Unternehmensberaters Duncan Clark zufolge sind die in Chaträumen dominanten Themen in den Bereichen Sport, Lebensart, Reisen, Spiele, Essen und Partnerschaft zu verorten und nur selten im Politischen.[294] Allerdings sind auch Ausnahmen von dieser mutmaßlichen Politikferne zu beobachten: So sei beispielsweise eine große Diskussionswelle ausgebrochen, als in China die politische Überwachung der Anbieter von Online-Inhalten angekündigt wurde.[295]

---

[287] Vgl. So/Westland (2010): S. 113f.

[288] Vgl. Tencent (2010).

[289] Persönliche Gespräche mit Frank Sieren und Kristin Kupfer.

[290] Vgl. So/Westland (2010): S. 117. Siehe darüber hinaus Abb. 17, S. 218.

[291] Ebd., 119.

[292] Vgl. Guo L. (2007): S.69.

[293] Vgl. ebd., 72.

[294] Vgl. Harwit/Clark (2006): S. 33: „In fact, the ‚chat' tended to be quite repetitive, with many users simply extending greetings to others in the room, making some references to their social lives, or complaining about how slow their connections or computers were. There was little discussion of politics or current events. None of the more widely known web sites in Chinese, including Sina, had a chat room labeled ‚politics', though China.com had an area for discussing ‚general news'.‟

[295] Vgl. ebd.

Neben Internetforen, Weblogs, IM-Diensten und sozialen Netzwerken haben sich noch Musik- und Video-Plattformen als Kommunikationsmittel des *Web 2.0* in China etabliert[296] – und die Grenze vom Kommunikations- zum Unterhaltungsmedium verklärt.

Videoplattformen ermöglichen es registrierten Nutzern, eigene Videos hochzuladen, mit Texten und Schlagwörtern zu versehen und damit für andere Nutzer auffindbar zu machen. Videos können thematisch verlinkt und einzeln kommentiert werden. Vor allem der in Shanghai beheimatete Anbieter *Tudou* war nach seiner Gründung 2005 alsbald erfolgreich.[297] Darüber hinaus haben sich auch *Online-Spiele* als feste Größe beliebter Anwendungen im chinesischen Internet etabliert.[298]

Neben diesen Video- oder Musik-Austauschanwendungen gibt es in China noch eine Reihe weiterer Plattformen, die unter dem Schlagwort *Peer to Peer*, kurz *P2P*, subsumiert werden. Dabei verbinden sich zwei Rechner ohne den Umweg eines dauerhaft vermittelnden – und damit kontrollierend einwirkenden – Servers und stellen eine Direktverbindung zwischen den Partnern her. Die Vorteile einer solchen Systemarchitektur liegen in ihrer Dezentralisierung und der damit verbundenen Anonymität für beide Transaktionspartner. Darüber hinaus erschweren P2P-Netzwerke den Eingriff von außen durch Programme Dritter.[299] Die bekanntesten chinesischen P2P-Plattformen sind das 2001 gegründete *Freenet China*, das im März 2002 gestartete *Dynaweb*, die Software *OpenEXT*, sowie der 2001 in Shenzhen gegründete Dienst *Workslink*.[300] P2P kommt in China primär zum Einsatz, um Musikdateien zu tauschen, und wird von Beobachtern wie den Politikwissenschaftlern Michael Chase, James Mulvenon und Nina Hachigian als „not inherently political in nature"[301] beschrieben. Gleichwohl rückt P2P-Technik für Systemkritiker und Dissidenten immer mehr in den Fokus.[302]

Auch Online-Nachrichten spielen in China eine wesentliche Rolle. Der Internetnachrichtensektor ist gekennzeichnet durch eine große Pluralität der Informationsangebote auf der einen Seite und durch die Dominanz großer Portalseiten andererseits.[303] Diese Nachrichtenportale waren in der Frühphase vor allem Ableger der großen chinesischen Zeitungen: Schon am 1. Januar 1997 ging die Online-Ausgabe der *Volkszeitung* online,[304] in der zweiten Jahreshälfte 2000 wurde diese zum eigenen Internetportal, *people.com.cn,* ausgebaut, das seitdem etwa 140 Online-

---

[296] Vgl. allgemein Leaning (2009): S. 45f.
[297] Vgl. So/Westland (2010): S. 186.
[298] Siehe die Ausführungen zu Onlinespielen im Zusammenhang mit E-Commerce, S. 72.
[299] Vgl. Chase/Mulvenon/Hachigian (2006): S. 67f.
[300] Vgl. ebd. 81f.
[301] Vgl. ebd. 83.
[302] Vgl. ebd. 85.
[303] Zur Nutzung von Nachrichtenangeboten siehe Abb. 14, S. 217.
[304] Vgl. Zhou (2006): S.148; Wu Y. (2007): S. 211.

Redakteure beschäftigt.[305] Das Portal der *Volkszeitung* beinhaltet auch mehrere Internetforen, von denen das Forum *Starkes Land*[306] eine herausgehobene Stellung einnimmt, weil es von Betrachtern als politisches Instrument der KPC gewertet wird, um durch ausgeprägten Nationalismus die eigene Legitimitätsbasis zu stärken.[307] Der Kulturanthropologe Zhou Yongming sieht darin einen ersten Schritt zu einer „proaktiven Politik" der KPC gegenüber dem Internet.[308]

Später entwickelten sich in China weitere Internetportale, die ihren Ursprung nicht bei einem der großen Verlage haben und die sowohl Nachrichten als auch Unterhaltungangebote präsentieren: *Sina, Sohu* und *Netease* sind die prominentesten Beispiele, die Jan Goldenstein aufgrund ihrer inhaltlichen Bandbreite auch „Megaportale" nennt.[309] Diese Portale zeichnen sich nach Goldenstein durch ihr „All-in-One-Konzept"[310] aus, womit eine Verbindung von unterschiedlichen Internetangeboten wie etwa Nachrichten, Online-Spielen, E-Mail-Diensten, Chatrooms und Foren gemeint ist.[311] Online-Nachrichtendienste profitieren gegenüber ihren traditionellen Konkurrenten von ihrer systemischen Überlegenheit: Ein großer Vorteil des Internets als Nachrichtenmedium im Vergleich zu klassischen Massenmedien liegt laut Susan Shirk in seiner Schnelligkeit:

> „The Chinese news sites post breaking news from the international media almost instantaneously, much faster than the print and television sources, which have to consult Party watchdogs first. The news sites also pick up exposés from local media and turn them into national news. Additionally, the sites provide roadmaps to local and international news sources. (...) Because of its speed and wide reach, the Internet sets the agenda, forcing officials, and the print and television media, to react."[312]

Gleichwohl können sich Online-Nachrichten einer strikten Kontrolle, wie sie etwa bei den großen Tageszeitungen konstatiert wird, nicht entziehen. Die weitere Un-

---

[305] Vgl. Zhou (2006): S. 149.

[306] Die vom Autor vorgenommene deutsche Übersetzung des chinesischen Originalbegriffs ist bestenfalls eine Annäherung. Die Übersetzung als *Starkes Land* wurde aus mehreren Optionen nach dem Kriterium der Verständlichkeit ausgewählt. In der mehrheitlich englischsprachigen Sekundärliteratur wird das Forum uneinheitlich als „Strong Country Forum", „Strenthening the Nation Forum" oder „Strong China Forum" übersetzt.

[307] Vgl. Wu Y. (2007): S. 212.

[308] Vgl. Zhou (2006): S. 149. Im Nachgang des SARS-Falls beschrieb auch Susan Shirk die Absicht chinesischer Spitzenpolitiker, das Internet zunehmend zu ihren Zwecken nutzen zu wollen, vgl. Shirk (2008): S. 100.

[309] Goldenstein (2007): S. 60f. Das Portal *Sina* entstand 1999 und veröffentlichte zunächst Inhalte von Medienpartnern. *Netease* entstand bereits zwei Jahre zuvor und wurde vor allem durch seine Verbindung von Nachrichten mit einem breiten Angebot wie etwa einem E-Mail-Dienst bekannt.

[310] Ebd., 62.

[311] Vgl. ebd. 62f. Siehe darüber hinaus Lagerqvist (2006).

[312] Shirk (2008): S. 82.

tersuchung wird zeigen, dass sich die politische Führung auch relativ wirksam um eine möglichst umfassende Kontrolle von Online-Nachrichten bemüht.

Neben seinen Funktionen als Kommunikations-, Unterhaltungs- und Nachrichtenmedium ist das Internet in China auch als Medium der politischen Kommunikation und als ökonomischer Einflussfaktor zu kennzeichnen. Im Januar 1999 startete die Volksrepublik mit dem Projekt *Regierung Online* ihr Engagement im Bereich des *E-Government*. Das Ziel des Programms bestand darin, die administrative Effizienz zu erhöhen, also Verwaltungskosten zu reduzieren und den Bürgern einen verbesserten Zugang zu Regierungsinformationen zu ermöglichen.[313] Innerhalb eines Jahres stieg die Zahl der von der Regierung registrierten Domains – erkennbar an der Endung .GOV.CN – von 982 auf 2479, ein weiteres Jahr später, im Dezember 2002, besaß die Volksrepublik 7796 dieser Domains, die überdies ganze 4,3 Prozent aller Domains unter der Top-Level-Domain .CN ausmachten.[314] In der Zeit bis zum 30. Juni 2010 stieg die Anzahl der Regierungs-Domains abermals deutlich auf knapp 52.000.[315]

Der an der Freien Universität Berlin lehrende Sinologe Jens Damm hat beobachtet, dass E-Government-Angebote in China vor allem auf der lokalen Ebene angesiedelt sind, um den Bürgern den unmittelbaren Kontakt zu den für sie relevanten Verwaltungen zu erleichtern.[316] Guo Liang von der Chinesischen Akademie der Sozialwissenschaften untersuchte in seiner bislang letzten Studie zur Internetnutzung in China auch die Wahrnehmung von E-Government: Etwa jeder vierte Befragte gab an, dass er der Aussage nicht zustimmen könne, dass E-Government ein effektiver Service für die Bürger sei.[317] Annähernd die Hälfte aller Befragten hat noch nie E-Government-Angebote genutzt; der Anteil derjenigen, die regelmäßig davon Gebrauch machen, beträgt unterdessen nur knapp zehn Prozent.[318] Gleichsam erhöht E-Government durch die größere Transparenz der Verwaltung auch die Möglichkeit für Internetnutzer, die lokale Regierung in konkreten Fällen unter Druck zu setzen. So dienen öffentliche Beschwerdeseiten beispielsweise als Nachwiese, dass Bürger die Behörden über konkrete Missstände informiert haben.[319]

---

[313] Vgl. Yang (2009): S. 107. Der Einsatz von E-Government wird vor dem Hintergrund der Argumentation von Annette Heuser (2009) umso verständlicher; sie sieht in „Networked Governance" einen Schlüsselfaktor für effizientes *policymaking*, der zunehmend über die Wettbewerbsfähigkeit von Staaten entscheiden werde (S. 26f.).

[314] Vgl. Yang (2009): S. 107.

[315] Vgl. CNNIC (2010a). Xinhua (8.6.2010a) berichtete von 45.000 Internetportalen der Regierung.

[316] Vgl. Damm (2006): S. 108f. Anwendungsbeispiel ist etwa das Projekt *Digital Fujian*, S. 111f.

[317] Vgl. Guo L. (2007): S.87.

[318] Vgl. Guo L. (2007): S. 88.

[319] Persönliches Gespräch mit Frank Sieren.

Auch für chinesische *Unternehmen* ist das Internet ein wichtiges Betätigungsfeld, insbesondere im Bereich der Business-to-Business-Beziehungen.[320] In ihrer empirischen Untersuchung zur Internetnutzung durch 94 chinesische Unternehmen im Jahr 2005 wiesen Guo Xunhua und Chen Guoqing nach, dass kleinere Unternehmen das Internet zumeist schneller in ihre Arbeitsprozesse eingliedern als große und dass profitablere Unternehmen zumeist eine aggressivere Internetpolitik verfolgen als weniger profitable.[321] Eine weltweite Umfrage der Unternehmensberatung *McKinsey* zeigte, dass das Internet – und dort insbesondere Web-2.0-Anwendungen – die Kosten internationaler Konzerne für Informationsbeschaffung um durchschnittlich 30 Prozent und die Kosten für Kommunikation um etwa 20 Prozent senken können.[322] Zudem hat sich das Internet selbst als profitabler Markt für Unternehmen entwickelt. Das betrifft vor allem unterhaltungsbasierte Angebote: Der chinesische Internetkonzern *Tencent* machte mit seinen Chat- und Kommunikationsdiensten 2008 einen Jahresumsatz von über einer Milliarde US-Dollar, die Suchmaschine *Baidu* setzte im selben Jahr knapp 500 Millionen Dollar um, und die Handelsplattform *Alibaba* erwirtschaftete im Internet einen Umsatz von 435 Millionen Dollar.[323] Nach Berechnungen von *McKinsey* aus dem Frühjahr 2010 betrug das Budget chinesischer und ausländischer Unternehmen für Internetwerbung in China zuletzt etwa drei Milliarden US-Dollar und wuchs in den vergangenen Jahren zwischen 20 und 30 Prozent pro Jahr.[324] In einer Studie aus dem Jahr 2006 gehen die Ökonomen Almas Heshmati und Yang Wanshan davon aus, dass Informations- und Kommunikationstechnik einen Beitrag von etwa 20 Prozent zum jährlichen Wachstum des chinesischen Bruttoinlandsprodukts leistet.[325]

---

[320] Vgl. Qiang (2007): S. 8; Guo/Chen (2005); Martinsons (2005a); Quan/Hu/ Wang (2005). Vgl. allgemein Thomas (2006): S. 151f.
[321] Vgl. Guo X./Chen (2005): S.57f..
[322] Vgl. McKinsey (2009): S.12; vgl. darüber hinaus McKinsey (2007).
[323] Vgl. So/Westland (2010): S. 120.
[324] Vgl. McKinsey (2010). Vgl. darüber hinaus Wang J. (2008): S. 27f.
[325] Vgl. Heshmati/Yang (2006): S.16.

2.3 Mikroperspektive: Die chinesischen Internetnutzer

Das Internet in China kein männlich dominiertes Medium mehr, wie es noch in den vergangenen Jahren der Fall war.[326] Nach einem langfristigen Trend der Angleichung stellen die Männer Ende Juni 2010 mit 55 Prozent nur noch eine kleine Mehrheit; im Gegenzug haben die Frauen mit 45 Prozent fast aufgeschlossen.[327] Im Jahr 2000 lag dieses Verhältnis noch bei etwa 70 zu 30 Prozent.[328] Setzt man die aktuellen Zahlen darüber hinaus in Bezug zur allgemeinen Verteilung der Geschlechter in China, so sinkt der Unterschied abermals: Nach Angaben der Weltbank machten die Männer im Jahr 2008 an der chinesischen Gesamtbevölkerung 52 Prozent aus, entsprechend lag der Anteil der Frauen bei 48 Prozent.[329]

Darüber hinaus ist auch die Verteilung der verschiedenen *Altersgruppen* (siehe Abb. 5) der chinesischen Internetnutzer von großer Kontinuität gekennzeichnet: Das Internet ist nach wie vor ein Medium der Jugendlichen. Zwar haben in jüngster Zeit insbesondere auch die älteren Bevölkerungsgruppen hinzugewonnen, ein langfristiger Trend lässt sich aus den Erhebungen aber nicht ableiten.[330] Aktuell machen die Unter-30-Jährigen mit 71,2 Prozent annähernd drei Viertel aller chinesischen Internetnutzer aus.[331]

Abbildung 5: Altersverteilung der chinesischen Internetnutzer (2010)

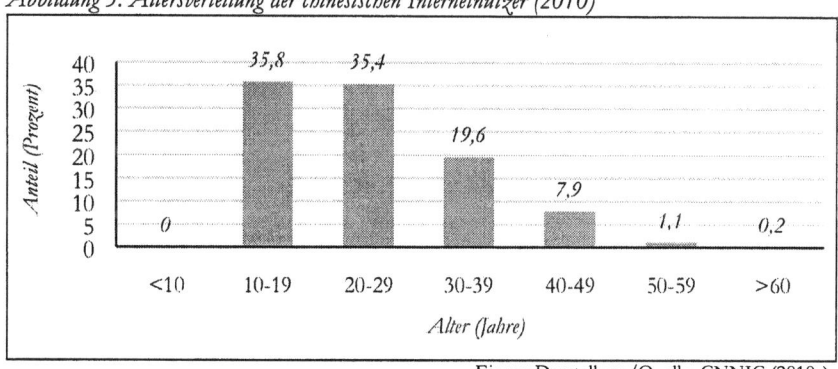

Eigene Darstellung/Quelle: CNNIC (2010a).

---

[326] Siehe Abb. 11, S. 215.

[327] Vgl. CNNIC (2010a).

[328] Vgl. CNNIC (2000) .

[329] Vgl. CNNIC (2010a).

[330] Siehe Abb. 12 mit einer Auswertung der Daten von 2007 bis 2010, S. 216. Da das CNNIC die Aufteilung der Altersgruppen zwischen 2006 und 2007 verändert hat, ist eine weiter zurück reichende Vergleichbarkeit nicht gegeben.

[331] Vgl. CNNIC (2010a).

Bei den *Bildungsabschlüssen* (siehe Abb. 6) stellten Absolventen mit Hochschulreife die Mehrheit, gefolgt von Nutzern mit mittlerer Reife. Der Anteil der gut ausgebildeten Internetnutzer sank im vergangenen Halbjahr leicht: Absolventen einer berufsbildenden Schule stellten 12 Prozent (–0,2 Prozentpunkte), Universitätsabsolventen machten 11,3 Prozent aus (–0,8 Prozentpunkte).[332]

Abbildung 6: Ausbildung der chinesischen Internetnutzer

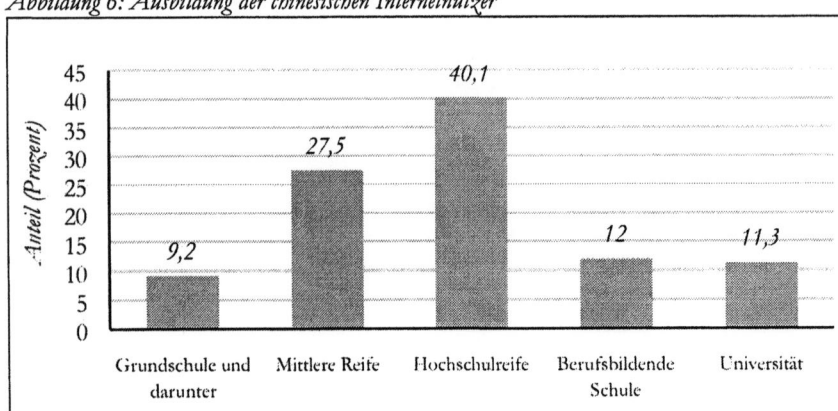

Diese Zahlen erscheinen allerdings im Zusammenhang mit den erfassten *Berufsgruppen* (siehe Abb. 7, folgende Seite) in einem anderen Licht: Mit 30,7 Prozent machten die Studenten die größte Gruppe innerhalb der chinesischen Internetnutzer aus; folglich überwiegt damit auch der Anteil derjenigen Internetnutzer, die über eine Hochschulreife verfügen und noch nicht über einen Universitätsabschluss.[333]

---

[332] Vgl. CNNIC (2010a).
[333] Vgl. ebd.

Abbildung 7: Berufsgruppen (Auswahl, 2010)

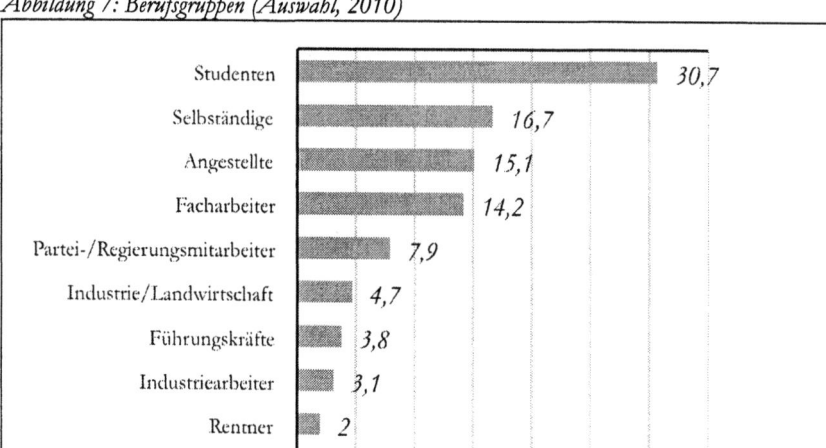

Eigene Darstellung/Quelle: CNNIC (2010a)

Die Verteilung der Berufsgruppen spiegelt sich darüber hinaus in der *Einkommens-verteilung* (siehe Abb. 8, folgende Seite) wider: Die größte und im vergangenen hal-ben Jahr auch von dem stärksten Wachstum gekennzeichnete Gruppe chinesischer Internetnutzer sind Surfer mit einem monatlichen Einkommen von unter 500 Yu-an[334], zu der etwa jeder fünfte Internetnutzer gehört.[335] Bei höheren Einkommen bis 2000 Yuan ist die Verteilung relativ gleichmäßig; aufgrund der unterschiedli-chen Abstufung bei der Kategorienbildung durch das CNNIC sind die höheren Einkommen aber nur schwer mit den niedrigeren Kategorien vergleichbar.

---

[334] 500 Renminbi-Yuan entsprechen etwa 52 Euro.
[335] Vgl. CNNIC (2010a).

Abbildung 8: Einkommensstruktur der chinesischen Internetnutzer (2010)

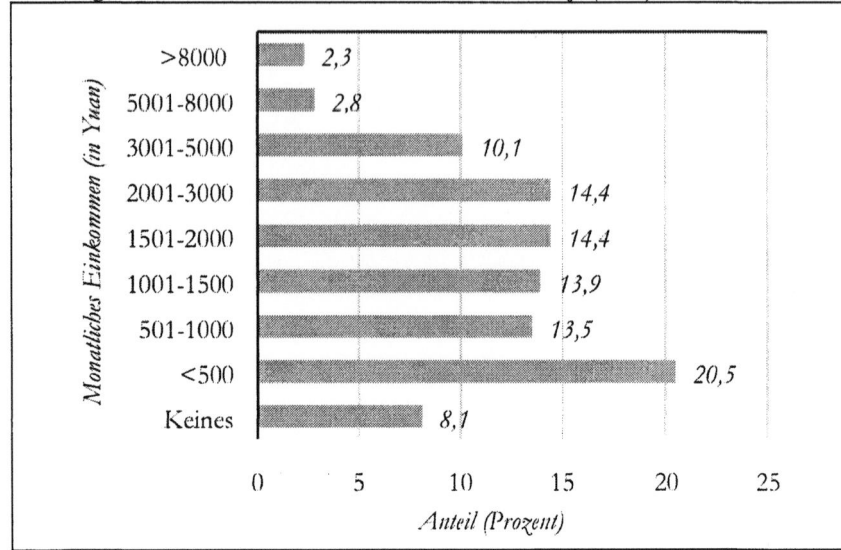

Eigene Darstellung/Quelle: CNNIC (2010a)

Welche Schlussfolgerungen lassen sich daraus ableiten? Das Internet wird in China also vor allem von jungen Menschen mit zumeist schulischem oder studentischem Hintergrund genutzt wird. Da das Einkommen dieser zentralen Nutzergruppe relativ niedrig ist, sind die Kosten eines Internetzugangs für die Partizipationsmöglichkeiten junger Chinesen ein zentraler Einflussfaktor. Die durchschnittlichen monatlichen *Ausgaben* für einen Internetzugang ermittelte das CNNIC in den Jahren von 2005 bis 2007, in dieser Zeit sanken diese im Mittelwert von 104 auf 74 Yuan pro Monat.[336] Es ist aufgrund der gestiegenen Verbreitung des Internets und des zunehmenden Wettbewerbs auf dem chinesischen Internetmarkt daher damit zu rechnen, dass sich dieser Trend seit 2007 fortgesetzt hat und auch weiterhin fortsetzen wird. Dieses Szenario würde bedeuten, dass die im Internet dominante Gruppe der Studenten mit niedrigem Einkommen auch weiterhin das Rückgrat der chinesischen Internetnutzer bildet.

Ein tiefgreifender Wandel ist bei der *Zugangsart* zum Internet zu beobachten: Das Mobiltelefon hat das Notebook bereits im Jahr 2008 als zweitbeliebteste Zugangstechnik nach dem Desktop-Computer abgelöst.[337] Allerdings erscheint es angesichts der sinkenden Desktop-Nutzerzahlen (mittlerweile verwendet nur noch

---

[336] Vgl. CNNIC (2006...2008).
[337] Siehe Abb. 21, S. 220.

jeder dritte Internetnutzer einen stationären Computer) als eine Frage der Zeit, wann das Mobiltelefon als wichtigste Zugangstechnik zum Internet gelten wird. Im Juli 2010 waren in China bereits mehr als 800 Millionen Mobiltelefone in Umlauf,[338] ein Jahr zuvor lag die Zahl mit 700 Millionen Geräten noch deutlich niedriger.[339] Aktuell besitzt also jeder zweite Chinese ein Mobiltelefon. Damit hat sich die Zahl der Mobiltelefon-Besitzer innerhalb von neun Jahren annähernd verzehnfacht.[340] Gleichwohl bleibt die eigene Wohnung als beliebtester Zugangsort nach wie vor an der Spitze, gefolgt vom Internetcafé und dem Büro.[341] Allerdings ignoriert diese vom CNNIC abgefragte Trichotomie die enorm gestiegene Bedeutung des mobilen Internets, das bei genauer Betrachtung keinem der drei Orte zugeordnet werden kann. Daher reflektieren diese Zahlen ein Nutzerverhalten, das nunmehr als überholt begriffen werden kann.

Eine singuläre Einordnung des chinesischen Internets als Nachrichten-, Kommunikations- oder Unterhaltungsmedium allein wäre verkürzt – sie würde an der komplexen empirischen Realität scheitern. Bei der vergleichenden Betrachtung der empirischen Befunde zur Internetnutzung in den Jahren 2004 und 2009 (siehe Abb. 9, folgende Seite) lässt sich ein fundamentaler Wandel ausmachen: Lagen 2004 die traditionellen Nachrichten- und Kommunikationsanwendungen (E-Mail, Nachrichten, Suchmaschinen) mit großem Abstand auf den ersten drei Plätzen der beliebtesten Web-Inhalte, so hat sich fünf Jahre später nicht nur das Anhören von Musik an die Spitze gesetzt; auch ist der Abstand der nach wie vor häufig abgerufenen Nachrichteninhalte zu anderen Angeboten deutlich geringer geworden.[342]

---

[338] Vgl. Xinhua (20.7.2010).
[339] Vgl. Huang/Yang (2009): S. 210.
[340] Vgl. Zheng (2004): S. 11.
[341] Vgl. CNNIC (2010a).
[342] Vgl. ebd. Siehe im Detail Abb. 14-19, S. 217f.

Abbildung 9: Genutzte Internetanwendungen (2009 und 2004 im Vergleich)

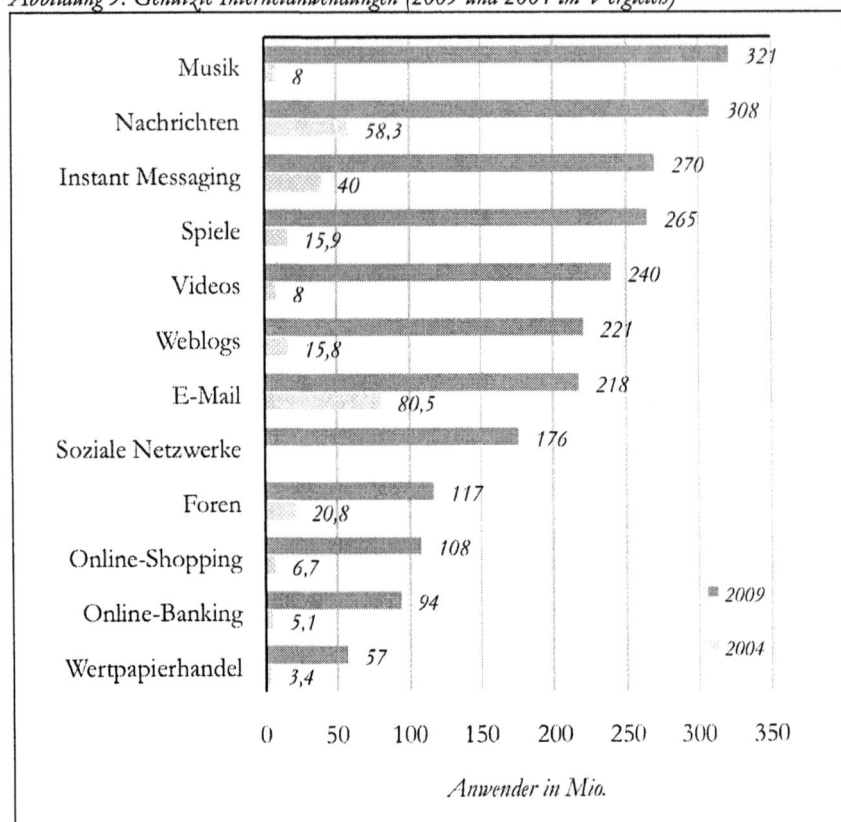

Eigene Darstellung/Quelle: CNNIC 2004/2010

Die Angebotspalette im chinesischen Internet hat sich also in großem Umfang diversifiziert. Am deutlichsten zeigt sich dieser Trend im Aufkommen sozialer Netzwerke, die 2004 noch nicht als eigene Kategorie erhoben wurden. Allerdings mindert das Aufkommen von Unterhaltungsangeboten wie Musik, Videos und – teilweise ebenfalls zensierten – Online-Spielen[343] keineswegs die Funktion des Internets als Informationskanal. Die sinkende Bedeutung der E-Mail[344] beispielsweise wird nicht nur aufgefangen, sondern sogar weit übertroffen von Angeboten der digitalen Kommunikation, wie es beim Instant Messaging, über soziale Netzwerke

---

[343] Vgl. Spiegel Online (2.6.2004).
[344] Siehe Abb. 16, S. 218.

und auch im Rahmen der Kommentarfunktion bei Weblogs möglich ist.[345] Trotz des klaren Trends zu Unterhaltung wäre es also ein Fehlschluss anzunehmen, dass dadurch weniger Informationen zwischen den einzelnen Internetnutzern ausgetauscht werden und diese stattdessen bloß Unterhaltung konsumieren. Das Gegenteil ist der Fall.

Die Bedeutung dieser dezentralen Kommunikationskanäle ist in zweifacher Hinsicht von Bedeutung. *Erstens* ist anzunehmen, dass die intensivierte Massenkommunikation schon aufgrund ihres Umfangs zu einer Liberalisierung des politischen Diskurses führen kann. Genauere Hinweise darauf liefert die Untersuchung zur Nutzung der Kommunikationsinstrumente im Zusammenhang mit politischer Partizipation. *Zweitens* wird diese Entwicklung in starkem Maße von der Fähigkeit der politischen Führung beeinflusst, die Kommunikation über Anbieter von Weblogs oder sozialen Netzwerken zu kontrollieren, wie Kapitel 3.3.7 zeigen wird. Deshalb wird die Untersuchung des chinesischen Zensursystems einen besonderen Fokus auf die Kontrolle der unter dem Schlagwort Web 2.0 subsumierten Angebote legen müssen.

Die Internetnutzung in China ist darüber hinaus ist in einem doppelten Sinne im Wandel begriffen: Zum einen wurde ein qualitativer Wechsel hin zu einer Intensivierung der Kommunikation bei gleichzeitig verstärkter Nutzung von Unterhaltungsangeboten diagnostiziert. Zum anderen wird das Internet auch in quantitativer Hinsicht deutlich intensiver genutzt: So verbrachten die chinesischen Bürger im Jahr 2001 noch etwa 8,5 Stunden pro Woche im Internet, in der ersten Hälfte des Jahres 2010 lag dieser Wert im Schnitt bei 19,8 Stunden – und damit mehr als doppelt so hoch als noch vor neun Jahren.[346] Von allen Altersgruppen verbringen die jungen Internetnutzer mit Abstand die meiste Zeit im Internet: Das CNNIC setzte in seinem Bericht aus dem Jahr 2006 die Altersgruppen in Zusammenhang mit der wöchentlichen Dauer, die sie im Internet sind. Im Durchschnitt lag die Internetnutzung über alle Altersgruppen hinweg bei 16,9 Stunden pro Woche; die 18-24-Jährigen waren aber bereits 21,5 Stunden pro Woche online, die 25-30-Jährigen 21 Stunden.[347] Die Unternehmensberatung *McKinsey* ermittelte im Frühjahr 2010, dass Einwohner in den 60 größten chinesischen Städten durchschnittlich 70 Prozent ihrer Freizeit im Internet verbringen.[348]

Guo Liang von der Chinesischen Akademie für Sozialwissenschaften untersuchte in seiner vergleichenden Studie zur Internetnutzung in chinesischen Großstädten[349] zudem das Verhältnis von Internetnutzung zum Konsum anderer Medi-

---

[345] Siehe Abb. 17–19, S. 218f.
[346] Siehe Abb. 13, S. 216.
[347] Vgl. CNNIC (2010a).
[348] Vgl. McKinsey (2010). Die Zahlen basieren aus einer Umfrage des Unternehmens im Jahr 2009.
[349] Die Untersuchung umfasst die Städte Peking, Shanghai, Guangzhou, Chengdu, Changsha, Xi'an und Shenyang. Es sollte aber berücksichtigt werden, dass die Verbreitung des Internets in diesen Städten

en: Der Studie zufolge war das Internet 2007 nach Fernsehen und Tageszeitungen das am dritthäufigsten genutzte Informationsmedium. Darüber hinaus gibt es einen positiven Zusammenhang zwischen einer intensiven Nutzung des Internets und der Nutzung anderer Medien – Internetnutzer konsumieren also auch die anderen chinesischen Medien, mit Ausnahme des Fernsehens, intensiver als Nicht-Internetnutzer.[350] Setzt man die Mediennutzung in Bezug zur jeweils darauf verwendeten Zeit, so liegt das Internet mit durchschnittlich etwas mehr als fünf Stunden pro Tag hingegen deutlich vor dem Fernsehen (knapp 3 Stunden), Büchern (2 Stunden), dem Radio (etwas mehr als eine Stunde) sowie Tageszeitungen und Magazinen (jeweils knapp eine Stunde pro Tag).[351] Aufgrund der insgesamt auffällig stark ausfallenden Mediennutzung von insgesamt annähernd 13 Stunden pro Tag muss dieser empirische Befund allerdings nach unten korrigiert bzw. eine gleichzeitige Mediennutzung einberechnet werden.

Auch das Vertrauen in die Glaubwürdigkeit der Medien wird von der Nutzung des Internets beeinflusst: Während das Internet für Internetnutzer selbst die wichtigste mediale Informationsquelle ist – und darüber hinaus sogar für glaubhafter als persönlich übermittelte Informationen befunden wird –, sind persönliche Gespräche für *Nicht*-Internetnutzer die wichtigste Quelle, gefolgt von Fernsehen, Tageszeitung und dann erst dem Internet. In beiden Gruppen war das Internet also glaubwürdiger als Bücher, Magazine und das Radio.[352]

2.4 Das Internet und politische Partizipation in China

Die Ausgangslage der Untersuchung stimmt zunächst nüchtern: Zugespitzt formuliert, wird das Internet in China vor allem von Studenten dazu genutzt, um mit Freunden und Bekannten in Kontakt zu treten und Musik sowie Videos zu teilen. Das politische Interesse fällt gegenüber den vielfältigen Unterhaltungsangeboten klar zurück. Der am Hamburger GIGA-Institut für Asienkunde forschende Soziologe und Politikwissenschaftler Karsten Giese stützt diese These und sieht in der jungen und aktiven Internetgeneration „keine größere Gefahr für den Erhalt der Kommunistischen Partei", da sie sich in ihren Internetdiskursen weniger mit politi-

---

zwischen 47 und 58 Prozent entspricht und damit im Schnitt doppelt so hoch ist wie im chinesischen Durchschnitt, vgl. Guo L. (2007): S. 17.

[350] Vgl. Guo L. (2007): S. 51f.

[351] Vgl. ebd. Die intensive Mediennutzung führt nach Yu H. (2006): S. 303f. zur Herausbildung einer chinesischen „media citizenship", da der gestiegene Informationsfluss die Grundlage für politische Partizipation lege.

[352] Vgl. ebd., 53f. Gleichwohl ist ergänzend der Trend zu beobachten, dass chinesische Medien grundsätzlich mehr Glaubhaftigkeit attestiert wird als ausländischen Quellen, vgl. S. 56.

schen Themen als mit „Individualisierung und Selbstbezogenheit"[353] auseinandersetzten. Stimmt dieser Befund? Die bisherige Vermessung des Internetsektors förderte nur wenige Informationen zum Bereich der politischen Partizipation zutage. Deren Bedeutung darf aber aus drei Gründen nicht unterschätzt werden:

Erstens zeigte die vorangegangene Untersuchung, dass mit der Verbreitung des Internets auch der Zugang zu Informationen immer einfacher wurde. Diese Informationen, die für Zheng Yongnian auch immer Aufschluss über die politische Agenda Chinas geben, vergrößern die Möglichkeiten einer politischen Partizipation durch die chinesischen Internetnutzer, weil die Transparenz der politischen Entscheidungsprozesse steige und damit der Informationsvorsprung der Regierung gegenüber seinen Bürgern als Grundlage politischer Macht sinke.[354] Internetzensur kann in diesem Zusammenhang also auch als der Versuch der KPC verstanden werden, durch die Zensur kritischer Themen ihren bisherigen Informationsvorsprung gegenüber der Bevölkerung beizubehalten. Bedeutend ist daher die Frage, ob das gegenwärtige Zensursystem geeignet ist, diese Aufgabe zu erfüllen.

Zweitens sprechen die Chinesen dem Internet ein hohes Maß an Glaubwürdigkeit zu.[355] Das gilt vor allem für die im Internet vorherrschende jüngere Generation. Die älteren Chinesen gaben in der Befragung hingegen an, dass sich z.B. ihre politischen Einstellungen durch das Internet nicht verändert hätten – folglich kann daraus abgeleitet werden, dass diese Gruppe dem Medium Internet auch keine allzu große Glaubwürdigkeit entgegenbringt.[356] Allgemein aber zeigte die Studie der Chinesischen Akademie für Sozialwissenschaften, dass das Internet und die Kommunikation, die in seinem Rahmen stattfindet, ernst genommen werden.[357]

Drittens birgt die Tatsache, dass Studenten die treibende Kraft des chinesischen Internets sind, ein nicht zu unterschätzendes soziales Konfliktpotenzial. Dieses Argument wird im Zusammenhang der Demokratiebewegung von 1989 deutlicher, die ebenfalls in weiten Teilen von Studenten getragen wurde.[358] Der vor über 20 Jahren auf dem Tiananmen-Platz geäußerte Wunsch nach mehr Mitbestimmung konnte vom Regime hingegen durch physische Macht unterdrückt werden.[359] Im Internet ist physische Macht aber nicht unmittelbar anwendbar, weil sie zunächst die technischen und organisatorischen Scharniere des Internetsektors passieren muss. Dieser Umweg ist fast immer mit Reibungsverlusten vorhanden, die die Handlungsfähigkeit der Regierung reduzieren.

---

[353] Giese (2005): S. 48.
[354] Vgl. Zheng (2008): S. 82.
[355] Vgl. Guo L. (2007): S. 53f.
[356] Vgl. Xie/Jaeger (2008): S. 7f.
[357] Vgl. Guo L. (2007).
[358] Vgl. Saich (2004): S. 66f.; Shirk (2008): S. 35f.; Fewsmith (2008a): S. 21f.; Lieberthal (2004): S. 143f.; Dabringhaus (2009): S. 190f.
[359] Vgl. Zheng (2004): S. 3; Saich (2004): S. 66f.; Shirk (2008): S. 35f.; Fewsmith (2008a): S. 21f.; Lieberthal (2004): S. 143f.; Dabringhaus (2009): S. 190f.

Die nächsten Abschnitte haben zum Ziel, die Nutzung des Internets als Instrument der Opposition und als Mittel der politischen Mobilisierung zu kennzeichnen. Dafür gelten wiederum die drei Indikatoren, die im Zusammenhang mit innenpolitischer Liberalisierung aufgestellt wurden: Informationsaustausch, Agenda-Setting und die Fähigkeit, die Regierung unter Druck zu setzen. Es soll eine Antwort auf die Frage gefunden werden, wie schlagkräftig und mit welchen Erfolgsaussichten politische Aktivisten innerhalb und außerhalb Chinas das Internet dazu nutzen können, einen dergestalt begriffenen Trend zur Liberalisierung anzustoßen oder zu befeuern.

2.4.1   Internetaktivismus: Eine Begriffsbestimmung

Der zu Beginn dieser Arbeit skizzierte SARS-Fall, bei dem die Informationssperre durch das Internet umgangen werden und gleichzeitig Druck auf die politische Führung aufgebaut werden konnte, illustriert ein Phänomen, das in der politikwissenschaftlichen Betrachtung unter mehreren Begriffen firmiert, von denen *digitale Partizipation* oder *Internetaktivismus* als die präzisesten erscheinen.

Der Politikwissenschaftler Sandor Vegh definiert Internetaktivismus allgemein „as a politically motivated movement relying on the Internet"[360]. Auf China bezogen, hat Yang Guobin das umfassendste empirische Bild digitaler Partizipation als kultureller Form[361] gezeichnet, das er als „online activism" benennt:

> „One of the fascinating aspects about online activism in China is precisely its ambigious nature. Sometimes it takes form of protest; at other times, it borders on dissent but not clearly so. (...) It crosses between the legitimate and the illegitimate. (...) Thus, following the broad conceptualization of activism in recent social-movement scholarship, I understand online activism to be any form of Internet-based collective action that promotes, contests, or resists change."[362]

Das von Yang aufgestellte Kriterium, dass digitale Partizipation mit dem Ziel eines gesellschaftlichen Wandels verknüpft sein muss, ist eine für die Analyse des Phänomens Internetaktivismus kluge Festsetzung, da es ein wirksames Abgrenzungskriterium zu anderen Formen eines digitalen Aktivismus darstellt, die für die Untersuchung einer möglichen Liberalisierung zu vernachlässigen sind.

Wie lässt sich das Phänomen der digitalen Partizipation oder des Internetaktivismus in China in einem übergeordneten Rahmen begreifen? Es liegt auf der

---

[360] Vegh (2003): S. 71.
[361] Vgl. Yang (2009): S. 111.
[362] Ebd., 3.

Hand, dass sich die Formen von Internet-Aktivismus nicht nahtlos auf die geltenden Typologien unkonventioneller Partizipation übertragen lassen. Der am Hamburger GIGA-Institut forschende Sinologe Günter Schucher differenziert die
Formen unkonventioneller politischer Partizipation beispielsweise nach dem Kriterium ihrer Positionierung innerhalb oder außerhalb des politischen Systems. Partizipationsformen, die die Strukturen des Systems nutzen, sind beispielsweise Petitionen und Demonstrationen, während Beteiligungsformen außerhalb des politischen Systems alle Formen von Gewaltaktionen umfassen.[363] Allerdings müssen
derartige Skalen für das Internet revidiert werden, da es sich dort um völlig andere
Ausdrucksformen handelt, die nur bedingt mit den bekannten Maßstäben erfasst
werden können. Dadurch ist auch die Unterscheidung zwischen „innen" und „außen" im Falle des Internet-Aktivismus zwar grundsätzlich sinnvoll, als primäres
Unterscheidungskriterium aber wenig geeignet. Wie können die Formen digitaler
Partizipation auf andere Weise systematisiert werden? Zwei Ansätze ermöglichen
eine Einordnung.

Erstens differenziert Yang Guobin die auftretenden Fälle von Internetaktivismus in seiner umfassenden empirischen Studie nach dem Grad ihrer Organisation:
Etwa ein Drittel aller untersuchten Fälle, bilanziert er, hätten ihren Ursprung in
einem spontanen Protest, der als Reaktion auf perzipierte soziale Ungerechtigkeit
zu verstehen ist.[364] Diese würden auch häufig mit einem moralischen Unterton
geführt.[365] Die verbliebenen zwei Drittel stellen sich in Form eines institutionell
organisierten Protests dar. Diese Differenzierung zwischen institutionalisierten und
nichtinstitutionalisierten Formen der Partizipation wird ab Seite 87 auch zur Systematisierung der Partizipationsmuster auf den chinesischen Internetsektor angewendet.

Zweitens nimmt Sandor Vegh eine inhaltliche Dreiteilung vor und unterscheidet
zwischen „Awareness/Advocacy", „Organization/Mobilization" und „Ac-
tion/Reaction".[366] Organisationen und Gruppierungen der ersten Gruppe (*Aware-
ness/Advocacy*) geht es nach Vegh darum, ein öffentliches Bewusstsein für einen
perzipierten politischen Missstand zu schaffen. Vor allem die Übermittlung kritischer Fakten oder Einschätzungen unter den Anhängern macht einen wichtigen
Aspekt des Handlungsfeldes aus.[367] Für ihn spielt es dabei keine Rolle, ob es sich
um eine Nichtregierungsorganisation (NGO), ein loses Bündnis oder einen Zu-
sammenschluss mehrerer Aktivisten handelt; gleichwohl sieht er in Dissidenten-

---

[363] Einen Überblick liefert Schucher (2009): S. 15 bzw. 18. Für weitere Hintergründe siehe Gurak/Logie
(2003). Konkrete Fallstudien politischer Partizipation für die chinesischen Städte Shenyang, Chongqing
und Shenzhen liefern Heberer/Schubert (2008): S. 97f.
[364] Vgl. Yang (2009): S. 34.
[365] Vgl. ebd., 35.
[366] Vg. Vegh (2003): S. 72f.
[367] Vgl. ebd.

gruppen, die im Ausland leben, einen der größten Zusammenschlüsse von Vertretern dieser ersten Kategorie.[368] In die zweite Gruppe (*Organization/Mobilization*) ordnet Vegh Organisationen ein, die zum Ziel haben, über das Internet Aktionen zu planen, die entweder offline stattfinden (wie etwa Protestkundgebungen im öffentlichen Raum) oder online durchgeführt werden (wie etwa das gleichzeitige Versenden von Anfragen an Politiker in Schlüsselpositionen).[369] Von dieser zweiten Gruppe nur schwer abzugrenzen ist die dritte von Vegh genannte Kategorie (*Action/Reaction*). Für Vegh sind dort vor allem Gruppen zu verorten, deren Aktionen über die klassischen Protestinstrumente der Mobilisierung hinausgehen. Ein Beispiel sind Internethacker, die durch ihre illegalen Manipulationen fremder – und nicht selten staatlicher – Computer und Rechnersysteme Einfluss nehmen oder zumindest ihr Missfallen gegenüber bestimmten Institutionen oder politischen Inhalten zum Ausdruck bringen wollen.[370] Damit benennt er ein Phänomen des Internetaktivismus, das vor allem unter dem Namen „Hacktivism"[371] bekannt wurde.

2.4.2   Instrumente

Mit der als *hacking* bezeichneten Manipulation fremder Rechner ist bereits der Übergang zu den Instrumenten des chinesischen Internetprotests vollzogen. Es gibt eine Reihe geeigneter Einflussmöglichkeiten, die von chinesischen Internetnutzern eingesetzt werden. Ihr Wirkungsgrad ist natürlich jeweils unterschiedlich.

Der Betrieb eigener Internetseiten darf für individuelle und kollektive Akteure als grundlegendes Instrument der Einflussnahme gelten.[372] Als eines der effektivsten Instrumente zur gesellschaftlichen Organisation hat sich aber nach wie vor die *E-Mail* erwiesen, die es der Gruppe über einen Nachrichtenverteiler ermöglicht, eine Vielzahl von Anhängern zu erreichen und für Aktionen zu mobilisieren, wie Michael Chase und James Mulvenon herausstellen:

> „E-mail is an especially important tool for two-way communication and coordination among dissidents, Falungong practitioners, and Tibetan exiles. A variety of evidence indicates that mainland dissidents regularly use e-mail, as well as Internet chat rooms and bulletin boards, to communicate and coordinate with each other and with members of the exile dissident com-

---

[368] Vgl. Vegh 82003): S. 73.
[369] Vgl. ebd., 75.
[370] Vgl. Vegh (2003): S. 75f. Bestätigt durch persönliches Gespräch mit Frank Sieren.
[371] Vgl. ebd. 77.
[372] Eine Übersicht relevanter Internetseiten von Dissidenten-Gruppierungen haben Chase/Mulvenon (2002) ab S. 91 zusammengestellt.

munity. (...) The use of e-mail is equally important to exile dissident groups such as the Chinese Democracy and Justice Party (CDJP). According to Shi Lei, director of the CDJP's internet division, ‚The use of the Internet and e-mail to transmit information about the democracy movement has been the most effective method of communication for CDJP since its founding'.""[373]

E-Mails stellen nicht nur innerhalb Chinas einen effektiven Kommunikationskanal dar, auch ist die elektronische Nachricht ein bevorzugtes Kommunikationsinstrument von ausländischen Organisationen, um Kontakt zu chinesischen Mitgliedern oder Informanten aufzunehmen. Mitglieder der 1999 in der Volksrepublik verbotenen und heute als Exis-Organisation in New York ansässigen *Demokratischen Partei Chinas*[374] etwa nutzen einen E-Mail-Verteiler, um ihre innerhalb Chinas verbotenen Publikationen zu vertreiben. Schätzungen zufolge werden bis zu 100.000 elektronische Exemplare einer Ausgabe verschickt.[375] Für Zhao Yuezhi besteht der größte Vorteil der Massen-E-Mail darin, dass die Empfänger kritischer Nachrichten gegenüber Behörden stets zu Protokoll geben können, dass sie diese ungewollt erhalten haben. Deshalb sei diese Art des „internet guerilla warfare" besonders effektiv.[376]

Internetbasierte Petitionen sind ein weiteres Instrument, um öffentliche Aufmerksamkeit auf das anvisierte Thema zu lenken und damit politischen Druck zu erzeugen. So starteten die in New York ansässige Organisation *Human Rights in China* und die Gemeinschaft der Mütter, deren Söhne und Töchter 1989 auf dem Tiananmen-Platz getötet wurden, eine Petition anlässlich des 11. Jahrestages der Niederschlagung der Proteste.[377] Ihre Wirkung ist aber eher begrenzt, sodass sie gemäß der Differenzierung nach Sandor Vegh eher dem Bereich der Advocacy zuzuordnen sind.

Darüber hinaus nutzen gesellschaftliche Gruppen *Internetforen*, um sich zu organisieren und ihr Anliegen darüber hinaus in einem (teil-)öffentlichen Raum vorzutragen. Denn die Gründung von Clubs, Vereinen oder vergleichbaren Zusammenschlüssen ist in China nur inoffiziell möglich, sagt die langjährige Peking-Korrespondentin Kristin Kupfer.[378] Die *Demokratische Partei Chinas* unterhielt im Jahr 2000 beispielsweise mehr als ein Dutzend chinesischsprachiger Foren, ebenso die Tibetische Exilgemeinschaft.[379] Diese Foren und Chat-Räume, argumentieren Chase und Mulvenon, seien primär für den Austausch sensibler politischer Inhalte

---

[373] Chase/Mulvenon (2002): S.15f.
[374] Vgl. Gilley (2010): S. 118; Fewsmith (2008a): S. 214f.
[375] Vgl. ebd., 31.
[376] Vgl. Zhao Y. (2008): S. 104f.
[377] Vgl. Chase/Mulvenon (2002): S. 19.
[378] Persönliches Gespräch mit Kristin Kupfer.
[379] Vgl. Chase/Mulvenon (2002): S. 22f.

relevant und dienten der Koordination von Aktionen und Veranstaltungen.[380] Für den taiwanesischen Politikwissenschaftler Hung Chin-Fu haben Diskussionsforen im Internet auch maßgeblich dazu beigetragen, dass sich ein virtueller öffentlicher Raum, ein chinesischer Cyberspace, herausbilden konnte.[381]

Gleiches gilt für die Verbreitung regierungskritischer Informationen und Kommentare in *sozialen Netzwerken* und *Weblogs*. Eine Besonderheit stellen Videoplattformen wie etwa *YouTube* dar, da dort nicht primär über Text, sondern in bewegten Bildern kommuniziert wird. Die *OpenNet Initiative* weist *YouTube* eine „role as an activist tool"[382] zu, die politische Nutzung des Portals sei in den vergangenen Jahren massiv angestiegen. Für statische Bilder, die etwa im Netzwerk *Flickr* zusammengetragen werden können, gilt derselbe Trend.[383] Beide Netzwerke, *YouTube* und *Flickr*, sind in China daher blockiert.[384]

Für den Versuch der politischen Einflussnahme ist auch die Verwendung von *P2P-Software* relevant. Sie stellt einen anonymen, unmittelbaren und dadurch nur schwer kontrollierbaren Kommunikationskanal dar. Einer Untersuchung zufolge wird P2P bereits von Dissidenten und Überseechinesen eingesetzt, um Dokumente auszutauschen, blockierte Internetseiten zu erreichen und kritische Informationen zu übermitteln.[385]

Es gibt auch eine kulturelle Sphäre bei der Einordnung des chinesischen Internetaktivismus. Yang Guobin hat den Versuch unternommen, die Phänomene von Internetprotest traditionellen chinesischen Ritualen der Auseinandersetzung („culture of contention")[386] zuzuordnen. Yang hat mehrere identifiziert: Zum einen findet sich die Unterscheidung zwischen verbalen und nonverbalen Protesten im Internet wieder. Bestehen traditionelle verbale Protestbekundungen etwa in der Unterzeichnung von Petitionen, so wird diese Logik im Internet fortgesetzt. Interessanter aber ist die Übernahme nonverbaler Instrumente, die traditionell in Blockaden, Protestzügen und Hungerstreiks ihren Ausdruck finden. So gebe es auch im Internet die Tendenz zu nonverbaler Kommunikation, etwa durch das beliebte geichzeitige Überschwemmen von regierungsnahen Internetforen mit willkürlichen Inhalten.[387]

Zum anderen werden im Internet traditionelle Instrumente des Protests kultiviert, wie etwa die Formulierung von Sprüchen („sloganeering") oder die Verwendung von mahnenden Fahnen oder Bannern, die sich auf Internetseiten wiederfin-

---

[380] Vgl. ebd., 23.
[381] Vgl. Hung (2003): S. 6f.
[382] ONI (2010): S. 14f.
[383] Vgl. ebd. 17f.
[384] Vgl. Spiegel Online (8.6.2007).
[385] Vgl. Chase/Mulvenon/Hachigian (2006): S. 85; Ding (2008): S. 628.
[386] Yang (2009): S. 69.
[387] Vgl. Yang (2009): S. 69f.

den.[388] Dieser Punkt lässt sich darüber hinaus um die Verwendung von politischer Satire (*e'gao*)[389] und impliziter Kritik erweitern, die Ashley Esarey und Qiang Xiao in ihrer Analyse der chinesischen Blogosphäre nachgewiesen haben.[390] Die an der London School of Economics lehrende Medienwissenschaftlerin Meng Bingchun leitet den chinesischen Begriff *e'gao* vom japanischen Terminus *kuso* ab, der eine Subkultur des Internets beschreibt, die sich durch die humoreske Verfremdung klassischer Literatur oder bildender Kunst auszeichnet.[391] Im chinesischen Internet bezieht sich *e'gao* auf die satirische Kommentierung etwa auch politischer Nachrichten.

2.4.3 Internetaktivismus in China: Eine Bestandsaufnahme

Die Sphäre des chinesischen Interaktivismus präsentiert sich als ein ausgesprochen heterogenes Feld, das nur im Rahmen einer systematischen Betrachtung erfasst werden kann. Die Differenzierung zwischen institutionalisierten und nicht-institutionalisierten Formen digitaler Partizipation in China hilft, das Gebiet überschaubarer zu machen. Institutionalisierte Formen der Partizipation beziehen sich auf die Aktionen von Nichtregierungsorganisationen und anderen gesellschaftlich organisierten Gruppen. Sie sind für Sozialwissenschaftler naturgemäß aufgrund ihres Organisationsgrads leichter zu erfassen als die vielfältigen Aktivitäten individuell auftretender Internetaktivisten, die in der folgenden Systematisierung gleichwohl ausführlich dargestellt werden.

Chinesische NGOs sind allein aufgrund ihrer großen Anzahl[392] ein bedeutender Einflussfaktor. Allerdings sind ihre Spielräume im Hinblick auf eine mögliche Liberalisierung begrenzt. Das gilt zum einen, weil quantitativ diejenigen gesellschaftlichen Organisationen dominieren, die organisationell mit der KPC verbunden sind und von denen deshalb auch nur ein sehr geringes Maß an regimekritischem Aktionismus zu erwarten ist.[393] Zum anderen müssen sich alle anderen NGOs in China bei den Behörden registrieren, was die formale Organisation regimekritischer Zusammenschlüsse erheblich erschwert. Und nicht zuletzt versucht die KPC bei den NGOs auch auf lokaler Ebene, auf die „Zusammensetzung ihrer

---

[388] Vgl. Yang (2009): S. 70.
[389] Vgl. ROG Blog (1.10.2010). Mit Satire begegnen die Internetnutzer auch der Zensur ihres Mediums, vgl. ausführlich ROG (2010b).
[390] Vgl. Esarey/Xiao (2008): S. 764f.
[391] Meng (2009): S. 52f.
[392] Die Zahlen gehen auseinander: Wu Y. (2007): S. 218 spricht von 283.000 Organisationen im April 2005; Dabringhaus (2009): S. 206 berichtete für das Jahr 1998 von einer Million NGOs in China.
[393] Vgl. Guo G. (2010): S. 233f.

Leitungsgremien Einfluss zu nehmen"[394], wie die an der Universität Freiburg lehrende Sinologin Sabine Dabringhaus in ihrem jüngsten Einführungswerk zur neuesten chinesischen Geschichte konstatiert. Infolge dieser rigiden staatlichen Kontrolle und der Pflicht zur Registrierung sind auch die Spielräume im Internet im Hinblick auf eine regimekritische Positionierung als äußerst gering zu bewerten, soll der Fortbestand der Organisation innerhalb Chinas nicht gefährdet werden. Lu fand ferner heraus, dass der Grad der Autonomie einer NGO in China mit ihrer Beliebtheit korreliert: Beliebten und damit verbreiteten Organisationen werden tendenziell mehr Freiheiten eingeräumt als kleinen NGOs.[395]

Yang Guobin hat in seiner umfassenden Studie das Online-Verhalten von 550 städtischen chinesischen NGOs untersucht:[396] Fast zwei Drittel aller Organisationen verfügten über eigene Internetseiten, um über ihre Programmatik zu informieren.[397] Kommunikationswerkzeuge wie E-Mail-Newsletter und Internetforen wurden von den Organisationen als besonders wichtig eingeschätzt.[398] Darüber hinaus gaben die Befragten an, dass sie das Internet vor allem zur Entwicklung der Organisation, zur Planung von Veranstaltungen und zur Kommunikation mit anderen chinesischen oder ausländischen NGOs nutzten. Demgegenüber spielten die Interaktion mit Regierungsorganisationen, die Rekrutierung von Mitgliedern und die Spendenakquise nur untergeordnete Rollen.[399] Auf dieser Grundlage bilanziert Yang, dass gesellschaftliche Organisationen das Internet vielmehr zusätzlich zu traditionellen Kommunikationselementen einsetzen, nicht als Ersatz derselben.[400] Vor allem die Vernetzung mit internationalen Organisationen ist für Yang bedeutend, weil diese einen wichtigen Beitrag zum Aufkommen neuer Organisationen innerhalb Chinas leisteten.[401]

Zudem hat Yang sieben zentrale Charakteristika des chinesischen Internetaktivismus herausgearbeitet, die für viele chinesische NGOs im Internet kennzeichnend sind: *erstens* die große Verbreitung einer Kultur des Kritisierens bis hin zu „permanent campaigns"[402], *zweitens* die Multiplikation der thematisierten Aspekte, *drittens* die zunehmende Institutionalisierung, *viertens* die unterschiedlichen sozialen Fundamente einzelner Bewegungen, die entweder einzelnen Organisationen zugehören oder von einzelnen Akteuren initiiert wurden, die Ungerechtigkeit erfahren haben, *fünftens* die Konzentration von Internetaktivismus auf junge und in den Städten lebende Internetnutzer, *sechstens* der Wandel von utopischen Zielen des

---

[394] Dabringhaus (2009): S. 206.
[395] Lu (2010): S. 218.
[396] Vgl. Yang (2009): S. 129.
[397] Vgl. ebd., 135.
[398] Vgl. ebd., 138.
[399] Vgl. ebd., 140.
[400] Vgl. ebd.
[401] Vgl. ebd., 141.
[402] Yang (2009): S. 30.

frühen Online-Aktivismus zu konkreteren und realisierbaren Forderungen und *siebentens* die Übernahme symbolischer Akte zur nachdrücklichen Vermittlung des eigenen Anliegens.[403]

Allerdings zeigt die Analyse auch, dass die fest institutionalisierten Organisationen in China nur mittelbar an Aktivitäten beteiligt sind, die geeignet wären, das politische System infrage zu stellen. Insbesondere bei internationalen NGOs mit einer Vertretung innerhalb der Volksrepublik, argumentiert Yang, sei zu beobachten, dass sie zumeist von einer direkten Konfrontation mit der KPC absähen:

> „Generally speaking, INGOS [International Non-Governmental Organizations, KBB.] refrain from directly challenging state authorities. Like their chinese counterparts, they operate under conditions of political uncertainty and administrative ambiguity (...) reflecting domestic political conditions, they avoid confrontational approaches."[404]

Dennoch sehen viele Beobachter insbesondere in chinesischen Umweltorganisationen schlagkräftige Akteure, die sich die Methoden des Internets in großem Maße zu eigen gemacht haben. In einer gemeinsamen Untersuchung haben der Politikwissenschaftler Jonathan Sullivan und der Informatiker Xie Lei anhand einer Netzwerkanalyse – die Aufschluss über die Verlinkung verschiedener Internetseiten untereinander gibt – versucht, die Größe des „virtuellen Umweltnetzwerks" in Chinas Internetsektor zu bestimmen.[405] Die Rangliste der am stärksten vernetzten Organisationen – sie lassen sich auf 82 Webseiten einzelner Organisationen mit insgesamt 454 Links beziffern – zeigt, dass sowohl nationale NGOs als auch internationale Organisationen ein dichtes Online-Netzwerk bilden und auch eng mit regionalen Nachrichtenagenturen und einzelnen Freiwilligengruppen verbunden sind.[406] Die Netzwerkanalyse gibt aber nur Aufschluss über digitale Verlinkungen, nicht über das tatsächliche Ausmaß gesellschaftlicher Koordination. So taucht beispielsweise das chinesische Umweltministerium weit oben in der Rangliste auf, weil viele Organisationen auf ihren Internetseiten darauf verweisen. Von diesem Befund auf eine Kooperation zu schließen, wäre töricht. In Kenntnis dieser möglichen Zerrbilder bietet die Netzwerkanalyse aber einen ersten Anhaltspunkt, um die Vernetzung der einzelnen Organisationen abzuschätzen.

Im Gegensatz zu NGOs innerhalb Chinas identifiziert Yang bei internationalen Organisationen mit Sitz außerhalb der Volksrepublik eine größere Bereitschaft zur Konfrontation: „In the areas of internet use and online activism, there are INGOs engaged in capacity building, information sharing, advocacy, and media campaigns."[407] Prominente Beispiele sind etwa *Amnesty International, Reporter ohne Gren-*

---

[403] Vgl. ebd., 31f.
[404] Ebd., 188.
[405] Vgl. Sullivan/Xie (2009).
[406] Vgl. ebd., 430. Für eine weiter gefasste Betrachtung chinesischer Umweltproteste siehe Jing (2010).
[407] Yang (2009): S. 189.

zen, die *OpenNet Initiative*, *Human Rights Watch*, *Human Rights in China* oder die *Global Voices Advocacy*. Auch die tibetische Exilregierung verfügt als organisierte Interessengruppe über ein Internetnetzwerk, das von ihrem Londoner Büro aus verwaltet wird und das Exil-Tibeter über E-Mail-Listen und einem Nachrichtenportal, *www.tibet.net*, über ihre politischen Positionen informiert.[408]

Auch in der zweiten Kategorie, den Aktivisten und Dissidenten, erscheint eine Differenzierung zwischen Akteuren innerhalb und außerhalb Chinas sinnvoll, um die vielfältigen Partizipationsformen einordnen zu können.

Menschenrechtsaktivisten innerhalb Chinas nutzen das Internet, um ihre Ziele – vor allem die Ausweitung der Meinungsfreiheit[409] – unter dem Radar der staatlichen Wahrnehmung zu erreichen. Eines der ersten Beispiele für eine Nutzung des Internets in diesem Zusammenhang war das über E-Mail verbreitete Magazin *Tunnel*, das 1997 erstmals verschickt wurde und das den Anspruch hatte, als erstes „freies Magazin"[410] innerhalb Chinas zu bestehen. Nach wie vor sind über 2000 Ausgaben des regierungskritischen Online-Magazins im Internet zu finden; die bislang letzte Ausgabe datiert auf den 22. Dezember 2002.[411] Einer der bekanntesten Menschenrechtsaktivisten innerhalb Chinas ist der im Dezember 2009 zu einer elfjährigen Haftstrafe verurteilte Dissident Liu Xiaobo, gleichsam einer der Autoren der *Charta 08*, eines Papiers für mehr Meinungsfreiheit in China.[412] Am 8. Oktober 2010 wurde Liu mit dem Friedensnobelpreis ausgezeichnet.[413]

Yang Guobin erkennt in der „chinese virutal diaspora", den regierungskritischen *Überseechinesen*, eine weitere Gruppe, deren Einfluss nicht zu unterschätzen sei.[414] Bereits im Zusammenhang mit den Studentenunruhen 1989, argumentiert Yang, hätten die im Ausland lebenden Chinesen einen relevanten Beitrag geleistet, indem sie sich über das damals noch rudimentäre Internet mit einigen der führenden Protestierenden innerhalb Chinas austauschten. Der Einfluss von Überseechinesen wird derzeit auf vier Ebenen spürbar: *erstens* im Rahmen unmittelbarer digitaler Partizipation in Internetforen. Yang konnte im Rahmen seiner Untersuchung zahlreiche Beiträge in Foren mit Überseechinesen, vor allem in den Vereinigten Staaten, in Verbindung bringen – nicht zuletzt, weil viele in ihren Einträgen auch selbst Auskunft über ihre Situation geben.[415] Ein weiteres einflussreiches Netzwerk

---

[408] Vgl. Bray (2000) S. 158f.

[409] Vgl. Yang (2009): S. 200.

[410] Eigene Übersetzung, zitiert nach ebd.

[411] Vgl. ebd.

[412] Vgl. Schucher (2009): S. 10; Yang (2009): S. 200.

[413] Vgl. FAZ.NET (8.10.2010).

[414] Vgl. Yang (2009): S. 192.

[415] Vgl. Yang (2009): S. 192: „For example, in the protests surrounding the death of Qiu Qingfeng in 2000, some messages that appeared in BBSs in China were clearly posted by users residing in the United States. These users tended to identify themselves as Beijing University alumni. For example, as message was posted on May 29 in the Strengthening the Nation Forum by someone called ‚Wanderer'. Self-

liegt für Yang in den chinesischen Studentenverbindungen an ausländischen Universitäten. Im Zusammenhang mit Ausschreitungen in der indonesischen Hauptstadt Jakarta im Jahr 1998, bei denen vor allem dort lebende Chinesen das Ziel der Angriffe waren, hätten die chinesischen Studenten in Washington über das Internet eine Protestkundgebung organisiert und sich dann, abermals über das Internet, mit Kommilitonen an Universitäten in der gesamten Welt in Verbindung gesetzt, um innerhalb weniger Tage unzählige Kundgebungen abzuhalten.[416] Weitere bekannte Beispiele sind etwa Veteranen der chinesischen Demokratiebewegung von 1989, Anhänger der in China verbotenen religiösen Gruppe *Falun Gong*[417], der Tibetischen Exilgemeinschaft[418] sowie separatistische Uiguren.[419] Ferner haben sich internetbasierte Nonprofit-Organisationen als weiteres wichtiges Netzwerk von Exilchinesen erwiesen. Der *China News Digest* (CND) beispielsweise präsentiert sich nicht nur als Nachrichtenportal, sondern auch als „Internetmuseum" mit Fotos, die das Massaker auf dem Platz vor dem Tor des Himmlischen Friedens in Peking 1989 dokumentieren und deren Verbreitung innerhalb Chinas aufgrund der rigiden Zensur kaum möglich wäre.[420]

Vor allem die Akteure eines transnationalen Internetaktivismus, bilanziert Yang, hätten schon sehr früh ein Bewusstsein für die Bedeutung des Internets als Kommunikationsmedium entwickelt. Als Beispiel gilt etwa das über das Internet verbreitete regierungskritische Magazin *VIP Reference*, das von wechselnden Absendern an etwa 250.000 chinesische E-Mail-Postfächer verschickt werde.[421] Im März 1998 wurde der Shanghaier Informatiker Lin Hai verhaftet (der Fall gilt als die erste Inhaftierung eines Internetdissidenten überhaupt), weil er etwa 30.000 chinesische E-Mail-Adressen gesammelt und an die Redaktion des Magazins in die Vereinigten Staaten übermittelt habe.[422] Im Juni 1999 wurde er deshalb zu zwei Jahren Gefängnis verurteilt.[423]

---

identified as a Chinese student in an American university, ,Wanderer' praised the security measures on American campuses and suggested that Chinese universities might learn from the American example."
[416] Vgl. ebd., 193.
[417] *Falun Gong* wurde 1992 von Li Hongzhi als religiös-meditative Bewegung gegründet und erstmals im April 1999 mit großer Aufmerksamkeit bedacht, als zwischen 10.000 und 15.000 ihrer Anhänger im Pekinger Regierungsviertel protestierten. Anlass war ein mutmaßlicher Angriff von Polizisten aus Tianjin auf Anhänger der dortigen Gemeinschaft. Drei Monate später wurden einzelne Anhänger verhaftet, kurze Zeit darauf wurde *Falun Gong* in China verboten, vgl. Chase/Mulvenon (2002): S. 8f.; Shirk (2008): S. 85f.; Cao (2010): S. 123.
[418] Nach Angaben der Tibetischen Verwaltung gab es Anfang des Jahrtausends etwa 130.000 tibetische Flüchtlinge weltweit, vgl. Chase/Mulvenon (2002): S. 13.
[419] Vgl. Yang (2009): S. 194.
[420] Vgl. ebd., 195. Die von Yang zitierten Bilder sind online abrufbar: http://www.cnd.org/June4th/massacre.html/ (abgerufen am 13.10.2010).
[421] Vgl. Yang (2009): S. 194.
[422] Vgl. Zheng (2008): S. 67.
[423] Vgl. ebd.

Ein anderer Fall, Herbst 2003: In der nordostchinesischen Stadt Harbin in der Provinz Heilongjiang beschädigt der Gemüsehändler Dai Yiquan mit seinem vierrädrigen Verkaufswagen den Außenspiegel eines BMW.[424] Es kommt zu einem Streit mit der Besitzerin, Su Xiuwen, die in der Folge Dais anwesende Frau Liu Zhongxia überfährt und dabei tötet sowie mehrere Passanten teils schwer verletzt. Zwei Tage später wurde Su verhaftet. Im anschließenden Gerichtsverfahren erkannte sie ihre Schuld an, das Gericht verurteilte sie zu zwei Jahren Gefängnis und einer Geldstrafe in Höhe von 21.500 Yuan. Kurze Zeit später gab die lokale Polizei in einer Pressemitteilung bekannt, dass Su aus der Haft entlassen werde, da sie die Passanten nicht absichtlich überfahren habe.

Diese Nachricht, von der lokalen Presse nicht aufgegriffen, verbreitete sich alsbald im Internet und löste dort einen Proteststurm aus. Bei einer Online-Umfrage zu dem „BMW-Fall", wie er häufig bezeichnet wurde, gaben mehr als 110.000 Internetnutzer ihre Stimme ab; und als die Nachricht auf dem Portal *Sina* erschien, befanden sich alsbald etwa 70.000 Leserkommentare unter dem Bericht.[425] Etwa 180.000 Internetnutzer kommentierten den Vorfall in diversen Internetforen pro Tag.[426] Es dauerte nicht lange, bis im Internet die ersten Spekulationen verbreitet werden, welche Verbindungen hinter diesem ungewöhnlichen juristischen Vorgang stecken könnten. Viele Internetnutzer stellten Vermutungen an, dasss es eine Verbindung zwischen Su und einigen Parteikadern in der Provinz Heilongjiang geben müsse. Damit hatte die Online-Diskussion mitsamt dem Vorwurf der Bestechlichkeit der Richter eine Stufe erreicht, die die KPC in ihrem Ansehen beschädigen könnte. Ein Sondergericht wurde eingerichtet; es beschäftigte sich mit dem Fall und kam zu dem Schluss, dass das erste Gericht korrekt entschieden habe und der Vorwurf der Korruption nicht haltbar sei.[427] Das Ergebnis dieser Untersuchung ist weniger bedeutsam als die Tatsache, dass überhaupt erst aufgrund der öffentlichen Empörung – die im Wesentlichen im Internet stattfand – eine Gerichtsentscheidung überprüft wurde.[428] Zheng Yongnian sieht darin einen klaren Beweis für die mobilisierende Kraft des Internets in solchen normativ aufgeladenen Einzelfällen:

> „Never before has the Internet played such an important part in an event. The Internet allowed members of the public to vent their opinions and frustrations outside the entirely state-controlled press and ineffectual government complaint offices. (...) The case also shows that

---

[424] Vgl. im Folgenden Zheng (2008): S. 130f.; Chung (2008): S. 744 und Yang (2009b): S. 22f..
[425] Vgl. Zheng (2008): S. 130.
[426] Vgl. Chung (2008): S. 744.
[427] Vgl. Zheng (2008): S. 132.
[428] Vgl. Zheng (2008): S. 132.

Internet-mediated social movements can quickly undermine popular confidence in China's legal system."[429]

Der „BMW-Fall" verdeutlicht eine weitere Form nicht institutionalisierter Partizipation: Ad-hoc-Aktivismus bezieht sich auf konkrete und zumeist regionale Anlässe, die – im Gegensatz zur zuerst genannten Kategorie nichtinstitutionalisierter Beteiligung – nicht durch vorab definierte politische Zielsetzungen definiert werden.[430] Für den südkoreanischen Politikwissenschaftler Chung Jongpil zeigte der „BMW-Fall", dass die chinesischen Zensoren der Masse der abgegebenen Kommentare weitgehend hilflos gegenüberstanden.[431] Die Organisation *Reporter ohne Grenzen* berichtete Anfang Oktober 2010 von weiteren Fällen, in denen Internetaktivismus dazu beigetragen habe, dass juristische Verfahren überprüft worden seien.[432] Inhaltlich ist diese Form des Ad-hoc-Aktivismus durch Regionalität, Spontaneität und Dezentralität des geäußerten Protests gekennzeichnet. Diese Faktoren machen es der KPC besonders schwer, schnell eine wirksame Gegenstrategie zu entwickeln.

Ein ähnliches Beispiel ist die Geschichte des Shanghaier Menschenrechtsaktivisten Feng Zhenghu, dem die chinesischen Behörden 2009 die Rückreise aus Japan verweigerten.[433] Als die westlichen Medien im November des Jahres auf Fengs Fall aufmerksam wurden, hatte er bereits acht Einreiseversuche hinter sich; ein Mal erreichte er den Shanghaier Flughafen Pudong, wurde aber an der Einreisekontrolle abgewiesen und zurück nach Tokio geschickt. Um auf sich aufmerksam zu machen, reiste Feng nicht nach Japan ein, sondern lebte mehrere Monate im Transitbereich des Flughafens Tokio-Narita. Über Internetforen, soziale Netzwerke und Mikroblogs verbreitete sich die Geschichte des Aktivisten schnell auch im chinesischen Internet und löste dort großen Protest aus, wie Kristin Kupfer schildert.[434] Über den Mikroblogdienst *Twitter*, der in Japan nicht zensiert ist, berichtete Feng in chinesischer Sprache regelmäßig über seine Situation: Im November 2009 verfolgten bereits über 5000 Internetnutzer seine Nachrichten[435], knapp ein Jahr später

---

[429] Ebd.

[430] Das Phänomen des Ad-hoc-Aktivismus kann losgelöst vom Internet betrachtet werden. Zwei Fallstudien, die Hundert-Blumen-Bewegung 1957 und die erste Welle von Studentendemonstrationen 1986, zeigen dessen Funktionsweisen, vgl. Zhou X. (2010): S. 150f.

[431] Vgl. Chung (2008): S. 744.

[432] Vgl. ausführlich ROG Blog (1.10.2010) sowie ROG (2010b). Die Organisation bezieht sich auf zwei Fälle inhaftierter Journalisten, Xie Chaoping und Qiu Ziming.

[433] Vgl. im Folgenden Guardian Online (13.11.2009); Global Voices Advocacy (22.11.2009); Amnesty International Blog (23.3.2009), CBS News Online (30.11.2009) und HRIC Blog (27.4.2010).

[434] Persönliches Gespräch mit Kristin Kupfer. Darüber hinaus war *Twitter* nach Angabe von *Reporter ohne Grenzen* der einzige Kanal, über den sich die Nachricht, dass Liu Xiaobo den Friedensnobelpreis erhalten hatte, in China verbreiten konnte. Chinesische Medien durften nicht über die Ehrung berichten, vgl. ROG Blog (11.10.2010); CNN Online (8.102010); ROG Blog (11.10.2010).

[435] Vgl. CBS News Online (30.11.2009).

waren es bereits über 26.000. Unterstützer verbreiteten seine Textnachrichten in englischer Übersetzung, so dass auch Menschen im Ausland davon erfuhren. Der Menschenrechtsaktivist war den chinesischen Behörden lange zuvor aufgefallen, weil er mittellosen Bürgern mit juristischem Rat in Rechtsangelegenheiten gegen chinesische Verwaltungsbehörden zur Seite stand. Im Jahr 2001 wurde er wegen „illegaler Geschäftspraktiken" zu einer dreijährigen Haftstrafe verurteilt.[436] Nach mehreren erfolglosen Versuchen durfte Feng im Februar 2010 – wenige Wochen vor Beginn der Weltausstellung in Shanghai – nach China einreisen. Der Menschenrechtsorganisation *Human Rights in China* sagte Feng im März 2010, dass er nach seiner Rückkehr unter Hausarrest gestellt worden sei, außerdem hätten Polizisten seinen Computer konfisziert und das Telefon zeitweise abgeschaltet.[437] Der vielfach vermutete Zusammenhang zwischen der schließlich erteilten Einreiseerlaubnis und der durch die Shanghaier Weltausstellung erzeugten internationalen Aufmerksamkeit ist nicht ohne Grundlage. Für diese Untersuchung ist allerdings vor allem die Tatsache bedeutsam, dass die umfassende Erzeugung von Solidarität für Feng ohne das Internet kaum denkbar gewesen wäre. Als das Thema durch das Internet weltweite Aufmerksamkeit erhielt, war Feng bereits sieben Monate in Japan; danach dauerte es nur noch drei weitere, ehe er wieder in seine Heimat einreisen durfte.

Ein weiteres häufig auftretendes Muster von Ad-hoc-Internetaktivismus ist in China unter dem Begriff *menschliche Suchmaschine* oder allgemein auch als *crowdsourcing* bekannt. Die Dezentralität des Internets nutzend, tragen die Menschen beispielsweise in einem Forum Fakten zu einem bestimmten Vorfall zusammen. Die staatliche Nachrichtenagentur *Xinhua* berichtete erstmals im Juli 2008 über „menschliche Suchmaschinen" in China. Ihrer Darstellung zufolge kam das Phänomen 2001 auf, damals allerdings noch ohne politische Implikationen.[438] Der Überlieferung nach stellte ein chinesischer Internetnutzer ein Bild einer Frau ins Internet und gab diese als seine Freundin aus. Mehrere Nutzer wollen die Frau aber als ein Model wiedererkannt haben, das unter anderem schon ür den amerikanischen Softwarekonzern *Microsoft* vor der Kamera stand. Die Nutzer recherchierten die persönlichen Kontaktdaten des Models und identifizierten den Internetnutzer damit als Lügner.

Die Forscher der *OpenNet Initiative* beschreiben „menschliche Suchmaschinen" in China aber inzwischen als Instrumente der internetbasierten Recherche auch zu politisch sensiblen Themen:

> „In the years since [seit dem ersten Auftreten des Phänomens 2001, KBB.] the human flesh search engines have scored a series of successes in identifying currupt officials who have acted

---

436 Vgl. Amnesty International Blog (23.3.2010).
437 Vgl. HRIC Blog (27.4.2010).
438 Vgl. Xinhua (4.7.2008).

> shamefully or abused their office (and are often subsequently punished), as well as attacking private individuals engaging in perceived distasteful behavior."[439]

Der kanadische Blogger Ryan McLaughlin präsentiert in seinem Weblog auf den Seiten des Technikportals *CNET Asia* eine Zusammenstellung mehrerer Ereignisse im Zusammenhang mit „menschlichen Suchmaschinen" in China. Im Oktober 2008 stellten Internetnutzer die Bilder einer Überwachungskamera aus einem Restaurant in Shenzhen ins Internet. Die Bilder zeigen den offensichtlichen Versuch eines Mannes, ein minderjähriges Mädchen in die Herrentoilette zu drängen.[440] Internetnutzer identifizierten den Mann als Lin Jiaxiang, den stellvertretenden Direktor der Wasserschutzbehörde in Shenzhen. Diese Information löste unter den chinesischen Internetnutzern einen gewaltigen Proteststurm aus: Am 3. November berichtete *Xinhua*, dass das Pekinger Verkehrsministerium einen Mitarbeiter in Shenzhen entlassen habe, nachdem dieser „offensichtlich so viel getrunken hatte, dass er in der Öffentlichkeit die Kontrolle verlor".[441] Die Recherche im Internet führte in diesem Fall trotz der verharmlosenden Darstellung durch die Nachrichtenagentur zur Entlassung des Regierungsmitarbeiters. Darin wird deutlich, wie groß die Kraft des Internets in Fällen dezentraler Recherche eines Vorfalls durch die chinesischen Internetnutzer sein kann. Die jüngste Ankündigung chinesischer Internetaktivisten, eine „Enthüllungsplattform" für politisch sensible Informationen nach dem amerikanischen Vorbild *Wikileaks* zu gründen,[442] gibt dieser Form des Internetaktivismus zusätzlichen Auftrieb.

---

[439] Deibert/Palfrey/Rohozinski/Zittrain (Hrsg.) (2010): S. 455.
[440] Vgl. McLaughlin (2008).
[441] Eigene Übersetzung, zitiert nach Xinhua (3.11.2008). Vgl. darüber hinaus Xinhua (5.11.2008) und Xinhua (18.12.2008).
[442] Vgl. Zeit Online (22.10.2010).

2.5 Zwischenfazit

Das Internet als Transmissionsriemen politischer Liberalisierung

In welchem Maße hat das Internet als Partizipationsmedium die politische Kultur
Chinas beeinflusst? Für den Medienwissenschaftler Tai Zixue hat das Internet die
Arena der öffentlichen Meinung in mindestens drei Aspekten verändert:

> „First, it creates a new platform that was not available before for Chinese netizens to express
> their opinions online on just about anything; secondly, it produces a steady, core cohort of
> opinion leaders that constantly sway public opinion in China's cyberspace; thirdly, the Internet
> allows an ever-increasing number of Chinese Net surfers to be exposed to the pulse of their
> Net pal's opinions."[443]

Damit zielt Tai auf die soziale Komponente, die das Internet von bestehenden
chinesischen Medien unterscheidet. Das Internet, argumentiert Zheng Yongnian,
produziert keine neuen sozialen Bewegungen, aber es wirkt als Transmissionsriemen bereits bestehender.[444] Die auf den vorangegangenen Seiten skizzierten Muster der Internetnutzung durch chinesische NGOs und Dissidenten stützen seine
These. Vielfach lässt sich beobachten, dass klassische Elemente der chinesischen
Protestkultur herangezogen und auf das Internet angewendet werden.

Für Zheng hat das Netz den Zugang zu Informationen für chinesische Bürger
trotz der bestehenden Zensur dramatisch erhöht und damit dazu beigetragen, dass
soziale Gruppen diese Informationen für ihre Zwecken austauschen können.[445] In
diesem Zusammenhang impliziert die rasante Verbreitung dieses neuen Mediums
auch eine neue Herausforderung für die chinesische Regierung: Die ursprüngliche
Erzeugung und später der Ausbau von Legitimität des kommunistischen Partei-
staats hängen für Zheng auch mit der Fähigkeit der KPC zusammen, ihre Bürger
durch Eingliederung in ein kontrolliertes soziales Umfeld an sich zu binden.[446] Der
2004 verstorbene amerikanische Soziologe William Kornhauser sprach im Zusammenhang mit autoritären Regimen von einer „atomized society" oder „a situation
in which an aggregate of individuals are related to one another only by way of their
relation to a common authority in a variety of independent groups".[447] Das Internet, argumentiert Zheng Yongnian, unterminiert diese „Atomisierung" der Gesellschaft, indem es neue Querverbindungen zwischen einzelnen und kollektiven gesellschaftlichen Akteuren herstelle.[448] Für Zhang Junhua, der sich vor allem mit der
chinesischen Blogosphäre und der Konstruktion von kollektiver Erinnerung be-

---

[443] Vgl. Tai (2006): S. 188.
[444] Vgl. Leaning (2009): S. 144f.; Zheng (2008): S. 41
[445] Vgl. Zheng (2008): S. 93f.
[446] Vgl. ebd., 91f.
[447] Kornhauser zitiert nach Zheng (2008): S. 91.
[448] Zheng (2008): S. 92.

schäftigt, ist es wahrscheinlich, dass die von der KPC propagierten „einseitigen"
politisch-historischen Interpretationen der vergangenen Jahre zur Erzeugung von
Legitimität beigetragen haben. Die Legitimitätsbasis der „memory policy" sieht er
durch das Aufkommen von Blogs potenziell gefährdet.[449] Damit beschreibt Zhang
Junhua ein Phänomen des Internets, das für Zheng Yongnian neben der Vernetzung gesellschaftlicher Akteure ebenfalls zentral ist: seine Fähigkeit, „events" herzustellen. Zheng definiert diese „events" als soziale Praktiken, die das Potenzial
haben, die Autorität der Regierung zu beschädigen und die Funktionslogik des
Systems zu unterminieren.[450] Besonders deutlich wird dieses Potenzial bei regionalen Skandalen – dort, sagt Frank Sieren, habe das Internet seine „wirkliche Sprengkraft".[451] Tai Zixue kennzeichnet das Internet in diesem Zusammenhang als „vierten Ort", der über die Lebensbereiche Zuhause, Arbeitsplatz und den öffentlichen
Raum hinausgeht: Weil das Internet eine bis dahin ungekannte Heterogenität sozialer Beziehungen herzustellen vermag, trägt es insbesondere in repressiven Regimen
wie China dazu bei, als liberalisierender Faktor innerhalb der Zivilgesellschaft zu
firmieren.[452] Die in diesem Kapitel beschriebenen Grundmuster der Internetnutzung im Rahmen von Internetaktivismus haben verdeutlicht, dass das Internet in
China alle drei Indikatoren politischer Liberalisierung – die Vernetzung von Akteuren, politisches Agenda-Setting sowie der Aufbau von Druck auf Partei und Regierung – zumindest partiell erfüllt. Darüber hinaus, argumentiert Zheng, habe das
Internet die Kosten für die Kontrolle solcher sozialen Phänomene für die Regierung erhöht, weil das Internet als dezentraler Raum schwerer zu kontrollieren
sei.[453] Konnte die politische Führung im Rahmen der Demokratiebewegung 1989
mit militärischen Mitteln gegen diejenigen vorgehen, die die Legitimität der Regierung zu bedrohen schienen, so wird ein Gegensteuern der Regierung im Internet
deutlich schwieriger.[454]

Wenngleich die Feststellung zutreffend ist, dass das Internet eine Bedrohung
für die bestehenden Muster der Legitimitätskonstruktion darstellt, so gilt gleich-
wohl der logische Schluss, dass eine Regierung nur dann allein durch die Kraft des
Virtuellen abgesetzt werden kann, wenn sie selbst bloß virtuell existiert. Die chine-
sische Regierung und die KPC existieren im Internet, aber sie sind vor allem in
Gestalt von Polizei und Streitkräften physisch präsent. Für einen fundamentalen
Regimewechsel wäre daher auch im Internetzeitalter eine Transformation sozialer
Energie aus der Sphäre des Internets heraus in die „analoge" Welt vonnöten, in der

---

[449] Vgl. Zheng (2008): S. 101. Karsten Giese sieht diesen Trend sogar in einem weiteren Sinne auch
durch klassische Medien wie Zeitungen und den Rundfunk bestätigt, vgl. Giese (2005): S. 38.
[450] Vgl. Zheng (2008): S. 89.
[451] Persönliches Gespräch mit Frank Sieren.
[452] Vgl. Tai (2006): S. 163.
[453] Vgl. Zheng (2008): S. 97.
[454] Vgl. ebd., 96.

der chinesischen Regierung nach wie vor die physische Überlegenheit zugesprochen werden muss.

Diese nun detailliert ausgeführte Argumentation untermauert die eingangs getroffene Festsetzung, dass das Internet am ehesten im Hinblick auf seine Fähigkeit begriffen werden kann, einen Wandel ohne strukturelle politische Transformation herbeizuführen. Es besteht weitgehend Einigkeit darüber, dass das Internet im Rahmen seiner Nutzung durch soziale Gruppen, Aktivisten und Dissidenten imstande ist, einen Beitrag zur Liberalisierung Chinas zu leisten.[455] Die vorangegangene Analyse der regierungskritischen Internetnutzung lässt den Schluss zu, dass dieses Szenario nicht ohne Grundlage ist. Doch die politische Führung in China begegnet diesem Prozess nicht tatenlos: Partei und Regierung haben ein umfassendes Zensur- und Kontrollsystem installiert, das eine Institutionalisierung der beschriebenen Kritik am politischen Systems verhindern soll. Es ist die Aufgabe des folgenden Kapitels, die Effizienz dieses Zensursystems zu bewerten.

---

[455] Vgl. O'Hara (2009): S. 134; Tai (2006): S. 181; Zheng (2008): S. 100; Hung (2003): S. 6; Zheng/Wu G. (2010): S. 271.

3. Das chinesische Internetzensursystem

„Es klingt lächerlich, China zu beschuldigen, den freien Informationsfluss im Internet einzuschränken."[456] Diese offizielle Stellungnahme der chinesischen Regierung verbreitete die staatliche Nachrichtenagentur *Xinhua* am 24. Januar 2010 – zu einem Zeitpunkt, als das chinesische Internet zum weltweiten Politikum wurde. Der amerikanische Internetkonzern *Google* hatte kurz zuvor öffentlich darüber nachgedacht, sich aus China zurückzuziehen, nachdem er Opfer eines Hacker-Angriffs geworden war, der seinen Ursprung innerhalb der Volksrepublik hatte.[457] Das amerikanische Außenministerium attackierte China heftig, die chinesische Regierung zeigte sich darüber empört.[458]

Die zuvor zitierte Meldung der Nachrichtenagentur *Xinhua* verdeutlicht die Debatte um die chinesische Internetzensur in verdichteter Form: In dem gleichen Text weist die Regierung den Vorwurf der Zensur zunächst zurück und bestätigt ihn doch wenige Absätze später mit der Einlassung, „absolute Internetfreiheit" sei nirgends zu finden, eine Kontrolle des Informationsflusses überall gegeben, „in fast allen Staaten".[459] Das ist zutreffend. Aber das Argument wäre auch nur dann als gültig zu betrachten, wenn China das Internet in demselben Ausmaß zensierte, wie es in westlichen Demokratien der Fall ist. Dort findet Internetzensur Anwendung auf Inhalte, die sich innerhalb der Strafgesetzgebung befinden: Kinderpornografie, Verleumdung, rassistisches Gedankengut.[460] Auch derlei Inhalte werden in China geahndet. Aber dieses Kapitel wird zeigen, dass die Volksrepublik vor allem eine extensive Zensur *politischer Inhalte* vornimmt. Vor diesem Hintergrund greift der von der chinesischen Regierung vorgebrachte Vergleich mit anderen Staaten zur Legitimierung des eigenen Zensursystems zu kurz.

Es ist das Ziel dieses Kapitels, *erstens* den Umfang der zensierten Inhalte zu erfassen, *zweitens* die jeweils handelnden Akteure der Internetzensur zu identifizieren und *drittens* das Internetkontroll- und -zensursystem zu analysieren, also seine einzelnen Instrumente offenzulegen und auf ihre Wirksamkeit zu prüfen. Zum Nach-

---

[456] Eigene Übersetzung, vgl. Xinhua (24.1.2010b).
[457] Vgl. Fallstudie zu *Google.cn*, Kapitel 3.3.4.1, S. 138f.
[458] Vgl. United States Department of State (12.1.2010).
[459] Eigene Übersetzung, vgl. Xinhua (24.1.2010b).
[460] Vgl. FAZ.NET (28.3.2010); Zeit Online (4.2.2010); Zeit Online (24.2.2010).

weis einer politischen Zensur des chinesischen Internets gibt es einen Fundus umfangreicher empirischer Ergebnisse. Dazu kommen ausgewählte Befunde, die im Rahmen eigener Recherchen innerhalb der Volksrepublik China im März 2010 erhoben wurden.

3.1 Was wird zensiert?
Ein Überblick über die Kategorien sensibler Inhalte

In einer Umfrage der Chinesischen Akademie für Sozialwissenschaften aus dem Jahr 2007 gaben mehr als 84 Prozent aller befragten chinesischen Internetnutzer an, die Kontrolle und Regulierung des Internets in China sei „notwendig" oder gar „sehr notwendig". Demgegenüber fanden nur knapp 6 Prozent eine solche Kontrolle „unnötig" oder „sehr unnötig".[461] Vorhergehende Untersuchungen der Pekinger Akademie aus den Jahren 2001, 2003 und 2005 zeigen, dass der Trend zur Befürwortung einer Kontrolle stetig steigt.[462] Da das Forschungsinstitut dem Staatsrat unterstellt ist, sollten die Zahlen zumindest mit Vorsicht zur Kenntnis genommen werden. Die Studie gibt darüber hinaus keinen Aufschluss darüber, welche Art der Kontrolle die chinesischen Internetnutzer bevorzugen oder gar welche Inhalte sie als kontrollwürdig erachten.

Die Frage aber, welche Inhalte innerhalb des chinesischen Internets zensiert und welche Inhalte ausländischer Internetseiten blockiert werden, ist von zentraler Bedeutung. Es wurde bereits argumentiert, dass Internetzensur erst im Zusammenhang mit sozialer Stabilität innerhalb der Volksrepublik verständlich wird. Die Hypothese besagte, dass die politische Führung nur solche Inhalte zensiert, die geeignet sind, ihre Legitimitätsgrundlage entweder durch unmittelbare Systemkritik oder über den Umweg sozialer Instabilität zu gefährden. Welche empirischen Belege gibt es, die imstande sind, diese Hypothese zu verifizieren oder zu falsifizieren?

Eine der bislang umfassendsten empirischen Untersuchungen zur Darstellung zensierter Inhalte führten Jonathan Zittrain und Benjamin Edelman von der Harvard Law School im Jahr 2002 durch. Dazu riefen sie sowohl innerhalb Chinas als auch von den Vereinigten Staaten aus über 200.000 einzelne Internetseiten zu sensiblen Themenfeldern auf und verglichen die Ergebnisse. Konkret werteten sie die ersten 100 Suchergebnisse chinesischer Suchmaschinen zu 19 Suchanfragen einzeln aus. Die Ergebnisse (siehe Abb. 10, rechte Seite) zeigen deutlich, wie stark die chinesischen Filter bei verschiedenen Themen eingreifen.

---

[461] Vgl. Guo L. (2007): S. 12.
[462] Zusammenstellung bei Guo L. (2005): S. 8; vgl. darüber hinaus Guo L. (2003a) und Guo L. (2003b).

Abbildung 10: Anteil blockierter Internetseiten auf der Basis von Suchergebnislisten

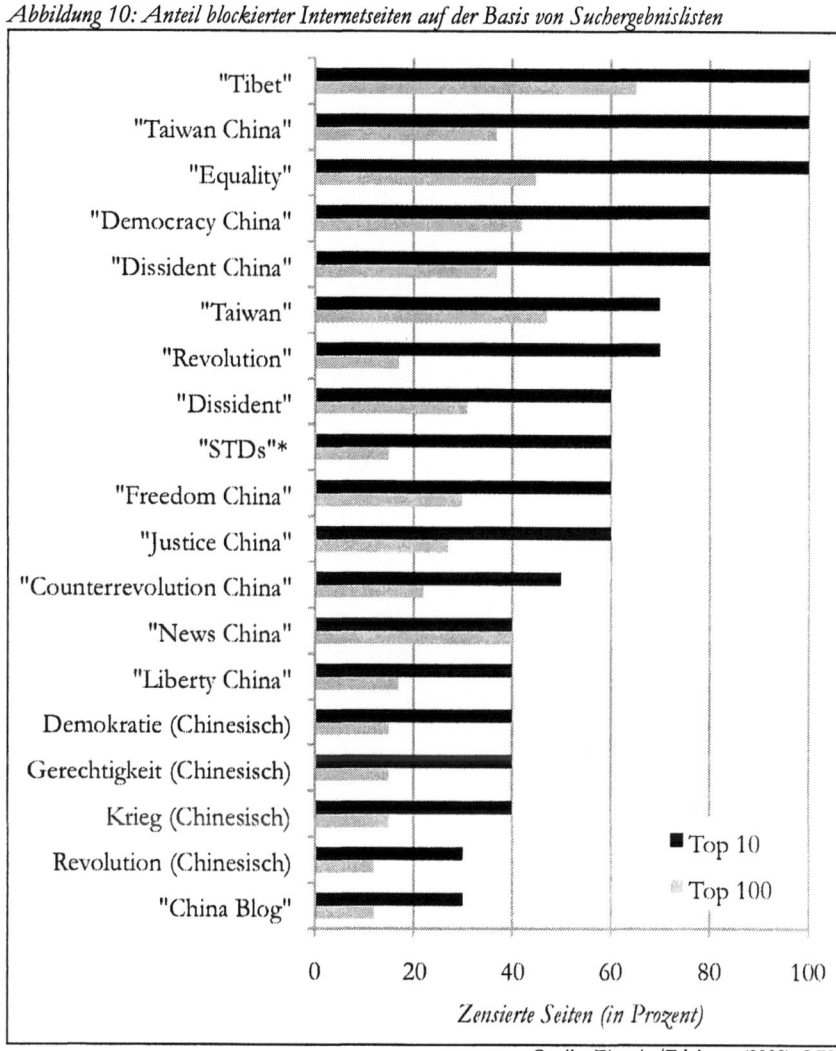

Quelle: Zittrain/Edelman (2003): S.72

** Die Abkürzung „STD" wird im Englischen als Sammelbegriff für sexuell übertragbare Krankheiten verwendet („sexually transmitted diseases"). In dieser Verwendung spielt die Suche nach dem Begriff vor allem auf den Umgang mit HIV/AIDS an, deren Verbreitung in China unter das Staatsgeheimnisgesetz fällt.

Die Darstellung zeigt, dass die englisch- und chinesischsprachigen Suchanfragen in starkem Maße von Zensur betroffen sind. Es ist leicht zu erkennen, dass die zensierten Themen in engem Zusammenhang mit der Stabilität des politischen Systems stehen. Offensichtlich wird dieser Zusammenhang bei Suchbegriffen, die unmittelbar mit einer Herausforderung der KPC-Herrschaft verbunden sind: Demokratie, Gleichheit, Freiheit, Revolution. Beobachter konstatieren hingegen eine größere Toleranz der Regierung gegenüber ökonomisch motivierten Protesten,[463] da wirtschaftliche Prosperität – wie bereits argumentiert wurde – maßgeblich zur Legitimitätssicherung der KPC beiträgt. Dennoch gibt es mehrere inhaltliche Kategorien für Tabu-Themen, bei denen eine ausgeprägte Zensur stattfindet:

- *Territorialkonflikte und ethnische Unruhen:* Die für die Pekinger Regierung aufgrund des internationalen Imageschadens äußerst unliebsamen Konflikte schlagen sich in der intensiven Zensur der Begriffe „Tibet" und „Taiwan" nieder. Für Susan Shirk, die China als „fragile superpower"[464] charakterisiert, ist die Stabilität Chinas durch ethnische Unruhen wie etwa in Tibet und Xinjiang in erheblichem Maße gefährdet.[465] Und die politischen Spannungen mit der abtrünnigen Provinz Taiwan – die sich selbst als „Republik China" für unabhängig erklärt hat – sind für Shirk eine „question of regime survival"[466] für die Regierung in Peking. Ein konkreter Beleg für diese Hypothese ist in der ausgesprochen hohen Filterquote der Begriffe „Tibet" und „Taiwan" zu finden. Dieser Befund erlaubt Rückschlüsse auf die Bedrohungswahrnehmung der KPC und identifiziert Territorialkonflikte und ethnische Spannungen als Themen, die von Partei und Regierung ernst genommen werden.

- *Verbotene Gruppierungen:* Eine zweite Studie, die von der *OpenNet Initiative* zwischen 2004 und 2005 durchgeführt wurde,[467] ergänzt und bestätigt die Ergebnisse von Zittrain und Edelman aus dem Jahr 2002. Zwei unabhängige Testreihen von fast 8000 Internetadressen (*URLs*) zu politisch sensiblen Internetseiten im In- und Ausland förderten ähnliche Ergebnisse zutage: Internetseiten zur verbotenen religiösen Bewegung *Falun Gong* wurden zu 100 Prozent blockiert.[468] Auch wurden die Suchergebnisse zu anderen chinesischen Parteien wie etwa der *Chinesischen Arbeiterpartei* und der verbotenen *Demokratischen Partei Chi-*

---

[463] Vgl. Perry (2010a): S. 305.

[464] Shirk (2008).

[465] Vgl. Shirk (2008): S.58. Theoretische Hintergründe zu ethnischen Unruhen liefern Cederman/Wimmer/Min (2010). Policy-Fallstudien zu Tibet und Xinjiang liefern Barnett (2010) bzw. Bovingdon (2010).

[466] Shirk (2008): S. 181. Vgl. darüber hinaus Rigger (2010).

[467] Vgl. ONI (2005).

[468] Vgl. ebd., 24f. Für Hintergründe zu *Falun Gong* siehe Perry (2010a): S. 306f. und Shue (2010): S. 352f.

nas stark gefiltert: Sucht man nach den chinesischen Begriffen für diese Partei-
en, so sind zwischen 60 und 93 Prozent der Ergebnisse nicht erreichbar, bei
englischsprachigen Suchen liegt der Wert zwischen 18 und 39 Prozent.[469]

• *Tiananmen:* Politisch sensibel sind auch die Ereignisse auf dem Pekinger Tiananmen-Platz am 4. Juni 1989. Die Regierung schlug an diesem Tag einen Auf-
stand chinesischer Studenten mit militärischen Mitteln nieder. Bei einer Inter-
netsuche nach „Tiananmen-Massaker" wurden nach Angaben der *OpenNet Initiative* 90 Prozent aller chinesischen und 32 Prozent aller englischen Internetseiten blockiert.[470] Mit 78 Prozent ist auch die Filterquote bei einer verschlüsselten Suche nach „sechs vier" (die Zahlen stehen für den Tag des Massakers,
den 4. Juni) beachtlich hoch. Ebenso sind 70 Prozent aller chinesischen Seiten
zum damaligen prodemokratischen KPC-Generalsekretär Zhao Ziyang nicht
erreichbar.[471] Die Zahlen belegen die äußerst sensible Wahrnehmung der Partei
im Zusammenhang mit dem Tiananmen-Massaker.

• *KPC-Kritiker:* Eigene Untersuchungen im März 2010 belegten, dass die internationalen Seiten westlicher Menschenrechtsorganisationen von China aus nicht
erreichbar sind. Betroffen waren die Organisationen *Human Rights Watch, Reporter ohne Grenzen, Amnesty International* und *Human Rights in China.* Alle Organisationen zeichnen sich durch ihre kritische Kommentierung der chinesischen Re-
gierungspolitik aus. Damit werden dezidierte KPC-Kritiker so weit wie möglich
aus dem chinesischen Internet getilgt. Das gilt auch für individuelle Akteure:
Aktuelles Beispiel ist der von der Propaganda-Abteilung angeordnete mediale
„Blackout" zur Ehrung Liu Xiaobos mit dem Friedensnobelpreis.[472] Ähnlich
ignorierte die staatliche Nachrichtenagentur *Xinhua* in ihrem internationalen
Themendienst die Festnahme des chinesischen Künstlers Ai Weiwei im April
2011. Der Vorgang hatte im Westen, vor allem ain Deutschland, große Empörung ausgelöst.[473] Auch werden Inhalte zum Dalai Lama konsequent ausge-
blendet.[474] Ferner wiesen die Forscher der *OpenNet Initiative* nach, dass chinakri-
tische Nachrichtenseiten zu 71 Prozent und andere politische Internetseiten zu
80 Prozent zensiert werden.[475] Darüber hinaus sind zahlreiche ausländische

---

[469] Vgl. ONI (2005): S. 31.
[470] Vgl. ebd., 32.
[471] Vgl. ebd. Bestätigt durch persönliches Gespräch mit Frank Sieren.
[472] Vgl. ROG Blog (11.10.2010); CNN Online (8.102010). Nach Aussage von ROG berichteten die
großen Internetportale *Sina* und *Sohu* nicht über die Auszeichnung.
[473] Vgl. Zeit Online (16.4.2011).
[474] Zuletzt blockierte die chinesische Regierungen Dalai-Lama-Anwendungen für das iPhone von *Apple,*
vgl. ROG Blog (1.1.2010).
[475] Vgl. ONI (2005): S. 24f.

Nachrichtenseiten wie etwa die der britischen *BBC,* des amerikanischen Nachrichtensenders *CNN* oder der *Deutschen Welle* durchgehend blockiert.[476]

• *Andere Protestbewegungen.* Neben den Protestaktionen im Zusammenhang mit dem Tinanamen-Massaker und den ethnischen Konflikten in der Peripherie Chinas sind auch grundsätzlich alle weiteren Protestbewegungen geeignet, die politische Souveränität der KPC infrage zu stellen und werden deshalb zensiert. Ein aktuelles Beispiel liefert das Vorgehen der Regierung gegen die Demonstrationen in Anlehnung an die Jasmin-Revolution im Februar 2011. Weil die Kundgebungen in fast 30 chinesischen Städten im Internet organisiert worden waren, sperrte die Regierung kurzfristig die chinesischen Zeichenfolgen für „Jasmin" und „Ägypten".[477] Eine Zensur fand auch Ende April 2011 statt, als hunderte streikende Lastwagenfahrer die Zufahrten zum Shanghaier Hafen blockiert hatten. Sie demonstrierten damit gegen hohe Benzinpreise und gestiegene Hafengebühren.[478] In der Folge löschte die chinesische Regierung beispielsweise einen im Internet veröffentlichten Zeitungsartikel sowie zahlreiche Diskussionsbeiträge in Internetforen. Auch eine Mitteilung der Shanghaier Hafenverwaltung soll aus dem Internet getilgt worden sein.[479]

Wie lassen sich diese Befunde allgemein systematisieren? Die im September 2000 erlassenen Regularien zur Telekommunikation stellen zwar einen allgemeinen Katalog verbotener Inhalte auf, allerdings geben sie aufgrund ihrer breiten inhaltlichen Ausgestaltung keine Hinweise auf die Inhalte der tatsächlich angestrebten politischen Zensur. Dem Gesetz zufolge dürfen keine Informationen im Internet verbreitet werden, die (1) gegen die Prinzipien der Verfassung verstoßen; (2) die nationale Sicherheit gefährden, Staatsgeheimnisse betreffen sowie die staatliche Souveränität unterminieren und die nationale Einheit gefährden; (3) die nationale Würde und die Staatsinteressen beschädigen; (4) Hass und Diskriminierung hervorrufen und die nationale Solidarität beschädigen; (5) die Religionspolitik des Staates unterminieren; (6) die geeignet sind, die soziale Ordnung und gesellschaftliche Stabilität zu stören; (7) obszöne und pornografische Inhalte haben oder Glücksspiel, Gewalt, Mord und Terrorismus verherrlichen; (8) Dritte diffamieren oder deren Rechte missachten und (9) die durch anderweitige Gesetze und Verwaltungsvorschriften verboten sind.[480]

---

[476] Persönliches Gespräch mit Frank Sieren.
[477] Vgl. Zeit Online (29.1.2011); Zeit Online (20.2.2011).
[478] Vgl. Spiegel Online (23.4.2011).
[479] Vgl. ebd.
[480] Eigene Übersetzung basierend auf der Darstellung nach Zhou (2006): S. 142.

Die *ONI*-Forscher Ronald Deibert und Rafal Rohozinski differenzieren fünf zentrale Kategorien verbotener Inhalte: Die Unabhängigkeitsbestrebungen nationaler Minderheiten, den Tiananmen-Zwischenfall 1989, die Kommentierung von KPC-Funktionären, die verbotene religiöse Bewegung *Falun Gong* sowie Schlüsselbegriffe im Zusammenhang mit Protest und Unterdrückung.[481] Die amerikanischen Juristen Jack Goldsmith und Tim Wu ergänzen diese Zusammenstellung noch um Informationen im Zusammenhang mit Forderungen nach der Beachtung von Menschenrechten.[482] Über aktuelle Schwankungen hinaus identifiziert Susan Shirk in den Themengebieten Menschenrechte, Demonstrationen von 1989, Falun Gong, Religion, Korruption in den politischen Führungsebenen, Taiwan und Tibet politisch sensible Felder, die durchgehend zensiert würden.[483] Allgemein, so argumentiert Shirk, können aber alle Themen darunter fallen, bei deren öffentlicher Diskussion die Propaganda-Abteilung eine Beschädigung der KPC-Legitimitätsgrundlage annimmt.[484]

Damit belegen die empirischen Untersuchungen, dass chinesische Internetzensur und soziale Stabilität von der politischen Führung in einem kausalen Zusammenhang behandelt werden. Mit anderen Worten: Der Befund zensierter Inhalte zeigt, dass Partei und Regierung diejenigen Themen desto umfassender zensieren, je größer die von ihnen ausgehende Gefährdung für die soziale Stabilität innerhalb Chinas ist. Die Einschätzung des Gefährdungspotenzials ist freilich nicht als eine objektive Analyse zu betrachten; vielmehr ist der Vorgang als eine Schlussfolgerung aus der Perzeption von KPC und Regierung zu verstehen. Allerdings zeigen die Erhebungen auch, dass selbst bei sensiblen Themen niemals alle Seiten blockiert werden können.

3.2 Wer zensiert? Akteure der Zensur

Das Zusammenspiel einer Vielzahl von Akteuren macht das Rückgrat des chinesischen Internetzensursystems aus. Die Untersuchung der handelnden Institutionen soll zeigen, dass die KPC durch die Überschneidung von Kompetenzbereichen der jeweiligen Akteure ein wirksames Kontrollregime errichten konnte, das im Wesentlichen nach dem Muster der wechselseitigen Kontrolle geprägt ist. Zur Systematisierung dieses heterogenen institutionellen Settings wird im Folgenden zwischen Akteuren der Partei-Seite und der staatlichen Seite differenziert. Diese Trennung ist

---

[481] Vgl. Deibert/Rohozinski (2008): S. 141.
[482] Goldsmith/Wu (2006): S. 94.
[483] Vgl. Shirk (2008): S. 90.
[484] Vgl. ebd.

inhaltlich nicht immer einfach, weil das politische System Chinas in seinen Grund-
zügen als ein Parteistaat begriffen werden kann, in dem die wichtigsten politischen
Richtungsentscheidungen in den Gremien der KPC gefällt und durch staatliche
Organe ausgeführt werden. Folglich verschwimmt die Grenze zwischen Partei und
Staat beim Versuch, die politische Verantwortung für eine Entscheidung einem
konkreten Akteur zuzuschreiben. Die gewählte analytische Trennung von Partei
und Staat im Hinblick auf die Akteure der Internetzensur ermöglicht es aber, auf
der einen Seite eine präzisere Verantwortungszuschreibung zu versuchen und auf
der anderen Seite Überlappungen der Kompetenzen deutlicher herauszuarbeiten.

Die enge und bisweilen nur schwer zu trennende Verbindung von Partei und
Staat wird in einer zentralen Organisation im Bereich der Internetzensur deutlich,
die nach Zheng Yongnian als gemeinsame Einrichtung beider Akteure zu verstehen ist:[485] Die 1996 gegründete staatliche *Informations-Führungsgruppe* unter der Leitung des Premierministers bildet einen eher informellen, aber umso schlagkräftige-
ren Arm der Kontrolle über den Telekommunikationssektor.[486] In der Zusammenführung von 24 Ministerien, Agenturen und Organen liegt die umfassende Steue-
rungskraft dieser kleinen Führungsgruppe begründet.[487] 2001 abermals in ihren
Kompetenzen gestärkt, beschreibt Zhao Yuezhi die Informations-Führungsgruppe
nunmehr als „de facto ‚information cabinet' above the State Council".[488]

3.2.1   Die Parteiseite: Planung und Kontrolle durch die KPC

Das wichtigste Partei-Organ zur Festlegung von zensurwürdigen Themen ist die
Propaganda-Abteilung der KPC. Sie hat in der Parteihierarchie folglich eine hohe
Position. Als eines der Gründungsressorts auf der Ebene des Zentralkomitees existiert sie etwa neben der Organisationsabteilung und der Führungsgruppe für Aus-
wärtige Angelegenheiten[489] bereits seit 1949.[490] Das Zentralkomitee – zur Einordnung – ist formal die vierthöchste Ebene in der Kaderhierarchie der KPC, nach
dem Ständigen Ausschuss des Politbüros mit etwa vier bis neun Mitgliedern als
engstem Führungszirkel an der Spitze,[491] dem Politbüro selbst mit etwa vierzehn
bis 24 Mitgliedern, das Kenneth Lieberthal die „command headquarters of the
party"[492] nennt, und dem Sekretariat des Zentralkomitees, das die Sitzungen des

---

[485] Vgl. Zheng (2008): S. 57.
[486] Vgl. ebd.
[487] Vgl. ebd.
[488] Zhao Y. (2008): S. 23.
[489] Vgl. Heilmann (2004): S. 87f.; Lieberthal (2004): S. 174f.
[490] Vgl. Lieberthal (2004): S. 175.
[491] Vgl. Heilmann (2004): S. 86; Lieberthal (2004): S. 175.
[492] Vgl. Lieberthal (2004): S. 175.

Politbüros vorbereitet und in dem auch der Direktor der Propaganda-Abteilung vertreten ist.[493] Allerdings besteht in der Praxis eine unmittelbare Weisungsbefugnis des Politbüros an die Abteilungen des Zentralkomitees.[494] Damit ist die Propaganda-Abteilung de facto dem Politbüro unterstellt, außerdem erstattet ihr Direktor dem Ständigen Ausschuss des Politbüros regelmäßig Bericht.[495] Im Jahr 2006 wurde zusätzlich das Internetbüro der Propaganda-Abteilung gegründet, um den Einfluss des Parteiorgans im Hinblick auf die Kontrolle des Internets gegenüber den staatlichen Institutionen abermals zu vergrößern.[496] Dabei agiert die Propaganda-Abteilung nach den Worten des Politikwissenschaftlers und Sinologen Thomas Scharping eher als „graue Eminenz" denn als auffälliger politischer Akteur.[497]

Allgemein besteht die Aufgabe der Propaganda-Abteilung in „Öffentlichkeitsarbeit und Informationspolitik der Partei"[498], wie Sebastian Heilmann herausstellt. Diese Aufgabenzuschreibung muss in einem weiteren Kontext der chinesischen Medienkontrolle als inhaltliche Steuerung der Medien insgesamt verstanden werden.[499] Konkret umfasst diese Aufgabe vier Themenbereiche:

Erstens liegt die Organisation klassischer Propaganda in Gestalt politischer Kampagnen in den Händen der Propaganda-Abteilung. Dazu nutzt sie primär die großen Parteimedien und deren Internetseiten – allen voran die der *Volkszeitung* – zur gezielten Einflussnahme und damit zur Propaganda.[500] Die deutsche Politikwissenschaftlerin Daniela Stockmann nennt als aktuelles Beispiel chinesischer Propaganda beispielsweise die antijapanischen Proteste in Peking 2005.[501] Thymian Bussemer, Kommunikationswissenschaftler und Propaganda-Forscher, weist aber zu recht auf das Abgrenzungsproblem hin, das darin besteht, den Begriff der Propaganda von Konzepten beispielsweise der politischen PR, der Werbung oder der politischen Kommunikation zu trennen.[502] Im Zusammenhang mit der Anwendung des Propagandabegriffs auf die VR China erscheint das von Bussemer präsentierte Konzept von Propaganda als „Integrationsagentur der Gesellschaft"[503] am fruchtbarsten. Demnach definiert er Propaganda als „eine omnipräsente

---

[493] Vgl. Heilmann (2004): S. 86f.

[494] Vgl. Lieberthal (2004): S. 174; Tang (2005): S. 80; Heilmann (2004): S. 91; Scharping (2007): S. 99.

[495] Vgl. Zheng (2008): S. 55.

[496] Vgl. ROG (2007a): S. 5.

[497] Vgl. Scharping (2007): S. 101.

[498] Heilmann (2004): S. 88. Im Hinblick auf die Außendarstellung der VR China gegenüber anderen Staaten differenziert Zhang X. (2009): S. 103 zudem einen Wandel von einer defensiven zu einer offensiven Herangehensweise.

[499] Vgl. Heilmann (2004): S. 88f. Über eine Verschärfung der Medienkontrolle 2006 berichtet Willmann (2006): S. 84f. Vgl. ferner Kivlehan-Wise (2008): S. 130f.

[500] Vgl. Zhao Y. (1998): S. 23.

[501] Vgl. Stockmann (2010)

[502] Vgl. Bussemer (2008): S. 25f.

[503] Ebd.

Kommunikationssorte, welche durch sedative oder konformistische Botschaften die Integration des Einzelnen in die Gesellschaft sicherstellt. (...) Hier wird Propaganda also als Mittel zur Herstellung sozialer Kohärenz verstanden, die sowohl geplant von zentralen Agenturen der Gesellschaft betrieben werden kann (...), aber auch spontan und unbewusst als Ideologiediffusion von den Gesellschaftsmitgliedern ausgeht."[504].

Zweitens obliegt der Propaganda-Abteilung die Formulierung von Richtlinien für die politische Berichterstattung der nicht-parteieigenen Massenmedien, Online-Nachrichtendienste eingeschlossen. Diese Richtlinien – die in angepasster Form auch für die Darstellung politischer Themen in Schulen, Hochschulen, Büchern und in Kunstwerken gelten[505] – werden zu sensiblen Themenbereichen einzeln ausgearbeitet, mehrmals pro Woche aktualisiert und über ein informelles Netzwerk zumeist den Chefredakteuren der jeweiligen Nachrichtenmedien unmittelbar per Fax zugeleitet oder am Telefon mitgeteilt.[506] Darüber hinaus kann die Propaganda-Abteilung anordnen, dass für ein sensibles Thema der *Generalbericht*[507] der staatlichen Nachrichtenagentur *Xinhua* – die wiederum von der Propaganda-Abteilung ihre Instruktionen erhält – verwendet werden muss.[508] Dies hat zur Folge, dass eine eigenständige Recherche oder eine abweichende inhaltliche Darstellung nicht veröffentlicht werden darf. Frank Sieren argumentiert, dass dieses Szenario insbesondere bei thematisch enger gefassten Publikationen wie etwa Wirtschaftszeitungen aber weniger konsequent eintritt.[509] Bezieht man die regionalen Propaganda-Abteilungen mit ein, so erhalten die Medien etwa ein Drittel ihrer Richtlinien aus Peking und weitere zwei Drittel von der lokalen Abteilung.[510] Diese regionalen Anweisungen seien darüber hinaus oftmals noch restriktiver als die landesweit geltenden Regeln, argumentiert Susan Shirk.[511] Die englischsprachigen *Xinhua*-Meldungen gelten gemeinhin aber als etwas selbstkritischer als die chinesischsprachigen Berichte. Beobachter interpretieren das als den Versuch der Regierung, sich im Ausland als liberaler und selbstkritischer darzustellen als gegenüber den chinesi-

---

[504] Bussemer (2008): S. 39.

[505] Vgl. Shambaugh (2008): S. 107. Wie Zheng Yongnian berichtet, veranlasste die Propaganda-Abteilung im September 2004 die Entlassung des an der Pekinger Universität lehrenden Professors für Kommunikationswissenschaft, Jiao Guobiao, der die Propaganda-Abteilung eines Machtmissbrauchs und der Verletzung der bürgerlichen Freiheitsrechte bezichtigte, vgl. Zheng (2008): S. 103.

[506] Vgl. Shirk (2008): S. 93; Zhao Y. (2008): S. 25; Bandurski (2007): S. 18f. Bestätigt durch persönliches Gespräch mit Kristin Kupfer.

[507] Vgl. Zhao Y. (2008): S. 25; Fischer (2001): S. 10.

[508] Prominentes aktuelles Beispiel ist der „Blackout" der Berichterstattung über die Ehrung Liu Xiaobos, vgl. ROG Blog (11.10.2010); CNN Online (8.10.2010). Für ein weiteres aktuelles Beispiel siehe ROG Blog (27.8.2010).

[509] Persönliches Gespräch mit Frank Sieren.

[510] Vgl. Shirk (2008): S. 94.

[511] Vgl. ebd.

schen Lesern.[512] Damit wird deutlich, dass die politische Sphäre der Propaganda und der Informationskontrolle als ein Netz aus Akteuren zu begreifen ist,[513] an deren Spitze sich die informelle Propaganda-Führungsgruppe unter Hu Jinato befindet.[514] Für Kenneth Lieberthal ist das Propaganda- und Erziehungs-Netzwerk eine besonders einflussreiche Gruppe: „Numerous units fall under the sway of this xitong. They include all print and broadcast media, all schools and colleges (except the specialized institutes directly run by carious ministries and the party schools themselves) and virtually all research institutes (again, other than those directly under the carious ministries), and cultural units such as museums and performing art troupes."[515] Die Fragmentierung innerhalb der KPC-Führungszirkel[516] wirkt sich allerdings wiederum negativ auf den Einfluss der Partei aus, da Redaktionen als Folge dieser Zersplitterung auch bisweilen gegensätzliche Instruktionen zur Berichterstattung erhielten.[517]

Drittens nimmt die Propaganda-Abteilung Einfluss auf die Besetzung von Spitzenpositionen im Mediensektor[518] und ist maßgeblich am Entscheidungsprozess beteiligt, wenn es um die Frage geht, ob ein partei- oder regierungskritisches Medium geschlossen werden soll. In dem am Anfang dieser Arbeit geschilderten SARS-Fall wurde etwa darauf hingewiesen, dass der Chefredakteur der kritisch über die Epidemie berichtenden Wochenzeitung *Südliches Wochenende* entlassen und gegen einen Mitarbeiter der lokalen Propaganda-Abteilung ausgetauscht wurde.[519] Und im Januar 2006 wurde die wöchentliche Beilage der *Chinesischen Jugendzeitung*, das Magazin *Gefrierpunkt*, geschlossen, nachdem es einen regierungskritischen Bericht über den damaligen politischen Umgang mit dem Boxeraufstand aus dem Jahr 1900 publiziert hatte.[520] In der Folge erhielt der entlassene Chefredakteur der Beilage, Li Datong, auch außerhalb Chinas mediale Aufmerksamkeit, weil er in einem offenen Brief die Entscheidung der Propaganda-Abteilung als nicht verfassungskonform kritisierte.[521]

Viertens äußert sich die inhaltliche Steuerung der Berichterstattung nicht nur in der Formulierung von Leitlinien, sondern auch in der Zensur nicht erwünschter

---

[512] Persönliches Gespräch mit Kristin Kupfer. Befunde über die Wahrnehmung chinesischer Internetzensur von Medien in Hong Kong, Singapur, den Vereinigten Staaten und Großbritannien liefert Zhou X. (2008).
[513] Vgl. De Burgh (2003): S. 19.
[514] Vgl. Lieberthal (2004): S. 216.
[515] Ebd., S. 222.
[516] Sebastian Heilmann spricht davon, dass die Führungszirkel zunehmend heterogener würden und sieht diesen Trend für die Zukunft verstärkt; vgl. Heilmann (2004): S. 94.
[517] Persönliches Gespräch mit Frank Sieren.
[518] Vgl. Heilmann (2004): S. 89.
[519] Vgl. Esarey (2007): S. 33.
[520] Vgl. Fewsmith (2008a): S. 262; Scharping (2007): S. 109.
[521] Vgl. Fewsmith (2008a): S. 262. Eine englische Übersetzung seiner Stellungnahme ist bei Cao (2010): S. 153f. zu finden.

inhaltlicher Darstellungsformen. Die Bestimmung der zu zensierenden Themen hängt, wie bereits argumentiert wurde, stark mit den perzipierten innenpolitischen Herausforderungen für die KPC und mit ihrem Versuch zusammen, soziale Stabilität auch in kritischen Punkten sicherzustellen. Zu diesem Zweck müssen viele traditionelle Printmedien ihre Berichte zu bestimmten Themen vorab der Propaganda-Abteilung zur Autorisierung übermitteln.[522] Ferner überwacht die Propaganda-Abteilung die Internetveröffentlichungen im Rahmen ihrer Kapazitätsgrenzen; Partei und Regierung beschäftigen zu diesem Zweck eine gemeinsame „Internetpolizei" mit einer Stärke von schätzungsweise 30.000 bis 40.000 Personen.[523] Es ist in diesem Zusammenhang eine bedeutende Frage, ob die gegenwärtigen Kapazitäten ausreichen, um den inhaltlichen Output von über 400 Millionen Internetnutzern überhaupt noch wirksam analysieren und bewerten zu können. David Shambaugh argumentiert in diesem Zusammenhang, dass mit fortschreitender technischer Entwicklung die Fähigkeiten der Propaganda-Abteilung zur wirksamen Durchsetzung von traditioneller Propaganda im Sinken begriffen seien und durch zunehmende Fähigkeiten der Kontrolle und Zensur aufgefangen würden.[524]

Neben der Propaganda-Abteilung ist die *Abteilung für Staatsgeheimnisse* die zweite zentrale Institution der KPC, die den Informationsfluss im Internet kontrolliert. Allerdings tritt die Abteilung für Staatsgeheimnisse, ebenfalls als eigene Abteilung ins Zentralkomitee der Partei eingegliedert,[525] nur äußerst selten öffentlich in Erscheinung. Sie gehört zu einem weiteren einflussreichen Netzwerk innerhalb Chinas, dem *Netzwerk für politische und juristische Angelegenheiten.*[526] Wenngleich die Journalistin He Qinglian zu Recht auf eine formale Trennung zwischen der KPC-Abteilung und ihrem staatlichen Pendant, der *Staatsverwaltung zum Schutz von Staatsgeheimnissen* bzw. dem *Büro für Staatsgeheimnisse*, hinweist, so ist gemäß der Funktionslogik des politischen Systems ein starker Einfluss der KPC auf die staatlichen Organe zu erwarten. Vor allem im Januar 2000 wurde die Abteilung für Staatsgeheimnisse öffentlich wahrgenommen, weil sie ergänzende Regelungen zum Schutz von Staatsgeheimnissen im Internet publizierte, welche die Staatsverwaltung bis dahin noch nicht aufgegriffen hatte.[527] In der Folge wurden vier Monate später mehrere persönliche Internetseiten gelöscht.[528] Die Abteilung arbeitet auf der Grundlage des *Gesetzes zum Schutz von Staatsgeheimnissen.* Es ist für die Zensur des Internets bedeutend, weil seine unpräzise Festlegung, was ein Staatsgeheimnis exakt ist, es auf

---

[522] Vgl. Zhao Y. (2008): S. 30.
[523] Shambaugh (2008): S. 107, ROG (2003) und Chung (2008): S. 735 berichten von 30.000, ROG (2010a): S. 11 von 40.000. Dazu kommen auch Kooperationen mit den Betreibern von Internetportalen und Foren im Rahmen einer Dezentralisierung der Kontrolle, vgl. Shirk (2008): S. 92.
[524] Vgl. Shambaugh (2009): S. 108.
[525] Vgl. He Q. (2007): S. 16.
[526] Vgl. Lieberthal (2004): S. 224.
[527] Vgl. Saich (2004): S. 340.
[528] Vgl. ebd.

viele Themenbereiche anwendbar macht. Damit ist das im Jahr 1989 verabschiede-
te, 1992 auf Medieninhalte spezifizierte und im April 2010 dezidiert auf das Internet ausgeweitete Gesetz[529] als ein schlagkräftiges Instrument der politischen Führung zu werten, das es ihr ermöglicht, ad hoc beinahe jeden politisch sensiblen
Inhalt als Staatsgeheimnis zu deklarieren. Allgemein formuliert, umfassen Staatsgeheimnisse jene zuvor als geheim erklärten Inhalte, die im Falle einer Veröffentlichung geeignet wären, dem Staat zu schaden.[530] Darüber hinaus sind die Bürger in
jeder Situation – also auch im Internet – verpflichtet, Staatsgeheimnisse zu schützen und zu bewahren.[531]

3.2.2 Die staatliche Seite: Ausführende Ministerien und Verwaltungen

Insgesamt drei Ministerien sind am chinesischen Zensursystem maßgeblich, wenngleich in unterschiedlicher Form, beteiligt. Als zentrale staatliche Regulierungsbe-
hörde für den Telekommunikationssektor – in den aufgrund der historisch-
technischen Entwicklung auch das Internet fällt – hat das chinesische *Ministerium
für Industrie und Informationstechnik* (MIIT) einen weitreichenden Verantwortungsbereich. Es wurde im Jahr 1998 als *Ministerium für die Informationsindustrie* (MII)[532] gegründet, um die Aufgaben mehrerer Regulierungsbehörden zu bündeln. Von dieser
Zusammenführung waren das frühere Ministerium für Post- und Telekommunikation, das Ministerium für die Elektronikindustrie sowie das Ministerium für Radio,
Film und Rundfunk betroffen.[533] Die Zusammenführung mehrerer Ministerien
zum MII hatte auch das Ziel, bestehende Wettbewerbsverzerrungen auf dem Tele-
kommunikationsmarkt zu beseitigen. Wie Zhao Yuezhi berichtet, bevorzugte das
Post- und Telekommunikationsministerium bei Ausschreibungen zum Bau neuer
Telefon- und Kabelnetze den eigenen Anbieter *China Telecom* zum Nachteil des
1993 gegründeten Mitbewerbers *China Unicom*. Eine Monopolstellung beim Ausbau
des chinesisches Internets war, Zhaos Argumentation folgend, nicht gewünscht;
gleichwohl aber sollte die Regierung in der Lage bleiben, die Struktur des Internets

---

[529] Vgl. He Q. (2007): S. 10; HRIC Blog (29.4.2010); He Q. (2008): S. 53; FAZ.NET (30.4.2010); Global
Voices Advocacy (27.4.2010).
[530] Vgl. Zhao Y. (2008): S. 58; He Q. (2007): S. 9. Diese Definition von Inhalten gilt nicht für jene
Dokumente, die von der politischen Führung mit dem Vermerk „intern" (*neibu*) gekennzeichnet sind;
vgl. He Q. (2007): S. 10; He Q. (2008): S. 68.
[531] Vgl. ONI (2005): S. 16.
[532] Vgl. Deibert/Palfrey/Rohozinski/Zittrain (Hrsg.) (2010): S. 453. Die Umbenennung erfolgte im
Jahr 2008.
[533] Vgl. Heilmann (2004): S. 98; Saich (2004): S. 340; Zhao Y. (2008): S. 53; Harwit (2008): S. 85. Darüber hinaus wurden im MII noch weitere regulative Kompetenzen kleinerer Organe zusammengeführt;
vgl. ausführlich Zhao Y. (2008): S. 53f.

umfassend in ihrem Sinne zu regulieren.[534] Darüber hinaus ging die im April 1996 vom Staatsrat gegründete Steuerungsgruppe zur Nationalen Informations-Infrastruktur in dem zwei Jahre später neu geschaffenen Ministerium auf.[535] Da das MIIT dem Staatsrat unmittelbar Bericht erstattet,[536] fungiert es als zentrales Instrument der chinesischen Regierung, um den Internetsektor zu regulieren. In diesem Zusammenhang besteht in der Lizenzierung und Überwachung sowohl der zentralen chinesischen Backbone-Netzwerke[537] als auch der lokalen und regionalen Internetprovider sowie der Anbieter von Internetnachrichten[538] eine Schlüsselkompetenz des Ministeriums. Da ein Datenfluss zwischen China und ausländischen Netzwerken bzw. Internetseiten ausschließlich über die Backbone-Netzwerke abgewickelt wird, ist ihre regierungsunmittelbare Kontrolle für die Zensur des Internets in China grundlegend. Folglich vergibt das MIIT auch nur Lizenzen an Bewerber, deren staatliche Kontrolle gesichert erscheint: Beispielsweise ist *ChinaNET*, das dem staatlichen Telekommunikationsanbieter *China Telecom* gehört, das größte chinesische Backbone-Netzwerk und hatte mit fast 60 Prozent am gesamten internationalen Datenfluss im Jahr 2009 den größten Anteil am chinesischen Internet.[539] Neben *China Telecom* gibt es aktuell fünf weitere Backbone-Netzwerke: *China Unicom, CSTNet, CERNet, China Mobile Internet* und *CIETNet*.[540] An drei zentralen Knotenpunkten verbinden sich die Netzwerke zum chinesischen Internet.[541]

Die regionalen Internetanbieter nutzen die Netze der großen Backbones und müssen daher auch von ihnen eine Lizenz erhalten. Sie müssen auch dem MIIT gegenüber belegen, dass sie etwa die Vorgaben zur Zensur kritischer Begriffe einhalten; ansonsten droht den Anbietern ein Entzug der Lizenz durch das Ministerium.[542] Zu diesem Zweck sind die Internetanbieter verpflichtet, detaillierte Angaben über ihre Kunden zu sammeln und auf Verlangen an das MIIT herauszugeben.[543] Darüber hinaus ist das MIIT die staatliche Lizenzierungsbehörde für Mobilfunkanbieter und befindet in diesem Zusammenhang auch über die Vergabe von 3G-Funkfrequenzen,[544] welche die Grundlage des modernen Internets auf dem Mobil-

---

[534] Vgl. Zhao Y. (2008): S. 52f.

[535] Vgl. Saich (2004): S. 340.

[536] Vgl. ebd.

[537] Vgl. Deibert/Palfrey/Rohozinski/Zittrain (Hrsg.) (2010): S. 454.

[538] Vgl. ONI (2005): S. 9f.

[539] Vgl. CNNIC (2010b): S. 28.

[540] Vgl. ebd. Eine Zusammenstellung der jeweiligen Anteile am internationalen Datenverkehr (sowohl absolut als auch prozentual) ist in Tabelle 4 auf S. 214 im Anhang zu finden.

[541] Vgl. Deibert/Palfrey/Rohozinski/Zittrain (Hrsg.) (2008): S. 264.

[542] Vgl. Freedom House (2009a): S. 36; Zhao Y. (2008): S. 53.

[543] Vgl. ONI (2005): S. 9.

[544] Vgl. So/Westland (2010): S. 73f.

telefon bilden.[545] Damit setzt die Kontrolle des Internets durch die Regierung deutlich früher ein, als es in den meisten westlichen Medienberichten dargestellt wird: Bereits in der Entscheidung, welche Unternehmen überhaupt als Internetanbieter innerhalb Chinas operieren dürfen, liegt eine fundamentale Ressource chinesischer Zensur begründet. Erst auf dieser Grundlage sind Filtertechniken wie etwa die Blockade ausländischer Internetseiten überhaupt effektiv möglich. Durch die Ausweitung dieser Regulierungsbefugnisse auf die Anbieter mobiler Datenverbindungen hat die chinesische Regierung den Versuch unternommen, ihre Regulierungskompetenzen auch im Bereich des stetig wachsenden mobilen Internets beizubehalten. Da das MIIT mit der Kontrolle der Backbone-Netzwerke auch den internationalen Datenfluss von und nach China überwacht, liegt die Verantwortung für die Ausführung von Blockade- und Filterlisten ebenfalls in seinem Bereich.[546] Diese Aufgabe sollte aber mehr als ausführende denn als politisch-inhaltlich ausgestaltete Kompetenz verstanden werden.

Das *Ministerium für öffentliche Sicherheit* ist ein weiteres wichtiges Organ innerhalb des *Netzwerks für politische und juristische Angelegenheiten*.[547] Es regelt vor allem, welche Anbieter von Online-Inhalten und welche Privatnutzer bzw. Betreiber von Internetcafés Zugang zum Internet erhalten und wann ihnen dieser Zugang entzogen werden kann.[548] Damit überschneiden sich seine Kompetenzen mit dem MIIT, das ebenfalls als Lizenzbehörde beschrieben wurde. Das Ministerium für öffentliche Sicherheit unterhält auch ein Aufsichtsbüro für Computer, das im Jahr 2000 bereits etwa 2000 Verwaltungsmitarbeiter beschäftigte.[549] Es hat vor allem das Ziel, Delikte von Internetkriminalität zu verfolgen.[550] Darunter können neben der Verbreitung pornografischer oder gewaltverherrlichender Inhalte[551] auch Informationen fallen, die unter politischer Zensur stehen oder die als Staatsgeheimnisse deklariert wurden. Insofern ist eine weitere Kompetenzverschränkung zwischen dem Ministerium für öffentliche Sicherheit und den Organen von Staat und Partei zur Verwaltung von Staatsgeheimnissen zu konstatieren. Die Aufgaben des Ministeriums für öffentliche Sicherheit bestehen also in der Ermittlung und Strafverfolgung von einzelnen Internetnutzern, die gegen geltende chinesische Gesetze verstoßen haben, sowie in der Schließung von chinesischen Internetseiten, für die Gleiches gilt.[552]

---

[545] Vgl. Deibert/Palfrey/Rohozinski/Zittrain (Hrsg.) (2010): S. 454. Die Zahl der 3G-Nutzer steig zuletzt um 20 Millionen binnen eines Jahres, vgl. Xinhua (20.5.2010). Bis Ende 2011 soll ihre Zahl 150 Millionen betragen, vgl. Xinhua (8.4.2010).
[546] Vgl. Shirk (2008): S. 91.
[547] Vgl. Lieberthal (2004): S. 225.
[548] Vgl. Wu G. (2009): S. 71; Freedom House (2009a): S. 40.
[549] Vgl. Saich (2004): S. 340.
[550] Vgl. Tai (2006): S. 98.
[551] Vgl. ROG (2007a): S. 3.
[552] Vgl. Wu G. (2009): S. 71.

Darüber hinaus ist auch das *Kulturministerium* als weiteres ausführendes Organ der von der KPC-Propaganda-Abteilung formulierten Leitlinien zu nennen.[553] Dies gilt insbesondere in den ansonsten weniger politischen Bereichen wie etwa bei der Zulassung von Internetspielen.[554] Darüber hinaus ist das Kulturministerium für die Lizenzierung und Kontrolle der zahlreichen chinesischen Internetcafés[555] verantwortlich und veranstaltet Trainingsseminare für Online-Journalisten und Moderatoren von Internetforen, die zunächst eine Prüfung bestehen müssen, ehe sie in China als solche arbeiten dürfen.[556]

Neben den drei Ministerien zeichnet eine Reihe weiterer staatlicher Akteure für die Überwachung und Kontrolle des chinesischen Internets verantwortlich. Das *Informationsbüro des Staatsrats* hat in diesem Zusammenhang einen bedeutenden Einfluss. Ursprünglich im Jahr 1990 zur Verbesserung des internationalen Images der Volksrepublik ins Leben gerufen,[557] ist seine heutige Aufgabe im Hinblick auf das Internet eine dreifache:

Erstens überwacht das Informationsbüro die Inhalte von Online-Nachrichtenanbietern. Publiziert ein Internetportal etwa einen kritischen Bericht, den die Regierung nicht duldet, ist das Büro berechtigt, diesen Beitrag oder das gesamte Thema sperren zu lassen.[558] Darüber hinaus kann das Büro eine Sperrung einer Internetnachrichtenseite, die keine gültige Lizenz hat, veranlassen. Zu diesem Zweck unterhält das Informationsbüro des Staatsrats ein eigenes Verwaltungsbüro zur Internetpropaganda, das wiederum in fünf Sektionen aufgeteilt ist.[559] Ein Bericht der Organisation *Reporter ohne Grenzen* zitiert die schriftliche Anordnung, welche die regionale Vertretung des Informationsbüros für Peking den Betreibern des mutmaßlich nicht lizenzierten Internetportals *Jahrhundert China* am 19. Juli 2006 übermittelte.[560] Darin lautet die englische Übersetzung:

> „The Century China website http://www.cc.org.cn/ and the century Salon forum http://www.ccoforum.org.cn/ (Internet Content Provider registration number Beijing 041040), for which your institute is responsible, are not complying with the Administration's provisions on Internet news reports and have illegally established news sections. This represents a serious violation of the Regulations of the Administration of Internet News Reports.

---

[553] Vgl. Scharping (2007): S. 99; Zheng (2008): S. 54.
[554] Vgl. Freedom House (2009a): S. 40.
[555] Vgl. ebd., 36.
[556] Vgl. Bandurski (2008): S. 42. Die Schulungsinhalte umfassen etwa die „Verwaltung von Problemen der öffentlichen Meinung" oder „Krisenmanagement in der Internet-Kommunikation".
[557] Vgl. Shirk (2008): S. 95; Zhao Y. (2008): S. 22.
[558] Vgl. ROG (2007a): S. 3f.
[559] Vgl. ebd.
[560] Vgl. ebd., 4.

Under article 19 of these Regulations, your institute must immediately close Cetury China website and Century Salon forum."[561]

Zweitens ist das Informationsbüro für die Erstellung und Pflege der zentralen Schlagwort-Filterliste zuständig.[562] Diese Liste verbotener Begriffe ist eines der wichtigsten Instrumente der politischen Führung innerhalb des Internetzensursystems: Sie wird stetig aktualisiert und auf den Rechnern der derzeit sechs zentralen Backbone-Server[563] gespeichert. Die Backbones – zur Erinnerung – haben die Funktion, den internationalen Datenfluss zu steuern und zu überwachen; folglich ist eine Sperrung ausländischer Internetseiten für chinesische Nutzer insbesondere an diesen Schaltstellen des chinesischen Internets effektiv. Wie Susan Shirk berichtet, hätten chinesische Hacker im Jahr 2004 eine Liste mit etwa 1000 Tabu-Begriffen entdeckt und daraufhin im Internet verbreitet. Auf dieser Liste sollen nur etwa 15 Prozent der Begriffe mit sexuellen und pornografischen Inhalten in Verbindung gestanden haben, während die übrigen 85 Prozent auf politische Themen zurückgegangen seien.[564] Diese Tatsache diskreditiert abermals das Argument der politischen Führung, Internetzensur richte sich primär gegen pornografische oder gewaltverherrlichende Inhalte. Die Zensur politischer Begriffe soll sicherstellen, wie Wu Guoguang es zusammenfassend formuliert, dass das Internet nicht als Kanal für Kritik am Parteistaat genutzt wird, dass politischen Dissidenten keine Plattform im Netz geboten wird und dass nichts öffentlich wird, was die Legitimität der Partei negativ beeinflussen könnte.[565] Aufgrund der Kompetenzverschränkung mit der Propaganda-Abteilung der KPC in Fragen der inhaltlichen Festlegung zensurwürdiger Themen ist davon auszugehen, dass sich beide Organe – Informationsbüro und Propaganda-Abteilung – um die Aktualisierung dieser Liste bemühen.

Drittens besteht eine weitere zentrale Aufgabe des Informationsbüros in der Überwachung der Online-Diskurse. Die Mitarbeiter erfassen die online diskutierten Themen, ermitteln die politischen Einstellungen, die sich im Internet in Diskussionsforen und Weblogs offenbaren, und übermitteln diese Erkenntnisse in komprimierter Form als Lageberichte ans Zentralkomitee der KPC.[566] Darin wird abermals die enge Verknüpfung zwischen Partei und Staat deutlich. Die Aufgabe der Überwachung führt innerhalb des Informationsbüros wiederum eine Unterabteilung aus, das Internetinformations-Management-Büro. Es wurde im Jahr 2000 gegründet; seine Mitarbeiter fokussieren sich insbesondere auf

---

[561] ROG (2007a): S. 4, Hervorhebungen im Original.
[562] Vgl. Yang (2009): S. 52.
[563] Vgl. CNNIC (2010a): S. 28.
[564] Vgl. Shirk (2008): S. 91.
[565] Vgl. Wu G. (2009): S. 70.
[566] Vgl. ROG (2007a): S. 4.

Nachrichtenwebseiten und Internetforen.[567] Aufgrund des stetig steigenden Informationsflusses im chinesischen Internet richtete das Informationsbüro im Juni 2004 mit dem Berichtszentrum für illegale und von der Regierung als „geschmacklos"[568] bezeichnete Informationen eine weitere Abteilung zur Überwachung und Meldung von Verstößen gegen die Internetregularien ein, die sich vor allem an aufmerksame Internetnutzer richtet.[569] Jeder Nutzer kann auf der dazugehörigen Internetseite des Zentrums, *www.net.china.cn*, anstößige Online-Inhalte aus dem Bereich der Pornografie melden.[570]

Neben dem Informationsbüro des Staatsrats, das mit umfassenden Kompetenzen ausgestattet und eng mit den KPC-Führungsgremien verknüpft ist, sind zwei weitere Verwaltungen mit Ministerialrang[571] für die Regulierung des chinesischen Internets bedeutend: Die *Verwaltung für Radio, Film und Fernsehen* sowie die *Verwaltung für Presse und Publikationen*. Beide haben ihren Ursprung in der Regulierung klassischer Medieninhalte im Print- bzw. Rundfunksektor, und beide haben im Zuge des Internets neue Regulierungskompetenzen zugesprochen bekommen. Die Verwaltungsbehörde für den chinesischen Rundfunksektor entstand 1982: Aus dem Rundfunkbüro der KPC wurde eine eigene Administration unter dem Staatsrat;[572] eine erste Regulierungsinstanz für Printmedien entstand 1987,[573] wenige Jahre nach dem Beginn der Kommerzialisierung des Mediensektors. Die Aufgaben beider Verwaltungen lassen sich in der Lizenzierung von Medienanbietern, in der Überwachung der gesendeten bzw. gedruckten Inhalte und deren politischer Steuerung durch Direktiven zusammenfassen.[574] Darüber hinaus hat die Verwaltung für den Rundfunksektor unmittelbare inhaltliche und administrative Steuerungsrechte im Hinblick auf die staatlichen Rundfunkmedien *China Central Television* (CCTV), das chinesische nationale Staatsradio (auch *China National Radio*, CNR) und das internationale Staatsradio (auch *China Radio International*, CRI).[575] Instrumente der Einflussnahme sind etwa „Leitlinien", „Verwaltungsvorschriften", „Notizen" und „Zensurbemerkungen", die sie den Redaktionen zukommen lassen.[576] Die Kompetenzbereiche dieser beiden Institutionen wurden auf Online-Medien übertragen. Internetnachrichtenportale werden von der Verwaltung für Presse und Publikatio-

---

[567] Vgl. Zhao Y. (2008): S. 23.

[568] Vgl. Zhao Y. (2008): S. 34.

[569] Vgl. ebd.

[570] Vgl. ebd. Im Rahmen der Debatte um die Zensur pornografischer Inhalte ist auf den Beitrag von Giese/Müller (2007) hinzuweisen, die u.a. mit dem Fall Mu Zimei auf ethische Grenzfragen im chinesischen Internet eingehen.

[571] Vgl. Zhao Y. (2008): S. 22.

[572] Vgl. ebd.

[573] Vgl. ebd., 23.

[574] Vgl. ebd., 22.

[575] Vgl. ebd., 26.

[576] Vgl. ebd., 27.

nen ebenso überwacht und kontrolliert wie ihre papiergebundenen Pendants; für bewegte Bilder und Radioangebote im Internet gilt Dasselbe für die Verwaltung für Radio, Film und Fernsehen.[577] Abermals sichert sich die KPC über ihre Propaganda-Abteilung unmittelbaren Einfluss auf die staatlichen Verwaltungen, da die Zensur-Richtlinien der Propaganda-Abteilung für die Verwaltungsorgane bindend sind.[578]

3.2.3   Sonderfall Xinhua: Eine Nachrichtenagentur als Zensor

Die staatliche chinesische Nachrichtenagentur *Xinhua*[579] bildet einen weiteren Grundstein des chinesischen Zensursystems. Und sie stellt aufgrund ihrer vielfältigen Funktionswahrnehmung einen Sonderfall dar. Von westlicher Perspektive aus betrachtet, kommt Nachrichtenagenturen primär die Aufgabe zu, aktuelle Ereignisse des Zeitgeschehens in ihren Meldungen an die Redaktionen zu übermitteln, welche die Themendienste der jeweiligen Agenturen abonniert haben. Da es sich bei *Xinhua* um ein staatliches Organ handelt, ist der Anspruch an die nachrichtliche Qualität insbesondere politischer Informationen freilich ein anderer. Die Organisation *Reporter ohne Grenzen* beschreibt sie als die „weltgrößte Propaganda-Agentur".[580] *Xinhua*, die sich selbst als „Sprachrohr der Regierung" versteht,[581] ist unmittelbar dem chinesischen Staatsrat unterstellt und hat damit den Rang eines Ministeriums; folglich hat der Direktor der Agentur die Position eines Staatsministers.[582] Darüber hinaus erhält *Xinhua* detaillierte Anweisungen aus der Propaganda-Abteilung der KPC.[583] Die Beobachter von *Reporter ohne Grenzen* sehen den Einfluss von Propaganda-Richtlinien im Hinblick auf innenpolitische Berichte zudem deutlich größer als bei der internationalen Berichterstattung.[584] Etwa 1000 Nachrichtenmeldungen veröffentlicht *Xinhua* täglich, nach Angaben von Sigrun Abels betreffen davon etwa 700 Meldungen die internationale- und etwa 300 Meldungen die nationale Politik.[585] Damit liegt *Xinhua* deutlich hinter den großen westlichen

---

[577] Vgl. UNI (2005): S. 8.
[578] Vgl. Zheng (2008): S. 56; Tang (2005): S. 80; Tai (2006): S. 112.
[579] Die heutige Nachrichtenagentur *Xinhua* ging 1937 aus der bereits 1931 gegründeten *Roten Agentur für das Neue China* hervor. Nach der Gründung der Volksrepublik China 1949 wurde *Xinhua* die staatliche Nachrichtenagentur der kommunistischen KPC-Regierung, vgl. Abels (2006): S. 93f.; Zhao Y. (1998): S. 22, sowie zur Geschichte von *Xinhua* ausführlich Chang (1989): S. 61f.
[580] Vgl. ROG (2005).
[581] Vgl. ebd., 3.
[582] Vgl. Abels (2006): S.93; ROG (2005): S. 2; Zheng (2008): S. 54.
[583] Vgl. Fischer (2001): S. 9; Tai (2006): S. 112; ROG (2005): S. 5.
[584] Vgl. ROG (2005): S. 5.
[585] Vgl. Abels (2006): S. 94.

Nachrichtenagenturen: Die französische *Agence France Presse* verbreitet nach eigenen Angaben täglich etwa 5000 Artikel, die *Deutsche Presse-Agentur* etwa 3300.[586]

Im Bereich der Politik-Nachrichten hat *Xinhua* aufgrund seiner institutionellen Nähe zu den Führungszirkeln ein Quasi-Monopol; beispielsweise sendet die Agentur umfassende Berichte nach jeder Sitzung des Politbüros.[587] Neben ihrer Funktion als staatliche Nachrichtenagentur ist *Xinhua* auch mit der Ausstattung von Redaktionspersonal und mit der Herausgabe eigener Nachrichtenmagazine betraut: Von den etwa 8400 Mitarbeitern, die die Agentur nach offiziellen Angaben beschäftigt,[588] arbeitet ein Teil in der Redaktion der KPC-*Volkszeitung*; darüber hinaus betreibt *Xinhua* auch eine eigene Journalistenschule. Daneben veröffentlicht die Agentur etwa 40 verschiedene Publikationen.[589]

Eine weitere zentrale Aufgabe macht den janusköpfigen Charakter *Xinhuas* im politischen System Chinas aus: Neben Berichten und Nachrichtenmeldungen, die für die Öffentlichkeit bestimmt sind, stellen die Redakteure und Korrespondenten der Agentur Berichte und Dossiers zu politischen Themen zusammen, die nur für den internen Gebrauch der Parteikader gedacht sind.[590] Die bekannteste partei- und regierungsinterne Publikation sind die *Referenznachrichten*.[591] Die Erstellung von Lageberichten über die politische Stimmung zu bestimmten Themen gehört ebenso zum Aufgabenspektrum.[592]

Ihre starke Position innerhalb des chinesischen Mediensektors – und damit auch im Hinblick auf Internetnachrichtenmedien – verdankt *Xinhua* der Regelung, dass Nachrichtenredaktionen bei kritischen Themen von politischer Brisanz ausschließlich auf die Berichterstattung der staatlichen Agentur zurückgreifen und sich nicht auf eigene Recherchequellen und -ergebnisse stützen dürfen.[593] In diesem Zusammenhang ist zwischen zwei Arten von *Xinhua*-Berichten zu unterscheiden: Nachrichten, die verpflichtend verwendet werden müssen wie etwa der *Generalbericht*[594], und Berichte, die freiwillig veröffentlicht werden können.[595] Zur ersten, strikteren Kategorie zählen nach Zhao Yuezhi Themenbereiche wie soziale Konflikte, Massenveranstaltungen wie etwa Kundgebungen von Arbeitern und Epide-

---

[586]   Quellen: http://www.afp.com/afpcom/de/taglibrary/know-how/text/   (10.9.2010), http://www.dpa.de/Zahlen-Fakten.53.0.html (10.9.2010).

[587] Vgl. Gilley (2010): S. 122.

[588] Vgl. ROG (2005): S. 2; Abels (2006): S. 93.

[589] Vgl. Abels (2006): S. 93. Nach dem Bericht von *Reporter ohne Grenzen* sind etwa 80 Prozent aller *Xinhua*-Mitarbeiter auch in der KPC engagiert, vgl. ROG (2005): S. 4.

[590] Vgl. Abels (2006): S. 94.

[591] Vgl. ebd. Insgesamt benennt Nicolai Volland drei interne Nachrichtendienste für Parteikader; vgl. ausführlich Volland (2003): S. 212f.

[592] Vgl. Tang (2005): S. 81; Volland (2003): S. 214f.

[593] Vgl. Fischer (2001): S. 14; Volland (2003): S. 205. Tai (2006): S. 198 zitiert in diesem Zusammenhang das chinesische Sprichwort, es handle sich um „1000 Zeitungen mit demselben Gesicht".

[594] Vgl. Zhao Y. (2008): S. 25.

[595] Vgl. Scharping (2007): S. 104.

mien.[596] Weitere Themenbereiche und konkrete Aspekte von Themen werden sodann situationsabhängig festgelegt.[597] Bei der Auslandsberichterstattung sind die Regeln ähnlich streng: So dürfen chinesische Redaktionen keine eigenen Auslandskorrespondenten entsenden und keine ausländischen Nachrichtenberichte einkaufen.[598] Stattdessen sind sie verpflichtet, auf das dichte Korrespondentennetz der Agentur *Xinhua* zurückzugreifen, die mit Redaktionsbüros in 105 Ländern vertreten ist.[599]

Dieses institutionelle Setting – die zentrale Position der Nachrichtenagentur, die ihre Anweisungen von der KPC-Propaganda-Abteilung erhält und dem Staatsrat Bericht erstattet –, verbunden mit der redaktionellen Verpflichtung zur Übernahme von *Xinhua*-Berichten,[600] macht die Agentur zu einem bedeutsamen Akteur des Medienzensursystems. Diese Feststellung gilt auch für die Internetnachrichtenanbieter, für die *Xinhua*-Berichte ebenso bindend sind: Vielfach präsentieren Internetnachrichtenportale die wortgleichen Texte der Agentur.[601] Für eine zielgenaue Belieferung politisch gesteuerter Nachrichten unterhält diese mittlerweile eine eigene Abteilung für Internetnachrichten.[602]

3.2.4   Die Rolle internationaler Konzerne

Internationale Konzerne leisten einen weiteren Beitrag zur Funktionsfähigkeit des chinesischen Internetzensursystems, daher dürfen sie in einer umfassenden Darstellung relevanter Akteure nicht ignoriert werden. Ihr Beitrag kann sowohl ein technischer, als auch ein inhaltlicher sein.

Im Bereich der *Zensurtechnik* sind die amerikanischen Unternehmen *Cisco Systems*, *Nortel Networks*, *Sun Microsystems*, *3COM* und *Websense* bedeutsam.[603] Beispiel *Cisco Systems*: Das kalifornische Unternehmen, das sich auf Netzwerktechnik spezialisiert hat, stattete die beiden größten chinesischen Backbone-Netzwerke, *China-NET* und *CERNet*, mit etwa 12.000 Routern aus, die den Datenstrom leiten.[604] Das Anfangsvolumen des Handels soll etwa 30 Millionen US-Dollar betragen ha-

---

[596] Vgl. Zhao Y. (2008): S. 25; Saich (2004): S. 337.
[597] Vgl. Zhao Y. (2008): S. 25.
[598] Vgl. Volland (2003): S. 205. Diese Regelung gilt, wie Volland einschränkend bemerkt, für Themen von politischer Brisanz und nicht etwa für große Sportereignisse.
[599] Vgl. ROG (2005): S. 2.
[600] Vgl. Fischer (2001): S. 10.
[601] Vgl. Cao (2010): S. 76.
[602] Vgl. ROG (2005): S. 2.
[603] Vgl. ONI (2005): S. 6; Zittrain/Palfrey (2008b): S. 104; Abels (2006): S. 143; Electronic Frontier Foundation (1.2.2010).
[604] Vgl. ONI (2005): S. 7; Zheng (2008): S. 66; Zittrain/Palfrey (2008b). S. 104; Fallows (2008): S. 66.

ben, mit einer Option auf weitere 5 bis 8 Millionen pro Provinz.[605] Die Router
können die einzelnen Datenpakete intensiv durchleuchten, sie mit Hilfe von einer
Dreiviertelmillion verschiedener Filterregeln abstasten und bei positivem Befund
umleiten oder blockieren.[606] Diese Filter wurden ursprünglich dafür konzipiert, die
Verbreitung von Computerviren in großen Netzwerken zu bekämpfen;[607] im Rahmen ihres Einsatzes im chinesischen Internet gehen Beobachter davon aus, dass
die Filter mit politischen Filteralgorithmen programmiert werden, um regierungskritische Inhalte zu blockieren.[608] Dafür spreche nach den Forschern der *OpenNet
Initiative*, dass *Cisco* die Modelle speziell für den chinesischen Markt modifiziert
habe.[609] Ferner wird spekuliert, dass Mitarbeiter von *Cisco* chinesische Ingenieure in
der Programmierung der Router zu Filterzwecken geschult hätten[610], während das
Unternehmen selbst argumentiert, dass es seine Technik bloß exportiere und nicht
wissen könne, was anschließend damit geschehe.[611] Neben *Cisco* sollen auch die
amerikanischen Netzwerktechnikhersteller *Nortel Networks, Sun Microsystems, 3COM*
und *Websense* ihre Produkte an die chinesische Regierung verkauft haben.[612] Allerdings sind darüber keine belastbaren weiterführenden Informationen verfügbar, so
dass die Schilderung des *Cicso*-Engagements in China hier vor allem einen exempla-
rischen Charakter für weitere mutmaßliche Handelsgeschäfte westlicher Unternehmen hat.

Im *inhaltlichen Bereich* sind die amerikanischen Unternehmen *Yahoo, Google* und
Microsoft und ihr Engagement in China zu nennen.[613] Als eine der ersten westlichen
Internetunternehmen trat *Yahoo* bereits 1999 in den chinesischen Markt ein.[614] Der
Preis, den das amerikanische Unternehmen für diesen Markteintritt bezahlen muss-
te, liegt in der Kooperation mit chinesischen Internetzensurbehörden: Seit 2003
übermittelt *Yahoo* den Behörden auf Anfrage Informationen über Cyber-
Dissidenten, welche die chinesischen Angebote des Unternehmens – wie etwa E-
Mail-Postfächer – für regierungskritische Aktionen nutzen.[615] Wie die Menschenrechtsorganisation *Amnesty International* berichtet, trage *Yahoo* auch die Verantwortung für die Verhaftung und Verurteilung zweier regierungskritischer Journalisten,

---

[605] Vgl. Harwit (2008): S. 85.
[606] Vgl. ONI (2005): S. 7, Chase/Mulvenon (2002): S. 64.
[607] Vgl. Kissel (2007): S. 247.
[608] Vgl. ONI (2005): S. 7f.
[609] Vgl. ebd.
[610] Vgl. Deva (2007): S. 274.
[611] Vgl. ONI (2005): S. 7; Deva (2007): S. 274.
[612] Vgl. ONI (2005): S. 6.
[613] Davon analytisch zu trennen ist die Tatsache, dass viele chinesische Unternehmen Kontakte zur
lokalen Polizei und zu Behörden möglicherweise dazu nutzen, um Druck auf Journalisten auszuüben
und damit ebenfalls (indirekte) Zensur auszuüben, vgl. ROG Blog (27.8.2010).
[614] Vgl. Deva (2007): S. 267.
[615] Vgl. ebd.

Li Zhi und Shi Tao, weil das Unternehmen ihre Daten, vor allem IP-Adressen, an die Strafverfolgungsbehörden übermittelt habe.[616] Im Oktober 2005 übernahm *Yahoo* den chinesischen Internetkonzern *Alibaba.com* und übertrug diesem formell die Eigentümerschaft über *Yahoo China*.[617] Damit, so wird die Übernahme häufig kommentiert, wolle der amerikanische Mutterkonzern einen Teil der Verantwortung für sein Engagement in China im Zusammenhang mit der chinesischen Internetzensur von sich weisen.[618] Dennoch unterzeichnete der Konzern im Jahr 2006 eine Selbstverpflichtung, in der er sich zur Kooperation mit chinesischen Behörden bereiterklärte.[619]

Auch der kalifornische Softwareentwickler *Microsoft* ist mit seinem Internetportal *MSN* seit 2005 im chinesischen Markt aktiv.[620] In den Weblogs, die chinesische Internetnutzer bei *MSN* registrieren können, ist die Verwendung von Begriffen wie „Freiheit", „Demokratie", „Demonstration" oder „Menschenrechte" Berichten zufolge allerdings nicht möglich.[621] Auch sei bei anderen *Microsoft*-Diensten die Wahl eines Account-Namens (Pseudonyms) oder die Benennung eines Seitentitels für persönliche Webseiten nur eingeschränkt möglich; bei Verwendung sensibler Begriffe würde die Seite auf der Wahl eines anderen Pseudonyms bzw. eines anderen Seitentitels bestehen.[622] Die Recherchen von *Amnesty International* ergaben, dass Begriffe wie „Tiananmen", „Falun Gong", „Tibet Independence" oder „June 4" nicht erlaubt waren.[623] Damit folgt das Unternehmen den Vorgaben der Zensurbehörden, allen voran der Propaganda-Abteilung der KPC. Am 30. Dezember 2005 schloss *Microsoft* das Weblog des regierungskritischen chinesischen Autors Zhao Jing, der unter dem Pseudonym *Michael Anti* publizierte.[624] Da die Daten des Weblogs auf Rechnern in den Vereinigten Staaten gespeichert waren, bestand nach Meinung der Juristin Surya Deva keine rechtliche Pflicht gegenüber der chinesischen Regierung, die Daten zu löschen.[625] *Microsoft* tat es dennoch.

Heftig debattiert wurde auch das Engagement des amerikanischen Suchmaschinenkonzerns *Google* in China. Um nicht wie Mitbewerber *Yahoo* zur Übermitt-

---

[616] Vgl. Amnesty International (2006): S. 18. Vgl. darüber hinaus Fung (2008): S. 145; Zheng (2008): S. 66, Zittrain/Palfrey (2008). S. 104; Kissel (2007): S. 243.
[617] Vgl. Amnesty International (2006): S. 18; Brown K. (2007): S. 13. Ferner kaufte sich *Yahoo* bei den chinesischen Internetunternehmen *Sina* und *3721* ein, vgl. Downing/Cao (2004): S. 22
[618] Vgl. Deva (2007): S. 267.
[619] Vgl. Fung (2008): S. 144; Zheng (2008): S. 66.
[620] Vgl. Deva (2007): S. 269.
[621] Vgl. ebd; FAZ.NET (14.6.2005).
[622] Vgl. Zheng (2008): S. 66; Amnesty International (2006): S. 20.
[623] Vgl. Amnesty International (2006): S. 20.
[624] Vgl. Deva (2007): S. 270.
[625] Vgl. ebd.

lung von Nutzerdaten verpflichtet zu werden, entschloss sich *Google* 2006, keinen Blog- und E-Mail-Dienst für chinesische Kunden anzubieten.[626]

Damit sind auch auf der inhaltlichen Seite drei amerikanische Unternehmen als mittelbare Akteure chinesischer Internetzensur zu identifizieren. Im Westen wirft dieser Umstand vor allem Fragen nach der Bedeutung von ethischen Unternehmensrichtlinien auf,[627] die sich vor allem am Beispiel des Leitspruchs von *Google*, „Don't Be Evil", und vor dem Hintergrund der für Amerikaner und Europäer ethisch zweifelhaften Geschäftspraxis in China eher als Instrumente einer Public-Relations-Kampagne bezeichnen lassen denn als ernstzunehmende ethische Festlegung. Die von ihnen in China praktizierte Selbstzensur findet auf der Basis einer im Jahr 2006 freiwillig unterzeichneten Selbstverpflichtung statt, in der sich die Internetkonzerne verpflichten, keine „schädlichen Informationen zu verbreiten, welche die Sicherheit des Staates gefährden, die soziale Stabilität unterminieren oder gegen geltende Regeln und Gesetze zu verstoßen".[628] Nach Angaben von Sigrun Abels kamen diesem Aufruf zur Unterzeichnung in den ersten Monaten 300 chinesische und internationale Internetunternehmen nach,[629] darunter alle chinesischen Internetanbieter,[630] der amerikanische Konzern *Yahoo* sowie vierzehn führende chinesische Internetportale wie *Sina, Sohu, Tom* und die größte chinesische Suchmaschine *Baidu*.[631]

3.3 Instrumente der Internetzensur

Die Zensur des chinesischen Internets findet im Rahmen eines komplexen Mehrebenensystems statt – die Organisation *Reporter ohne Grenzen* beschreibt es als das technisch am weitesten entwickelte überhaupt.[632] Aber es wäre ein Fehlschluss, das chinesische Internetzensursystem allein aus technischer Perspektive zu betrachten. Vielmehr zeigte schon die bisherige Analyse der grundlegenden Architektur des chinesischen Internets sowie der zentralen Akteure von Zensur und Kontrolle, dass die Effektivität der chinesischen Internetzensur auf der Konstruktion verschiedener Kontrollebenen beruht.

---

[626] Vgl. Zheng (2008): S. 66.
[627] Vgl. ausführlich Deva (2007): S. 278f.
[628] Eigene Übersetzung eines englischen Zitats, vgl. Amnesty International (2006): S. 18.
[629] Vgl. Abels (2004): S. 843.
[630] Vgl. Petley (2009): S. 105.
[631] Vgl. Deibert/Palfrey/Rohozinski/Zittrain (Hrsg.) (2008): S. 266; Goldsmith/Wu (2006): S. 96.
[632] Vgl. ROG (2010a): S. 8.

3.3.1   Zugangskontrolle

Die Zugangskontrolle individueller Internetnutzer ist eine wichtige Grundlage der Zensur. Ein Ziel der Kontrollbemühungen der Regierung ist es, die Anonymität der chinesischen Nutzer im Internet zu minimieren. Die politische Führung hat erkannt, dass regierungskritische Internetnutzer sich vor allem dann im Internet zu Wort melden, wenn sie sich im Schutze der digitalen Anonymität wähnen. Wenn aber etwa aufgerufene Internetseiten oder Einträge in Internetforen grundsätzlich zu Personen zurückverfolgbar sind, so ist der Effekt ein doppelter: *Erstens* besteht darin erst die Möglichkeit, Internetdissidenten zu verfolgen. Und *zweitens* kann im Bemühen, die Anonymität im Internet zu minimieren, auch ein psychologischer Effekt erkannt werden, der für die Internetnutzer Anreize zur Selbstzensur setzt.[633] Regierungskritische chinesische Blogger bestätigen, dass dieser Effekt bei vielen Internetnutzern zu angepasstem Verhalten führt.[634]

Fast neun von zehn Chinesen greifen in ihrer Freizeit von zu Hause auf das Internet zu, deutlich mehr als etwa vom Büro, der Schule, von unterwegs oder vom Internetcafé aus.[635] Eine effektive Kontrolle setzt also vor allem bei den privaten Internetanschlüssen an. In der Regel verlangt der Internetprovider bei Vertragsabschluss dazu eine Kopie des Personalausweises.[636] Bereits seit 1996 sind chinesische Internetnutzer zudem verpflichtet, sich bei der lokalen Polizei zu registrieren, wenn sie einen Internetanschluss für ihre Wohnung beantragen.[637] Michael Chase und James Mulvenon präzisieren in ihren Ausführungen den vielfach nur vage verwendeten Begriff der „polizeilichen Registrierung" und nennen in diesem Zusammenhang explizit die Pflicht chinesischer Internetnutzer, sich persönlich beim lokalen Büro für Öffentliche Sicherheit zu registrieren.[638] Die Autoren berufen sich auf die 1997 veröffentlichte Direktive des Pekinger Büros für Öffentliche Sicherheit, die *Richtlinie zu Computer-Informationsnetzwerken, Internet-Sicherheit, Schutz und Verwaltung*.[639] Mit dieser Regelung versucht die Regierung, den einzelnen Internetnutzer – der beispielsweise über seine IP-Adresse und bei der Registrierung bei Inter-

[633] Vgl. Harwit/Clark (2006): S. 27. Die Regierung spricht von „conditions for people to supervise itself", Xinhua (8.6.2010d).
[634] Vgl. ROG (2010b): S. 6.
[635] Vgl. CNNIC (2010a).
[636] Persönliches Gespräch mit Kristin Kupfer.
[637] Vgl. Harwit/Clark (2006): S. 27; Deibert/Palfrey/Rohozinski/Zittrain (Hrsg.) (2010): S. 464; Kissel (2007): S. 252f.; ONI (2005): S. 10.
[638] Die Organisation Global Voices Advocacy (3.11.2010) berichtet, dass in einer öffentlichen Schwarzen Liste 80 IP-Adressen von Internetnutzern als gesperrt deklariert wurden, vgl darüber hinaus. Chase/Mulvenon (2002): S. 59.
[639] Vgl. Chase/Mulvenon (2002): S. 57. Die zitierten Autoren nennen den englischen Begriff der Richtlinie, „Computer Information Network and Internet Security, Protection and Management Regulations"; die im Text genannte deutsche Übersetzung stammt vom Autor selbst.

netportalen digitale Spuren hinterlässt – zurückverfolgbar zu machen. Die digitale Identität eines Surfers soll möglichst effizient mit der realen Identität eines Bürgers verknüpft werden können. Die polizeiliche Registrierung eines jeden, der einen neuen Internetanschluss beantragt, geht über die übliche Registrierung im Rahmen eines vertraglichen Verhältnisses mit dem jeweiligen Internetprovider hinaus. Sie impliziert, dass jeder Bürger durch den Zugang zum Netz potenziell in der Lage ist, das Gesetz zu brechen und „schädliche" Inhalte im Internet zu verbreiten. Insofern hat die Pflicht zur behördlichen Registrierung auch einen psychologischen Effekt, der umso verständlicher wird vor dem Hintergrund, dass Anreize zur Selbstzensur für die politische Führung in Peking die effizienteste Zensurtechnik überhaupt darstellen. Bei Verstößen gegen geltende Regularien wird auch davon berichtet, dass in Einzelfällen die IP-Adressen der Nutzer dauerhaft gesperrt[640] oder ihre privaten Computer von der Polizei konfisziert worden seien.

Es kann wenig überraschen, dass auch die Benutzer von Internetcafés einen gültigen Ausweis vorlegen müssen,[641] ehe sie sich von dort aus ins Internet einwählen können. Anstelle eines Personalausweises verlangen einige Internetcafés auch eine persönliche Internetcafé-Zugangskarte. Das Büro für öffentliche Sicherheit in der chinesischen Provinz Jiangxi startete 2001 einen Modellversuch und teilte den dortigen Internetnutzern nach vorheriger Registrierung mit Hilfe des Personalausweises einen solchen Internetcafé-Ausweis zu. Die Betreiber von Internetcafés in Jiangxi waren fortan gehalten, nur noch Kunden mit einer solchen Karte zu akzeptieren.[642] In der Folge wurde das Prinzip auch in anderen Provinzen angewendet; wie strikt diese Regelung dort und in Jiangxi allerdings umgesetzt wurde, bleibt offen. Mit der Kontrolle eines Ausweises ist auch die Überprüfung des Alters verbunden: Nach einer Vorschrift aus dem Jahr 2001 dürfen Jugendliche unter 14 Jahren in China nur in Begleitung eines Erwachsenen ein Internetcafé aufsuchen; Jugendliche zwischen 14 und 18 Jahren dürfen sich dort nur zwischen 8 und 21 Uhr aufhalten. Zusätzlich achten die kommunalen Verwaltungen darauf, dass Internetcafés nicht in der nähe von Schulen entstehen.[643] Darüber hinaus sind in vielen Internetcafés auch Überwachungskameras installiert, welche die Internetnutzer filmen oder fotografieren.[644] Auch von patrouillierenden Polizisten und von Plakaten, die vor einer missbräuchlichen Benutzung des Internets warnen, wird

---

[640] Vgl. ROG (2010b): S. 7.
[641] Vgl. He Q. (2008): S. 188.
[642] Vgl. ebd.
[643] Vgl. Goldenstein (2007): S. 85.
[644] Vgl. Goldsmith/Wu (2006): S. 97; Goldenstein (2007): S. 85.

gelegentlich berichtet.[645] Viele dieser Regelungen basieren auf den Richtlinien, die das Pekinger Kulturministerium für die Internetcafés erlässt.[646]

In den vergangenen Jahren sind die Überwachungsauflagen für Internetcafé-Betreiber dramatisch verschärft worden. Ihr Ursprung liegt im Jahr 2002, als die chinesische Regierung Tausende „illegaler" Internetcafés schließen ließ, nachdem ein Feuer in einem nicht genehmigten Internetcafé in Peking 24 Menschen tötete.[647] Der damalige Pekinger Bürgermeister ließ in der Folge alle Internetcafés vorübergehend schließen und dabei systematisch kontrollieren, weitere Städte folgten seinem Beispiel.[648] Glaubt man den von Zhou Yongming zusammengetragenen Zahlen, dann waren in Peking im Juni 2002 nur etwa 200 von geschätzten 2400 Internetcafés im Besitz aller erforderlichen Genehmigungen, landesweit beläuft sich die Schätzung auf 46.000 genehmigte und 200.000 „illegale" – weil nicht vollständig zertifizierte – Internetcafés.[649] Nach Angaben von *Xinhua* schlossen die Behörden bis zum Ende des Jahres 2002 etwa 3000 Internetcafés dauerhaft und weitere 12.000 teilweise.[650] Im März 2005 berichtete die *Frankfurter Allgemeine Zeitung*, dass weitere 50.000 Internetcafés, manche davon nur vorübergehend, geschlossen worden seien, weil ihre Betreiber die Regelungen zum Jugendschutz nicht beachtet hätten.[651]

Nach Angaben Zhous, der den Besitzer eines Pekinger Internetcafés zitiert, sind für den Betrieb eines Internetcafés Genehmigungen des lokalen Büros für öffentliche Sicherheit (Brandschutzmaßnahmen), des Kulturbüros (Kontrolle der Zensurauflagen), des Büros für Telekommunikation (Verbindung zum Internet) sowie des Büros für Industrie und Handel (Betriebsgenehmigung, Lizenz) erforderlich.[652] Darüber hinaus mag es ein weiterer Grund für die rigide Schließung und Überwachung der Internetcafés gewesen sein, dass viele Dissidenten und Regierungskritiker ihre Aktionen von Internetcafés aus koordinierten. Mit den fortan dramatisch verschärften Auflagen habe sich das Internetcafé, wie Jack Goldsmith und Tim Wu bemerken, von einem Kraftzentrum des Liberalismus zu einem Ort

---

[645] Persönliches Gespräch mit Frank Sieren. Vgl. darüber hinaus Petley (2009): S. 104f.; Goldsmith/Wu (2006): S. 97.
[646] Vgl. Freedom House (2009a): S. 40.
[647] Vgl. Zhou (2006): S. 139; Goldsmith/Wu (2006): S. 97; Latham (2007): S. 203.
[648] Vgl. Zhou (2006): S. 139.
[649] Vgl. ebd. Zur Einordnung dieser Zahlen weist Zhou aber selbst darauf hin, dass die Regelungen landesweit nicht einheitlich ausgeführt werde, so dass es insbesondere in kleineren Städten und im ländlichen Raum üblich sei, die Regelungen weniger strikt oder sogar gar nicht zu überprüfen, vgl. ebd, 140. Viele Internetcafés werden von Einzelunternehmern betrieben, Internetcafé-Ketten wie die knapp 250 Cafés von *Eastgate* in Shanghai (Stand Juli 2002) oder die mit 400 Filialen präsente Kette *Feiyu* sind die Ausnahmen, vgl. Harwit (2008): S. 154; Abels (2004): S. 848.
[650] Zitiert nach Abels (2004): S. 844.
[651] Vgl. FAZ.NET (3.3.2005).
[652] Vgl. Zhou (2006): S. 140.

größter Überwachung transformiert.[653] Hintergrund dieser umfassenden Kontrolle ist das *Gesetz über das Betreiben von Internetcafés* vom 15. November 2002, das die Betreiber von Internetcafés verantwortlich macht, wenn ihre Nutzer regierungskritische oder subversive Inhalte aufrufen oder von dort aus verbreiten.[654] Bisweilen wird sogar davon berichtet, dass die Betreiber von Internetcafés angewiesen sein sollen, die Telefonnummer einer staatlichen Überwachungsstelle anzurufen, sobald ein Kunde in seinem Café auffällige Seiten aufruft oder regierungskritische Begriffe auf der Tastatur eintippt.[655] Ferner wird von einer Sperrung des betreffenden Nutzers und von einer vom Café-Betreiber zu stellenden Anzeige beim lokalen Kulturbüro gegen den Nutzer berichtet.[656] Da es für diese mutmaßliche Überwachungspraxis aber keine weiteren Belege gibt, sollte die Information mit Vorsicht behandelt werden. Auszuschließen ist eine solche Regelung gleichwohl nicht. Darüber hinaus sind die Betreiber gehalten, über ihre Kunden detailliert Buch zu führen: wer ins Internetcafé kommt, wie lange die Person bleibt, welche Internetseiten aufgerufen werden.[657] Auch in diesem Fall müssen die Daten bis zu 60 Tage lang aufbewahrt und den Behörden – vor allem den Büros für öffentliche Sicherheit – auf Verlangen übermittelt werden.[658]

Findet diese gesetzlich vorgeschriebene Kontrolle in der Praxis statt? Karsten Giese ist skeptisch. Nach Recherchen in Peking, Shanghai und Chengdu kommt er zu dem Schluss, dass die erforderlichen Kontrollen der Betreiber von Internetcafés nur sehr lückenhaft ausgeführt werden.[659] Giese spricht in diesem Zusammenhang gar von einem „völlig anonymen Internetzugang" und konstatiert eine „weit verbreitete Praxis"[660] chinesischer Internetnutzer, beim Vorhaben, regimekritische Informationen zu erhalten oder zu verbreiten, auf ein Internetcafé auszuweichen. Mehr noch:

> „Dieses Beispiel zeigt, dass 1) Internetnutzer sich der politischen Grenzen der Meinungsfreiheit auch im Internet in China deutlich bewusst sind und sich 2) dennoch zur Missachtung der Bestimmungen entschließen, weil sie ebenfalls sehr genau wissen, wie sie sich der staatlichen Überwachung und daraus resultierenden möglichen Sanktionen effektiv entziehen können."[661]

Darüber hinaus berichtet Jens Damm, dass einige Internetcafé-Betreiber sogar die Verwendung von Proxy-Servern auf ihren Computern eingerichtet hatten, mit de-

---

[653] Goldsmith/Wu (2006): S. 97.

[654] Vgl. Abels (2004): S. 844; Goldenstein (2007): S. 85.

[655] Vgl. Zittrain/Palfrey (2008): S. 109.

[656] Vgl. ONI (2005): S. 18.

[657] Vgl. Zittrain/Palfrey (2008): S. 109.

[658] Vgl. ONI (2005): S. 11f.; Stevenson (2007): S. 539; Deibert/Palfrey/Rohozinski/Zittrain (Hrsg.) (2008): S. 265; Petley (2009): S. 104.

[659] Vgl. Giese (2005): S. 41.

[660] Giese (2005): S. 41.

[661] Ebd., 42.

nen eine Umgehung der Zensuralgorithmen möglich ist.[662] Sind Internetcafés also nach wie vor Zentren für Cyberdissidenten und Regimekritiker? Geht man von einer strikten Umsetzung der zuvor skizzierten Regelungen aus, so wäre anzunehmen, dass Internetcafés durch die Verbindung von staatlich vorgeschriebener Speicherung der persönlichen Identität der Internetcafé-Nutzer und den gespeicherten Protokollen ihres Surfverhaltens insbesondere für Internetaktivisten und Cyberdissidenten als Orte zur Koordination ihrer Aktivitäten als immer unattraktiver gelten können: Nur noch etwa jeder dritte chinesische Internetnutzer ging in der ersten Jahreshälfte 2010 überhaupt noch von einem der schätzungsweise 200.000 Internetcafés[663] aus online, im Jahr 2008 war es noch knapp jeder zweite.[664] Es wäre allerdings ein Fehlschluss, diese Zahlen mit denjenigen Nutzern gleichzusetzen, die das Internetcafé deshalb zunehmend ignorieren, weil sie dort nicht mehr unbeobachtet ihren regimekritischen Aktivitäten nachgehen können. Vielmehr wird dieser Trend vor dem Hintergrund deutlich gesunkener Kosten für einen Internetanschluss in der eigenen Wohnung und im Hinblick auf die stetig steigende Bedeutung des mobilen Internets verständlich.

Das mobile Internet absorbiert auch einen Großteil derjenigen Internetnutzer, die den Internetcafés abhanden gekommen sind: Mit aktuell 277 Millionen Nutzern hat das mobile Internet sogar das Notebook als zweitbeliebteste Zugangstechnik nach dem Desktop-Computer abgelöst.[665] Insgesamt verfügen über 700 Millionen Chinesen über ein Mobiltelefon.[666] Setzt man den starken Wachstumstrend der vergangenen Jahre fort, wird das Internet auf dem Mobiltelefon und auf anderen mobilen Geräten alsbald genauso bedeutend werden wie der klassische Computer. Dazu kommt die sukzessive Verbreitung des derzeit modernsten Übertragungsstandards im Bereich mobiler Datenverbindungen, 3G.[667] Dieser ermöglicht es seinen Nutzern, auch mobil in annähernder Breitband-Geschwindigkeit im Internet zu surfen; folglich sind zahlreiche Nachrichten-, Kommunikations- und Unterhaltungsangebote erst über diesen mobilen Übertragungsstandard voll nutzbar.[668]

Die politische Führung kann diesen Bereich nicht außer Acht lassen, soll ihr Zensursystem weiterhin effektiv sein. Nach einer 2008 vorgenommenen Umstrukturierung des chinesischen Mobilfunkmarkts sind nun drei statt wie bisher zwei Anbieter in China aktiv: *China Mobile* dominiert den Markt mit einem Anteil von

---

[662] Vgl. Damm (2003): S. 237. Siehe ausführlich Kapitel 4.2.2.1, S. 172f.

[663] Vgl. Abels (2004): S. 844; Petley (2009): S. 105.

[664] Vgl. CNNIC (2009); CNNIC (2010a); CNNIC (2010b).

[665] Vgl. CNNIC (2010a).

[666] Vgl. Huang/Yang (2009): S. 210.

[667] Vgl. So/Westland (2010): S. 73f. Mit dem Aufbau erster 3G-Netze wurde 2009 begonnen. Aufgrund des gestiegenen Wettbewerbs auf dem chinesischen Mobilfunkmarkt sind die Preise für GPRS-Datenverbindungen (das ist der derzeit weitverbreitete Vorläufer von 3G) in den vergangenen Jahren deutlich gesunken, vgl. ebd., 73f.

[668] Vgl. Huang/Yang (2009): S. 210.

etwa 70 Prozent, den Rest teilt sich *China Unicom* mit dem neu hinzugekommenen Mitbewerber *China Telecom*. Dieser war zuvor ausschließlich im Bereich der klassischen Telefonanschlüsse aktiv.[669]

Es ist derzeit angesichts der großen Dynamik noch schwer, an belastbare Informationen über die Zensur des mobilen Internets zu gelangen. Gesichert ist aber, dass das mobile Internet über die vom MIIT überwachten Backbone-Netze kontrolliert und inhaltlich zensiert wird.[670] Ferner wird eine Zugangskontrolle im Bereich des Mobilfunks abermals durch die Registrierung mittels Personalausweis ausgeübt. Beim Abschluss eine Mobilfunkvertrags erheben die Anbieter grundsätzlich die persönlichen Daten ihrer neuen Kunden, die sich – wie bei derartigen Vertragsabschlüssen üblich – mit ihrem Ausweis identifizieren müssen.[671] Eine solche Pflicht besteht aber auch beim Kauf von Mobiltelefon-Betriebskarten (*SIM-Karten*), die auf der Basis eines aufladbaren Guthabens betrieben werden.[672] Diese Praxis ist in westlichen Ländern längst üblich, in China war sie es lange Zeit aber nicht: Erst im Januar 2009 kündigte der Hauptstadtableger von *China Mobile – Beijing Mobile* – an, dass Kunden zukünftig einen Personalausweis vorlegen müssten, wenn sie Prepaid-Karten der unternehmenseigenen Marke *Easyown* erwerben wollten.[673] Ferner begrenzte *Beijing Mobile* die Zahl der Karten auf drei pro Person.[674]

Da das mobile Internet über dieselben sechs zentralen Backbones des chinesischen Internets betrieben wird, ist davon auszugehen, dass dessen inhaltliche Zensur im Wesentlichen derjenigen des regulären Internets entspricht. Ein Sonderfall besteht allerdings in der Form von Kurzmitteilungen, die über das Mobiltelefon versandt und empfangen werden können (*Short Message Service*, SMS). Die Organisation *Freedom House* berichtete 2009 über eine weitreichende Durchleuchtung und Filterung von Kurzmitteilungen durch die chinesischen Mobilfunkbetreiber.[675] Im Januar 2010 bestätigte die Nachrichtenagentur *Xinhua* die automatische Durchleuchtung von Textnachrichten, bezog diese aber ausschließlich auf pornografische und werbende Inhalte.[676] Im Oktober 2010 berichtete *Reporter ohne Grenzen* im Zusammenhang mit der Auszeichnung des KPC-Kritikers Liu Xiaobo mit dem Friedensnobelpreis, dass SMS-Nachrichten, die die chinesischen Schriftzeichen für „Liu Xiaobo" bzw. „Nobelpreis" zum Inhalt haben, herausgefiltert würden.[677] Darin ist der Versuch der politischen Führung zu beobachten, sich eine umfassende

---

[669] Vgl. So/Westland (2010): S. 76.
[670] Vgl. Freedom House (2009a): S. 36f.
[671] Vgl. Deibert/Palfrey/Rohozinski/Zittrain (Hrsg.) (2010): S. 465.
[672] Vgl. ebd.
[673] Vgl. ebd.
[674] Vgl. ebd.
[675] Vgl. Freedom House (2009a): S. 7; Deibert/Palfrey/Rohozinski/Zittrain (Hrsg.) (2010): S. 466. Siehe auch Goldenstein (2007): S. 87.
[676] Vgl. Xinhua (24.1.2010b).
[677] Vgl. ROG Blog (11.10.2010); CNN Online (8.10.2010).

Kontrolle über ein weiteres strategisch bedeutsames Kommunikationsinstrument zu sichern. Dieses Ziel wird vor dem Hintergrund verständlich, dass in der Vergangenheit vielfach SMS-Nachrichten genutzt wurden, um Inhalte zu verbreiten, die im Rahmen der regulären Internetzensur ihre Adressaten nicht oder nur mit geringer Wahrscheinlichkeit erreicht hätten. Im Zusammenhang mit der SARS-Epidemie 2003 wurden SMS neben dem Internet intensiv zur Informationsvermittlung genutzt;[678] im Rahmen der Unruhen in Xinjiang 2009 diente die SMS den Protestierenden als zusätzlicher Kommunikationskanal zur Organisation ihres Protests.[679] Auf Verlangen der staatlichen Behörden – vor allem des Ministeriums für Öffentliche Sicherheit – geben die Mobilfunkanbieter die Daten ihrer Kunden heraus, wenn der Verdacht besteht, dass die betreffenden Kunden regimekritische Inhalte über ihre Mobiltelefone verbreiten.

3.3.2 Überwachung des Surfverhaltens

Die Überwachung des Surfverhaltens basiert auf der bereits beschriebenen Zugangskontrolle. Diese Überwachung, häufig auch als *monitoring* bezeichnet, stellt sich bei privaten Internetanschlüssen oder im Internetcafé jeweils anders dar. Ein ob seiner Intensität herausragendes Projekt war der 2009 vorläufig gescheiterte Versuch, die Überwachungs- und Zensursoftware *Grüner Damm* zu etablieren. Dieses Projekt wird in einer Fallstudie noch näher betrachtet, weil sich aus dem gescheiterten Vorhaben ablesen lässt, auf welcher Ebene die chinesische Internetzensur zukünftig, etwa im Rahmen eines neuen Versuchs zur Durchsetzung einer vergleichbaren Software, ausgeführt werden könnte.

Die chinesische Regierung hat alle Internetprovider gesetzlich verpflichtet, sensible Daten ihrer Kunden wie Namen und Adressen aufzubewahren.[680] Darüber hinaus müssen die Provider für jeden Kunden ein Protokoll aller besuchten Internetseiten einschließlich der Dauer der jeweiligen Besuche sowie eine Auflistung weiterer Online-Aktivitäten für mindestens 60 Tage speichern.[681] Die Internetanbieter müssen diese Informationen auf Verlangen der Behörden herausgeben. Damit haben KPC und Regierung im Verdachtsfall ein umfangreiches Instrumentarium, um sich ausführlich über die Internetaktivitäten eines Nutzers zu informieren.

---

[678] Vgl. Freedom House (2009a): S. 41.

[679] Vgl. Amnesty International (2010): S. 12. Vgl. allgemein Spiegel Online (2.6.2007); Spiegel Online (2.6.2007).

[680] Zuckerman (2010): S. 71 verwendet dafür den Begriff „intermediary censorship"; vgl. darüber hinaus Deibert/Palfrey/Rohozinski/Zittrain (Hrsg.) (2010): S. 465; Kissel (2007): S. 252f.; ONI (2005): S. 11.

[681] Vgl. Stevenson (2007): S. 538; Deibert/Palfrey/Rohozinski/Zittrain (Hrsg.) (2010): S. 465; Kissel (2007): S. 252f.; ONI (2005): S. 11.

Allerdings wird im folgenden Kapitel noch deutlich werden, dass technisch versierte Internetnutzer diese Formen der Kontrolle problemlos umgehen können. Von einer umfangreichen Kontrolle kann also durchaus die Rede sein, von einer Totalkontrolle weniger.

Ein entsprechendes System existiert auch bei den chinesischen Internetcafés. Auf allen dort installierten Computern ist eine Überwachungs-Software installiert, die ein detailliertes Protokoll über die aufgerufenen Internetseiten speichert.[682] Außerdem soll die verpflichtend zu installierende Zensursoftware etwa 500.000 Internetseiten mit subversiven oder pornografischen Inhalten für die Nutzer blockieren.[683] Sigrun Abels bemerkt in diesem Zusammenhang aber, dass die Anzahl blockierter Seiten mit politischen oder Nachrichteninhalten deutlich größer sei als die Zahl herausgefilterter pornografischer Webseiten. Insofern ist der Verweis auf den Schutz der Internetnutzer vor Pornografie für Abels lediglich ein Vorwand.[684]

Um das Vorhaben einer Zuordnung der digitalen zu einer realen Identität der Nutzer noch effektiver umsetzen zu können, hat die chinesische Regierung aber auch die privatwirtschaftlichen Betreiber von Internetplattformen und Online-Diensten verpflichtet, die Identität ihrer Kunden zu überprüfen und zu speichern. So ist eine anonyme Nutzung auch bei Internetportalen und Weblog-Anbietern immer seltener möglich.[685] Seit März 2005 dürfen alle Universitäts-Internetforen beispielsweise nur noch immatrikulierte Studenten als Diskussionsteilnehmer zulassen; folglich müssen sich die Nutzer solcher Foren von da an mit ihrem korrekten Namen und ihrer Universitäts-E-Mail-Adresse (die eine sichere Zuordnung erlaubt) als Nutzer anmelden und können sich nicht mehr mit einem Pseudonym und einer privaten E-Mail-Adresse anonym registrieren.[686] In einem Modellversuch erprobte die Stadt Hangzhou, Hauptstadt der südöstlichen Provinz Zhejiang, eine Ausweitung dieser Klarnamen-Registrierung auf allgemein zugängliche Chaträume und Diskussionsforen.[687] Allerdings stoppte die lokale Regierung das Experiment im Mai 2009 wieder.[688] Unterdessen gibt es aber auch eine Pflicht zur Klarnamen-Registrierung für chinesische Weblog-Anbieter.[689] In der Konsequenz können chinesische Internetnutzer ihre Weblogs nicht mehr (oder nur mit illegalen Mitteln) gänzlich anonym betreiben. Zwar besteht vielfach nach wie vor die Möglichkeit, unter einem Pseudonym zu bloggen. Allerdings können staatliche Behörden über

[682] Vgl. Deibert/Palfrey/Rohozinski/Zittrain (Hrsg.) (2008): S. 265.
[683] Vgl. Abels (2004): S. 844f.; ONI (2005): S. 11; ROG (2003).
[684] Vgl. Abels (2004): S. 844f.
[685] Vgl. Tai (2008): S. 100.
[686] Vgl. Kissel (2007). S.253; Deibert/Palfrey/Rohozinski/Zittrain (Hrsg.) (2010): S. 464f.
[687] Vgl. Deibert/Palfrey/Rohozinski/Zittrain (Hrsg.) (2010): S. 465. In einem Fall wird von einer Löschung eines *Facebook*-Accounts in Hongkong berichtet, da sich der Inhaber nicht mit seinem richtigen Namen angemeldet habe, vgl. Global Voices Advocacy (21.10.2010).
[688] Vgl. Deibert/Palfrey/Rohozinski/Zittrain (Hrsg.) (2010): S. 465.
[689] Vgl. Goldsmith/Wu (2006): S. 97; Wang/Hong (2010): S. 73.

den Blogbetreiber, bei dem die persönlichen Daten des Nutzers hinterlegt sind, sehr schnell auf die wahre Identität des Skribenten schließen.[690] Seit Juli 2005 besteht ferner auch beim größten chinesischen IM-Dienst _QQ_ eine Pflicht zur Registrierung mit Klarnamen.[691] Diese Regelung wurde im August 2009 auf alle großen chinesischen Internetportale ausgeweitet,[692] unter anderem auch auf den Mikroblogdienst des chinesischen Suchmaschinenkonzerns _Baidu_, _Baidu Shuoba_. Ein chinesischer Blogger spekulierte über einen möglichen Abgleich der Nutzerdaten mit dem zentralen Melderegister der Regierung, da der Zugang nur dann gewährt würde, wenn alle Informationen nahtlos zusammenpassen.[693] Und im August 2010 wurde bekannt, dass viele chinesische Nutzer von E-Mail-Postfächern des Anbieters _Gmail_ auf eine externe Seite geleitet wurden, um dort ihr Passwort abermals einzugeben. Die Organisation _Global Voices Advocacy_ berichtet in ihrem Weblog über Spekulationen, in denen lokale Internetprovider mit dieser als _Phishing_ bezeichneten Attacke in Zusammenhang gebracht werden.[694]

Als wie wirksam erweisen sich diese Regeln in der Praxis? In einem Modellversuch aus dem Jahr 2003 testeten Mitarbeiter von _Reporter ohne Grenzen_, wie strikt die Zugangskontrolle mittels Klarnamen funktioniert.[695] Eine Mitarbeiterin registrierte sich innerhalb Chinas beim Internetforum des Portals _Sina_. Zur Registrierung mussten Name, Geschlecht, eine gültige E-Mail-Adresse, Telefonnummer sowie die Nummer des Personalausweises angegeben werden, erst nach Überprüfung dieser Daten wurde das Konto freigeschaltet. Die Mitarbeiterin veröffentlichte im Forum einen Eintrag, in dem sie die Freilassung des damals inhaftierten chinesischen Internetportal-Webmasters Huang Qi forderte. Nach Angaben der Organisation wurde der Beitrag 40 Minuten nach Erscheinen gelöscht. Zudem wurde vermutet, dass die Nummer des Personalausweises auf einer Sperrliste vermerkt wurde, da die Mitarbeiterin angab, kurze Zeit später eine automatische Nachricht des Portals _Sina_ erhalten zu haben, wonach die Ausweisnummer ungültig sei und der unterdessen gesperrte Account nicht wieder aktiviert werden könne.

Indem chinesische Internetanbieter und die Betreiber von Internetportalen bei der Registrierung neuer Nutzer auf der Angabe einer Personalausweisnummer bestehen, erhöhen sie die Effektivität der Zugangskontrolle um ein Vielfaches. Denn ohne dieses Instrument zur Verwendung von Klarnamen wäre es problemlos möglich, einen falschen Namen als den eigenen auszugeben.

---

[690] Vgl. Giese/Müller (2007): S. 86f.
[691] Vgl. Kissel (2007): S. 253.
[692] Vgl. Global Voices Advocacy (8.9.2009).
[693] Vgl. Global Voices Advocacy (16.9.2010).
[694] Vgl. Global Voices Advocacy (11.8.010).
[695] Vgl. im Folgenden ROG (2003).

3.3.2.1   Fallstudie: Der *Grüne Damm*

Eine von jedem Internetnutzer verpflichtend auf seinem privaten Rechner zu installierende Überwachungs-Software würde die Möglichkeiten einer staatlichen
Einflussnahme enorm vergrößern. Zu diesem Zweck berichteten chinesische Internetportale bereits im Jahr 2001 von einer Filtersoftware, die von der chinesischen Regierung sowohl für private Internetnutzer als auch für Schulen bzw.
Hochschulen und Internetcafés angeboten werde.[696] Konkretere Informationen zu
diesem Vorhaben wurden in den folgenden Jahren aber nicht bekannt.

Das änderte sich im Frühjahr 2009. Nach einer gemeinsamen Verordnung des
Ministeriums für die Informationstechnik (MIIT), des Zentralkomitees der KPC
und des Finanzministeriums vom 19. Mai 2009[697] war es für alle Computer, die
nach dem 1. Juli 2009 produziert oder verkauft würden, zwingend vorgeschrieben,
die Software *Grüner Damm* vor der Auslieferung an die Kunden vorzuinstallieren.[698]
Bis dahin konnte das Programm kostenlos aus dem Internet geladen werden;[699] das
geschah nach Angaben der *OpenNet Initiative* bereits etwa 3,27 Millionen Mal auf
schätzungsweise 518.000 Computern an 2279 Schulen und in vielen Internetcafés.[700] In ihrem internationalen Dienst berichtete die staatliche Nachrichtenagentur
Xinhua am 10. Juni 2009 erstmals über den *Grünen Damm* und wies darin die Darstellung der *New York Times* zurück, die bereits am Tag zuvor auf ihrer Internetseite
über die Filtersoftware berichtete und diese als „censorship software"[701] kritisierte.
In ihrer Stellungnahme argumentierte *Xinhua*, die Filtersoftware blockiere ausschließlich pornografische und gewaltverherrlichende Inhalte[702] zum Schutz ju-
gendlicher Internetnutzer. Für eine umfassende Überwachung des Surfverhaltens
sei der *Grüne Damm* nicht ausgereift genug, sagte der stellvertretende Leiter des
Internetbüros beim Informationsbüro des Staatsrats, Liu Zhengrong.[703] Gleichwohl sorgte die Ankündigung bei chinesischen Internetnutzern für Empörung und
heftige Proteste im Cyberspace.[704]

Ferner ist es laut *Xinhua* auch möglich, das Programm – für dessen Entwicklung durch die Firma *Jinhui Computer System Engineering Company* die chinesische Regierung nach eigenen Angaben mehr als umgerechnet sechs Millionen US-Dollar

---

[696] Vgl. Damm (2003): S. 236.
[697] Vgl. ONI (2009).
[698] Vgl. Xinhua (10.6.2009).
[699] Vgl. China Daily Online (15.6.2009); Zeit Online (14.6.2010).
[700] Vgl. ONI (2009); China Daily Online (15.6.2009).
[701] Vgl. Xinhua (10.6.2009); NYT Online (9.6.2009). Vgl. darüber hinaus Electronic Frontier Foundation (9.6.2009).
[702] Einen Überblick über pornografische Inhalte im chinesischen Internet geben Wu (2009); Gie-
se/Müller (2007); Farrer (2007); Wing Wa Ho (2007) .
[703] Vgl. Xinhua (10.6.2009).
[704] Persönliches Gespräch mit Kristin Kupfer.

ausgegeben hat – zu deinstallieren.[705] Im Bericht der *New York Times* warnten Internetexperten aber, die Software könne auch dazu benutzt werden, politische Inhalte zu zensieren und damit das Kontrollinstrumentarium der Regierung abermals zu vergrößern.[706] Bereits einen Tag nach der offiziellen Bestätigung durch die Agentur *Xinhua* veröffentlichten drei Forscher des Instituts für Informatik und Ingenieurwissenschaften an der amerikanischen Universität Michigan im Internet eine Kurzexpertise des *Grünen Damms* auf der Grundlage der zu diesem Zeitpunkt im Internet frei verfügbaren Software (Version 3.17).[707] Darin beschreiben die Informatiker die Funktionsweise der Software als eine dreifache:

Erstens entdeckten sie im Quellcode der Software einen Bildfilter, der pornografische Darstellungen herausfiltern soll. Zu diesem Zweck analysiert die Software das Kolorit der Bilder und sperrt sie, wenn Farbtöne dominieren, die nackte Haut darstellen könnten. Zur Verbesserung der Genauigkeit greift die Software über das Internet zusätzlich auf Bilderkennungs-Software zurück, die mit einer umfassenden Galerie an Referenzbildern verknüpft ist.[708] Dieser Befund spricht dafür, dass es sich tatsächlich um ein Programm zur Bekämpfung von Internetpornografie handelt.

Zweitens untersuchten die drei Forscher den Textfilter des *Grünen Damms*. Insgesamt vier Dateien mit gesperrten Schlüsselbegriffen konnten sie ausfindig machen, darunter waren neben beleidigenden und gewaltverherrlichenden Ausdrücken aber auch politisch sensible Begriffe, etwa im Zusammenhang mit der religiösen Bewegung *Falun Gong* oder dem Massaker auf dem Platz des Himmlischen Friedens am 4. Juni 1989.[709] Die Forscher der *OpenNet Initiative* starteten den Versuch, bei eingeschalteter Software eine Internetseite zu den Protesten von 1989 zu öffnen. Das Programm zeigte daraufhin einen standardisierten Warnhinweis (allgemein als *blockpage* bezeichnet) an: Unter einem gelben Warndreieck mit Ausrufezeichen ist zu lesen: „Diese Information ist unangemessen. Sie werden gefiltert."[710] Damit wird deutlich, dass die Bedenken der in der *New York Times* zitierten Internetexperten berechtigt waren.

Drittens waren in die Software auch URL-Filter integriert, die in der Lage sind, eine aufgerufene Domain zu blockieren. Die Untersuchung zeigte, dass eine Reihe der auf mehreren *blacklists* gesperrten URLs aus der 2006 erstellten Datenbank der amerikanischen Software *Cybersitter* stammt. *Cybersitter* wirbt für sein Produkt vor allem bei Eltern, die damit ihre Kinder im Internet schützen sollen. Eine Mitte 2009 von der *OpenNet Initiative* publizierte Studie zum *Grünen Damm* (ebenfalls Ver-

---

[705] Vgl. Xinhua (10.6.2009); Deibert/Palfrey/Rohozinski/Zittrain (Hrsg.) (2010): S. 472.
[706] Vgl. NYT Online (9.6.2009).
[707] Vgl. Wolchok/Yao/Halderman (2009).
[708] Vgl. ebd.
[709] Vgl. ebd.
[710] Vgl. ONI (2009): S. 9.

sion 3.17) bestätigt die von der der Studie aus Michigan vermutete Überwachung des Surfverhaltens. Die *ONI*-Experten schreiben über die Software:

> „Not only does it block access to a wide range of web sites based on keywords and image processing, including porn, gaming, gay content, religious sites and political themes, it actively monitors individual computer behavior, such that a wide range of programs including word processing and email can suddenly be terminated if content algorithm detects inappropriate speech."[711]

Die Funktionen des Programms, urteilen die Forscher, gingen weit über das hinaus, was zum Schutz von Kindern im Internet notwendig sei.[712] Demnach sei der Eingriff des Programms in die Funktionen des Web-Browsers erheblich und verhindere sogar die Eingabe kritischer Begriffe etwa in Textverarbeitungsprogrammen wie dem Windows-Editor *Notepad*.[713]

Die Untersuchung der Universität Michigan deckte zudem zwei ernsthafte Sicherheitslücken in der Software auf: Zum einen diagnostizierten die Forscher Fehler im Programmcode der Software beim Abgleich der gerade aufgerufenen Internetadresse mit den gesperrten Adressen in der Datenbank. Dadurch, argumentieren sie, könne praktisch jede Seite, die der Nutzer gerade aufruft, ihn unbemerkt auf eine andere Seite lenken, die mit schädlichem Code programmiert wurde, und damit die Kontrolle über den Computer übernehmen.[714] Zum anderen fanden die Informatiker Probleme bei der automatischen Aktualisierung der Datenbank gesperrter URLs. Ein fehlerhafter Softwarecode erlaube es entweder der Regierung oder aber Dritten, über dieses Schlupfloch ebenfalls schädliche Viren in den Computer einzuschleusen und ihn damit zu kontrollieren.[715] Ferner hat sich die Software bei der Untersuchung durch die *OpenNet Initiative* als ausgesprochen instabil erwiesen; anstatt die übliche *blockpage* anzuzeigen, stürzte der Internetbrowser auch regelmäßig ab.[716]

Diese Sicherheitsbedenken führten dazu, dass die Regierung den Start des *Grünen Damms* als verpflichtend vorzuinstallierende Software auf neuen Computern schon am 15. Juni 2009 auf unbestimmte Zeit verschob.[717] Ein Sprecher des MIIT sagte *China Daily Online*, die Entwickler arbeiteten an einer verbesserten Softwareversion.[718] Darüber hinaus meldeten auch die großen Computerhersteller *Dell*, *Lenovo* und *Hewlett-Packard*, die den chinesischen Markt beliefern, Zweifel ob der Um-

---

[711] ONI (2009): S. 2.
[712] Vgl. ebd.
[713] Vgl. ebd., 6.
[714] Vgl. Wolchok/Yao/Halderman (2009).
[715] Vgl. ebd.
[716] Vgl. ONI (2009): S. 10.
[717] Vgl. China Daily Online (15.6.2009); Xinhua (30.6.2009); ROG Blog (14.8.2009).
[718] Vgl. China Daily Online (15.6.2009).

setzbarkeit des Plans an. Im Bericht der *New York Times* wird ein namentlich nicht genannter Manager mit den Worten zitiert, die Frist zwischen der Ankündigung der Software und dem geplanten Start der Umsetzung von etwa sechs Wochen sei für die Hersteller nicht ausreichend, um die Produktion in diesem Ausmaß zu modifizieren.[719] Zudem wurde Mitte Juli 2010 bekannt, dass die Entwicklerfirma der Filtersoftware, *Jinhui*, insolvent sei. *Xinhua* meldete, dass Entwicklung und Wartung der Software aber weiterhin gewährleistet seien.[720]

Im chinesischen Internet wurde der Plan zur Überwachung der Nutzer kritisch kommentiert. Der chinesische Blogger *Michael Anti* spottete beispielsweise, die Volksrepublik sei in Wahrheit ein großer Kindergarten, in dem die Erwachsenen – wie Kinder – „beschützt"[721] werden müssten. Und der Blogger und Journalist Wen Yuchao sagte der britischen Tageszeitung *Guardian*, dass sich bereits mehr als 1000 Internetnutzer im Internet für seine Kampagne registriert hätten, die „Great Firewall" des chinesischen Zensursystems mit einem gemeinsamen Netz von Proxy-Servern zu umgehen.[722] Weiterhin berichtet der *Guardian* von einer chinesischen Hackergruppe, die ankündigte, den *Grünen Damm* außer Funktion zu setzen, sollte die Regierung an einer Pflicht zur Installation festhalten.[723]

Am 13. August 2009 sagte der Minister für die Informationstechnik, Li Yizhong, dass die Regierung von einer verpflichtenden Installation des *Grünen Damms* absehe und es stattdessen den Internetnutzern überlasse, ob sie das Programm installieren wollten oder nicht.[724] Die in China heftig kritisierte Pflicht-Installation wertete der Minister als „Missverständnis" und kritisierte diejenigen Protestierenden als verantwortungslos, die das Zensurprogramm „überbewerten und politisieren".[725] Gleichwohl bleibe die Installation der Software auf Schul- und Internetcafé-Rechnern Pflicht.[726] In der Folge wurde das Projekt abermals attackiert: Im Januar 2010 kündigte der amerikanische Entwickler von Kinder-Überwachungssoftware, *Cybersitter*, an, die chinesische Regierung auf Schadenersatz in Höhe von 2,2 Milliarden US-Dollar zu verklagen, weil in der chinesischen Filtersoftware ohne Genehmigung Elemente eigener Produkte verwendet worden seien.[727]

---

[719] Vgl. NYT Online (9.6.2009). Nach Angaben der *New York Times* wurden in China im Jahr 2008 circa 40 Millionen Computer verkauft, für das Jahr 2009 wurde ein Anstieg um drei Prozent erwartet.
[720] Vgl. Xinhua (16.7.2009).
[721] Zitiert nach Guardian Online (13.8.2009). Eine Zusammenstellung weiterer kritischer Stimmen ist bei Xinhua (27.6.2009) zu finden.
[722] Vgl. Guardian Online (13.8.2009).
[723] Vgl. ebd.
[724] Vgl. Xinhua (13.8.2009).
[725] Eigene Übersetzung, zitiert nach ebd. und Guardian Online (13.8.2009).
[726] Vg. Xinhua (13.8.2009).
[727] Vgl. Guardian Online (6.1.2010); China Daily Online (7.1.2010).

Über ein Nachfolgeprojekt des *Grünen Damms* wird aber bereits heftig spekuliert. Am 13. September 2009 berichtete die Organisation *Global Voices Advocacy* in
ihrem Weblog über die Aktivierung einer Filtersoftware namens *Blauer Damm*. Darin meldet die Organisation, dass die Regierung alle chinesischen Internetprovider
angewiesen habe, die Software auf ihren zentralen Servern zu installieren, um damit
den Datenfluss ihrer Nutzer zu überwachen.[728] Dem Programm, das die *Shanghai
Andatong Information Safety Technology Company*[729] entwickelt haben soll, wird zugesprochen, dass es bis zu 20 Mal effektiver sei als sein gescheiterter Vorgänger.[730]
Am 18. September 2009 berichtete *Reporter ohne Grenzen* in ihrem englischsprachigen Weblog ebenfalls über das Programm, dass sie als *Blauer Schild* übersetzte.[731]
Ihren Informationen zufolge hätten die Internetprovider in der südchinesischen
Provinz Guangdong das Programm am 13. September 2009 installiert.[732] Von einer
verpflichtenden Installation für private Internetnutzer war hingegen keine Rede.

Die Fallstudie der Filtersoftware *Grüner Damm* verdeutlicht zweierlei: *Erstens* ist
darin ein weiterer Versuch der politischen Führung zu beobachten, die Funktionslogik der Internetzensur zu ihren Gunsten zu verändern. Auf der einen Seite markierte die Filtersoftware abermals einen Wechsel von manueller Überwachung zu
automatisierter Kontrolle mittels Computern. Auf der anderen Seite ist darin auch
eine weitere Dezentralisierung der Kontrollbemühungen zu sehen, deren erste Stufe in der Ausweitung von den Überwachungszentren der Propaganda-Abteilung
und der Fachverwaltungen und Ministerien hin zu den Internetprovidern beobachtet werden konnte und deren zweite Stufe in der abermaligen Ausweitung von den
Providern zu den einzelnen Nutzern versucht wurde. Wie die *OpenNet Initiative*
bilanziert, ist der Fall *Grüner Damm* einen „shift in filtering strategy and capabili-
ty".[733] Mehr noch:

> „Intensive monitoring of content can not take place through a centralized system without
> either tremendous investments in processing facilities or at the cost of dramatically reduced In-
> ternet speed. Distributing the control mechanisms through client-side software offloads the
> burden of sorting through content to the individual machines on the network. In essence, such
> a system amounts a huge distributed super computer dedicated to controlling online con-
> tent."[734]

Zweitens zeigte die Fallstudie, dass neben Fehlern in der Qualität der Überwa-
chungssoftware auch der politische Druck innerhalb Chinas dazu beigetragen hat,

---

[728] Vgl. Global Voices Advocacy Blog (13.9.2009).
[729] Siehe *http://www.adtsec.com*.
[730] Vgl. ebd.
[731] Vgl. ROG Blog (18.9.2009).
[732] Vgl. ebd.
[733] Vgl. ONI (2009): S. 16.
[734] ONI (2009): S. 16.

dass die Regierung von ihren Überwachungsplänen Abstand nahm. Da dieser Protest vor allem im Internet geäußert wurde, spricht der Fall *Grüner Damm* in Teilen für die liberalisierende Kraft des Internets.

3.3.3　Inhaltliche Steuerung von Online-Nachrichten

Ging es bei Zugangskontrolle und der Überwachung des Surfverhaltens vor allem darum, die chinesischen Internetnutzer zu kontrollieren und zu überwachen, so besteht in der inhaltlichen Steuerung von Online-Nachrichten ein klassisches Instrument der Zensur. Die Portale werden genauso wie ihre Pendants abseits des Internets durch staatliche Lizenzierung und behördliche Aufsicht strikt kontrolliert: Im Rahmen der Differenzierung der zentralen Akteure chinesischer Internetzensur ist deutlich geworden, dass chinesische Online-Nachrichtenanbieter vor allem durch regelmäßige Instruktionen der Propaganda-Abteilung der KPC und durch die damit verbundene Pflicht, bei politisch brisanten Themen die einheitlichen Berichte der staatlichen Nachrichtenagentur *Xinhua* zu übernehmen, inhaltlich gesteuert werden.

Doch wie weit geht diese Einflussnahme in der täglichen Praxis? Es mehren sich in jüngster Zeit Anzeichen dafür, dass die Kontrolle der Nachrichtenmedien durch KPC und Regierung im Wandel begriffen ist. Die zunehmende Bedeutung von Unterhaltungs-Elementen schwächt, insgesamt betrachtet, die Bedeutung von Parteipropaganda, da der Anteil rein nachrichtlicher Informationen sinkt. Zwar hat die Regierung den *modus operandi* im Hinblick auf Skandale und Naturkatastrophen zeitweise geändert: Im Rahmen des schweren Erdbebens in der Provinz Sichuan im Jahr 2008 ließ die Regierung erstmals chinesische und ausländische Journalisten ohne größere Einschränkungen berichten.[735] Darin sehen die Forscher der *OpenNet Initiative* gar einen Wandel beim Versuch, die Nachrichten zu beeinflussen.[736] Durch die aktive Rolle der Regierung, die den Journalisten in Sichuan tiefe Einblicke in Hilfsmaßnahmen gewährte, sehen sie einen „shift in its media-control policies (...) by attempting to set the agenda for coverage rather than suppress it."[737] Beispiele strikter inhaltlicher Regulierung sind aber weiterhin beispielsweise die KPC-Parteitage, die Nationalen Volkskongresse oder auch ethnische Unruhen

---

[735] Der Schritt wurde auch innerhalb Chinas begrüßt, vgl. Holbig/Gilley (2010): S. 25.

[736] Allerdings berichtet die Organisation auch von erheblichen Einschränkungen der vermeintlichen Freiheit der Berichterstattung: So sei der chinesische Lehrer Liu Shaokun am 25. Juni 2008 festgenommen worden, weil er Fotos kollabierter Schulgebäude ins Internet stellte. In der Folge sei Liu zu einem Jahr „Umerziehung durch Arbeit" verurteilt worden, wie die Organisation berichtet, vgl. Deibert/Palfrey/Rohozinski/Zittrain (Hrsg.) (2010): S. 458.

[737] Vgl. Deibert/Palfrey/Rohozinski/Zittrain (Hrsg.) (2010): S. 452.

wie etwa in den Provinzen Tibet im Jahr 2008 und in Xinjiang 2009. In diesem Zusammenhang zitiert der Bericht der *OpenNet Initiative* einen Mitarbeiter des Internetbüros im Informationsbüro des Staatsrats: „You have to check the channels one by one, the programs one by one, the pages one by one. You must not miss any step. You must not leave any unchecked corners."[738] In dem geringen Vertrauen der chinesischen Internetnutzer gegenüber Internetnachrichtenportalen lässt sich eine Langzeitfolge von Zensur und Selbstzensur chinesischer Nachrichtenanbieter erkennen: Denn wie das CNNIC ermittelte, schenkte im Jahr 2007 nur etwa jeder zweite Internetnutzer in China Online-Nachrichten Glauben.[739]

3.3.4 Suchmaschinen als Schlüsselwerkzeuge

Suchmaschinen gelten als Schlüsselwerkzeuge, die es Internetnutzern überhaupt erst ermöglichen, die Informationsflut des Internets nach konkreten Themen zu filtern. Setzt eine Regierung dort mit ihrer Zensur an, so erschwert sie den Internetnutzern den Zugang zu sensiblen Inhalten erheblich. Wer eine Seite zu einem konkreten Thema aufrufen will, muss die URL dieser Seite kennen, um sie (theoretisch) überhaupt zu erreichen, wenn sie auf den Servern der Suchmaschinen bereits indiziert ist. Um die Zensur von chinesischen Suchmaschinen zu verstehen, ist es notwendig, zunächst die Funktionsweise von Suchmaschinen zu kennen. Diese besteht – reduziert man sie auf ihren Kern – in einem Suchalgorithmus, also einer mathematischen Formel. Jede Suchmaschine verfügt selbstverständlich über einen eigenen Algorithmus, doch im Wesentlichen basieren alle auf einer Formel, die der amerikanische Bibliothekswissenschaftler und Linguist Eugene Garfield in den frühen 1950er Jahren entwickelte.[740] Garfield suchte nach einer Möglichkeit, um die objektive Bedeutung einer wissenschaftlichen Publikation zu messen. Es gelang ihm mit Hilfe einer Formel, die die Bedeutung einer Publikation anhand der Anzahl derjenigen Veröffentlichungen maß, in denen sie zitiert wird.[741] Garfield, der Wissenschaft als „Netz des Wissens"[742] begriff, folgerte: Je mehr Autoren das ursprüngliche Werk zitieren, desto bedeutender muss es sein, und umgekehrt. Larry Page und Sergey Brin, zwei Informatik-Doktoranden an der amerikanischen Stanford-Universität, stießen im Jahr 1996 auf Garfields Algorithmus und versuchten,

---

[738] Ebd.
[739] Vgl. CNNIC (2008): S. 51. Umgekehrt berichtet Owen (2006): S. 23f. von empirischen Befunden, denen zufolge 80 Prozent der amerikanischen Internetnutzer unter 30 Jahren Onlinenachrichten als „sehr glaubwürdig" betrachten. Zur Nutzung von Web 2.0 bei amerikanischen Jugendlichen siehe Clarke (2009).
[740] Vgl. So/Westland (2010): S. 42.
[741] So/Westland (2010): S. 42.
[742] Vgl. ebd. und darüber hinaus Karl Poppers Verständnis von Theorie, zitiert auf S. 41.

ihn auf das Internet anzuwenden.[743] Da Internetseiten über *Hyperlinks* miteinander verbunden werden, entspricht die Konstruktion des Internets in seiner Struktur der Zitationslogik wissenschaftlicher Schriften, die Garfield vor Augen hatte. Angepasst auf das Internet, lautete die Formel nun: Je mehr Seiten auf eine bestimmte Internetseite verweisen (sie also *verlinken*), desto bedeutender muss diese Seite sein. Und desto höher muss sie in der Liste der Suchergebnisse eingeordnet werden. Page und Brin gründeten mit dieser Idee ihre eigene Suchmaschine *Google*; der für das Internet angepassten Algorithmus firmierte bei ihnen unter dem Namen *Page-Rank*.[744]

In China sind aktuell vor allem zwei Suchmaschinen von Bedeutung: Mit einem Marktanteil von 63 Prozent dominiert die chinesische Suchmaschine *Baidu* den Markt (Stand: drittes Quartal 2008), mit 28 Prozent folgt die chinesische Version von *Google* auf Rang zwei.[745] *Baidu* nahm seinen Betrieb als eigene Suchmaschine im September 2001 auf, nachdem dessen Gründer Robin Li das Suchprogramm zuvor nur unter Lizenz an die großen chinesischen Nachrichtenportale wie *Sina*, *Sohu* und *Netease* zum Betrieb auf deren Seiten verlieh.[746] Während die Regierung das rein chinesische Unternehmen *Baidu* bevorzugt behandelte – beispielsweise ließ die Regierung bei politisch sensiblen Themen Anfragen automatisch von *Google* zu *Baidu* weiterleiten –, konnte es sich sukzessive als erfolgreichere Suchmaschine etablieren.[747]

Alle chinesischen Suchmaschinen funktionieren freilich nach derselben Logik. Das chinesische Zensursystem greift aber an bedeutender Stelle in diesen Suchalgorithmus ein. So ist es in China zwar möglich, auch nach politisch sensiblen Schlagwörtern wie etwa „Tiananmen", „Falun Gong" oder „Tibet" zu suchen, allerdings mit zwei möglichen Einschränkungen: *Erstens* kann es vorkommen, dass die Suchergebnislisten zensiert sind und beispielsweise nicht mit denjenigen außerhalb Chinas übereinstimmen. Folglich erscheinen bestimmte Seiten gar nicht erst in der Ergebnisliste. *Zweitens* ist es möglich, dass die Suchmaschinen durchaus auch regierungskritische Internetseiten in ihren Ergebnislisten anzeigen. Klickt man anschließend darauf, kann die Seite aber nicht aufgerufen werden, da sie vom zentralen chinesischen Filtersystem blockiert wurde.

Für beide Szenarien gibt es eine Vielzahl empirischer Befunde. Der erste Fall wurde durch eine Untersuchung der *OpenNet Initiative* aus dem Jahr 2004 bestätigt. Die Forscher gaben innerhalb Chinas politisch sensible Schlagwörter als Suchbe-

---

[743] Vgl. So/Westland (2010): S. 42.

[744] Vgl. ebd.

[745] Vgl. ebd., 61. Die verbliebenen Marktanteile teilen sich *Yahoo China* (4,7%), Sohus Suchmaschine *Sogou* (1%), Zhengsou (0,9%), die Suchmaschine von *Tencent*, *Soso* (0,7%) sowie die *Netease*-Anwendung *Youdao* (0,4%). Vgl. darüber hinaus Xinhua (23.7.2010).

[746] Vgl. So/Westland (2010): S. 45.

[747] Vgl. ebd., 54f.

griffe in die Fenster der großen Suchmaschinen ein. Die Suche nach „free tibet"
auf den Seiten von *Yahoo* und *Yisou* brachte leere Ergebnisseiten hervor; die Suche
nach „tibet" auf der Seite *Yisou* brachte zwar mehrere Ergebnisse, davon stand aber
keines im Zusammenhang mit dem politisch-religiösen Konflikt, der mit dem
Schlagwort Tibet verknüpft ist.[748] Bei der Suche nach „falun" (als Schlagwort für
die in China verbotene religiöse Bewegung *Falun Gong*) und „hrichina" (für die
amerikanische Menschenrechtsorganisation *Human Rights in China*) lieferte die
größte chinesische Suchmaschine *Baidu* ebenfalls keine Ergebnisse.[749] Für die Forscher waren die Ergebnisse bemerkenswert:

> „First, they indicate that ‚banned' sites are indexed, just not shown when certain combinations
> of words are searched for. In other words, searched for key words should cause certain URLs
> to be listed in the results because they have been indexed by the search engine. (...) It appears
> that the search engine itself is filtering the returned results when certain words are searched
> for."[750]

Die Forscher sehen es als erwiesen an, dass die Suchmaschinen *Yisou* und *Baidu*
eine aktive Schlagwortfilterung bei den Suchanfragen betreiben.[751] In einem zweiten Bericht konnten sie darüber hinaus nachweisen, dass diese Filterung auch für
das Webseiten-Archiv der Suchmaschine *Google*, *Google Cache*, gilt.[752] In diesem Archiv speichert die Suchmaschine alte Internetseiten ab, so dass eine aktive Suche
im Archiv eine theoretische Möglichkeit darstellt, eine zu einem späteren Zeitpunkt
gesperrte Internetseite doch noch zu erreichen und damit die Zensur partiell zu
umgehen. Der Befund legt nahe, dass die politische Führung diese Umgehungstak-
tik erkannt und die Suchmaschine zu entsprechenden Filter-Gegenmaßnahmen
verpflichtet hat.

Das zweite Szenario – die Anzeige einer kompletten Ergebnisliste mit nicht
abrufbaren Internetseiten – konnte im Rahmen eigener Recherchen im März 2010
in Peking und Suzhou bestätigt werden. Auf der Seite der Suchmaschine
www.google.cn wurden die jeweils ersten Suchergebnisse nach den Suchbegriffen „Tibet", „Dalai Lama", „Democracy", „Democracy China", „Falun Gong", „Tiananmen massacre" sowie nach den teilweise gesperrten Organisationen „Amnesty International", „Human Rights in China" (bzw. „HRIC") und „Human Rights
Watch" untersucht. Die Suchergebnislisten verdeutlichten, dass *google.cn* seine Ergebnislisten zu diesem Zeitpunkt nicht filterte; stattdessen waren die Seiten aber

---

[748] Vgl. ONI (2004b).
[749] Vgl. ebd.
[750] Ebd.
[751] Vgl. ebd. und ONI Blog (25.1.2006). Das gilt auch für die *Baidu*-Bildsuche, bestätigt durch persönliches Gespräch mit Kristin Kupfer.
[752] Vgl. im Folgenden ONI (2004a).

nicht erreichbar, wenn darauf geklickt wurde. Die im Internetbrowser angezeigten Fehlermeldungen belegen das.

Ferner ist auch etwa die *Google*-Bildsuche von Zensur betroffen. Während eine Bildsuche nach dem Suchwort „Tiananmen" in der englischen Suche auf *google.com* vor allem die Bilder des legendären *tank man* aus dem Jahr 1989 anzeigt, begnügt sich die chinesische *Google*-Bildsuche mit Ansichtskarten-Motiven des Platzes und verschweigt die Bilder jener politisch hochbrisanten Tage 1989.[753]

3.3.4.1 Fallstudie: *www.google.cn*

Der amerikanische Suchmaschinenkonzern *Google* öffnete seine ersten Büros in China im Jahr 2005. Allerdings begann der chinesischsprachige Dienst auf der Seite *google.cn* erst im darauffolgenden Jahr, weil die Pekinger Softwareentwickler den Suchalgorithmus zunächst auf die chinesischen Schriftzeichen umstellen muss-ten.[754] Durch die Verwendung von Schriftzeichen, die je nach Kontext und je nach Kombination mit anderen Zeichen eine andere Bedeutung haben können, ist es erheblich schwieriger, zielgenaue Suchergebnisse zu erhalten als in Sprachen, die auf Alphabetschriften basieren. Beobachter sagen, dass die Suchergebnisse der für den chinesischen Markt entwickelten Suchmaschine *Baidu* daher eine lange Zeit lang besser und präziser gewesen seien als die Ergebnisse, die *Google* lieferte.[755] Erst zum Jahreswechsel 2006/2007 attestierten Analysten *google.cn* eine ähnlich hohe Trefferquote wie Mitbewerber *Baidu*. Darüber hinaus entwickelte *Google* einen eige-nen Pinyin-Editor für seine chinesische Suchmaschine.[756]

Neben den sprachlichen Startschwierigkeiten gab es für das Unternehmen aber noch weitaus größere Probleme. Das größte bestand in der unvereinbaren Doppel-aufgabe, sowohl dem eigenen Firmencredo zu genügen als auch den chinesischen Zensurbestimmungen, die zu erfüllen die chinesische Regierung für den Betrieb von *Google.cn* zur Voraussetzung machte. *Spiegel Online* kommentierte den Schritt mit „Google wird böse"[757], die *Frankfurter Allgemeine Zeitung* sprach von einer „Illu-sion des Westens"[758] und *Die Zeit* kritisierte *Google* nebst anderen westlichen Kon-zernen als „Komplizen der chinesischen Zensur".[759]

---

[753] Vgl. FAZ.NET (3.2.2006).
[754] Vgl. So/Westland (2010): S. 65.
[755] Vgl. ebd.
[756] Vgl. ebd.
[757] Spiegel Online (25.1.2006).
[758] FAZ.NET (3.2.2006).
[759] Zeit Online (5.8.2008). Zur englischsprachigen Berichterstattung über den „Google-Fall" siehe Nieman Journalism Lab (24.2.2010).

Die Wahrnehmung änderte sich schlagartig, als *Google* im Januar 2010 plötzlich ankündigte, die Zusammenarbeit mit den chinesischen Zensoren einzustellen und die Suchergebnisse fortan ungefiltert zu präsentieren.[760] Dieses „Comeback des Guten"[761], wie *Spiegel Online* jubelte, hatte eine Vorgeschichte. Wenige Tage zuvor wurde bekannt, dass bei einem aus China stammenden Hacker-Angriff die *Google*-E-Mail-Konten von bekannten chinesischen Regimegegnern attackiert und E-Mails ausgelesen wurden.[762] Der Fall entwickelte sich alsbald zur diplomatischen Krise zwischen Washington und Peking: Denn wie *Google* in seinem offiziellen Weblog mitteilte, hätten die Recherchen des Unternehmens ergeben, dass sich die Cyber-Attacken aus China gegen mindestens 20 weitere amerikanische Internetfirmen gerichtet hätten.[763] Die amerikanische Außenministerin Hillary Clinton forderte von der chinesischen Regierung eine Erklärung.[764] Daraufhin sagte ein Sprecher des chinesischen Außenamts, die Vereinigten Staaten sollten aufhören, „die sogenannte Freiheit im Internet dazu zu benutzen, ungerechtfertigte Anschuldigungen gegen China zu erheben"[765]. Ferner schadeten die Vorwürfe den chinesisch-amerikanischen Beziehungen.[766]

Am 12. Januar kündigte *Googles* Chefjustitiar David Drummond im Unternehmens-Weblog an, dass das Unternehmen über einen Rückzug aus China nachdenke und dass das Unternehmen bis auf Weiteres auf die Zensur der Ergebnislisten verzichte.[767] Drei Tage später wurde das *Google*-Weblog aus der Suchergebnisliste von *Baidu* gelöscht.[768] Da das Unternehmen mit dem Aussetzen der Zensur die Auflagen der chinesischen Regierung nicht mehr erfüllte, fürchtete *Google* die Blockade seiner chinesischen Suchmaschine durch das Filtersystem. Um diesem Schritt der Regierung zuvorzukommen, begann *Google* am 22. März 2010, die Anfragen aus China auf einen nicht zensierten Server in Hongkong

---

[760] Vgl. Spiegel Online (13.1.2010a). Siehe ferner Hughes (2010): S. 19f. Die chinesische Regierung kritisierte das Vorgehen *Googles* heftig, vgl. Xinhua (23.3.2010a/b); Xinhua (22.1.2010); Xinhua (21.1.2010).

[761] Spiegel Online (13.1.2010).

[762] Nach Zeit Online (15.1.2010) wurde von den Hackern dabei eine Sicherheitslücke im *Microsoft Internet Explorer* genutzt. Vgl. darüber hinaus FAZ.NET (13.1.2010); CNN Online (23.1.2010); Zeit Online (13.1.2010a/b); CNN (23.1.2010); BBC News Online (23.2.2010); FAZ.NET (14.1.2010b); FAZ.NET (25.1.2010); New York Times Online (19.4.2010); New York Times Online (7.3.2010); Spiegel Online (20.4.2010); ROG Blog (18.1.2010). Der Angriff steht in engem Zusammenhang mit dem Begriff *Cyberwar*, vgl. Fallows (2010b). Die chinesische Presse wies die Kritik forsch zurück, vgl. People's Daily Online (20.2.2010); People's Daily Online (24.2.2010a/b); Xinhua (25.1.2010).

[763] Vgl. Google Blog (12.1.2010).

[764] Vgl. United States Department of State (12.1.2010); Freeman (2010): S.3f..

[765] Vgl. FAZ.NET (22.1.2010). Siehe darüber hinaus Der Spiegel (2010).

[766] Vgl. AFP (22.1.2010); FAZ.NET (22.1.2010); Zeit Online (22.1.2010); Xinhua (22.1.2010); Xinhua (23.1.2010).

[767] Vgl. Google Blog (12.1.2010). Vgl. darüber hinaus BBC News Online (12.3.2010); Economist Online (14.1.2010); New York Times Online (14.1.2010); FAZ.NET (22.3.2010).

[768] Vgl. ONI Blog (15.1.2010).

(*www.google.com.hk*) umzuleiten.[769] Der von der *FAZ* als „Googles List"[770] gelobte Schritt verbesserte aber vor allem die Wahrnehmung des Unternehmens in der Welt; die Situation der chinesischen Internetnutzer änderte er nicht. Da die nach Hongkong umgeleitete Suchanfrage den Datenstrom der Internetnutzer aus Festland-China herausführt, muss er die regulären Filtersysteme der Backbones passieren. Damit tritt der Fall ein, der zuvor als zweites Suchmaschinen-Zensurszenario beschrieben und durch eigene Recherchen zu dieser Zeit bestätigt wurde: Die Suchergebnisliste war vollständig, die Seiten aber dennoch nicht erreichbar. „Chinesen fühlen sich im Stich gelassen", kommentierte etwa der Pekinger *Zeit*-Korrespondent Frank Sieren die Situation.[771] Als Reaktion auf den Rückzug *Googles*[772] rechtfertigte die chinesische Regierung ihr Zensursystem und berichtete im ihrerseits von einem angeblichen Cyber-Angriff amerikanischer Hacker auf die chinesische Suchmaschine *Baidu*.[773]

Am 28. Juni 2010 sagte Drummond, dass die bislang praktizierte Umleitung der chinesischen Suchanfragen nach Hongkong in den nächsten Tagen beendet werde. Am gleichen Tag habe sich das Unternehmen bei den chinesischen Behörden um eine Verlängerung der Lizenz als *Internet Content Provider* (ICP) beworben, ergänzte er.[774] Drummond argumentierte, das Unternehmen habe sich zur Rückkehr entschieden, weil viele chinesische Internetnutzer den Wunsch geäußert hätten, *google.cn* solle weiterhin am Leben bleiben.[775] Die Interpretation in der deutschen Presse war eine andere: *Spiegel Online* führt den Schritt auf den Druck der chinesischen Regierung[776] auf *Google* zurück. Dem Bericht zufolge habe die politische Führung eine fortdauernde Umleitung der Suchanfragen nicht tolerieren wollen, die Betriebserlaubnis für *google.cn* wäre zum 30. Juni erloschen.[777]

In der Tat erneuerte die Regierung die Lizenz für *Google* am 9. Juli 2010.[778] Ein Mitarbeiter im Ministerium für die Informationstechnik sagte der Nachrichtenagentur *Reuters* Ende Juli, *Google* halte sich mit der Abschaffung der Umleitung nach Hongkong nun an das chinesische Gesetz.[779] Die Seite *google.cn* liefert seitdem

---

[769] Google Blog (22.3.2010); vgl. darüber hinaus FAZ.NET (23.3.2010a/c); Zeit Online (23.3.2010a/b/c/d); Spiegel Online (23.3.2010a/b/c/d); BBC News Online (21.3.2010); BBC News Online (22.3.2010); Wall Street Journal Online (22.3.2010a/b).

[770] FAZ.NET (23.3.2010b).

[771] Zeit Online (23.3.2010b).

[772] Vgl. Xinhua (24.1.2010a/b/c); Xinhua (19.1.2010a); Xinhua (14.1.2010a/b); Xinhua (21.3.2010).

[773] Vgl. Xinhua (12.1.2010); Xinhua (20.1.2010). *Baidu* gewann über die *Google*-Krise deutlich an Marktanteilen in China, vgl. Xinhua (19.1.2010b).

[774] Vgl. Google Blog (28.6.2010).

[775] Vgl. ebd

[776] Die Ausübung von Druck weist die Regierung aber von sich, vgl. Xinhua (1.4.2010a/b).

[777] Vgl. Spiegel Online (29.6.2010).

[778] Vgl. Google Blog (Update vom 9.7.2010 des Textes vom 28.6.2010); Xinhua (11.7.2010). Auch danach blieben einzelne Funktionen von *Google* in China aber gesperrt, vgl. Spiegel Online (1.7.2010).

[779] Vgl. Reuters (29.6.2010); FAZ.NET (29.6.2010a/b); Reuters (20.7.2010).

wieder zensierte Suchergebnislisten für Internetseiten und Bilder und verweist mit einem deutlichen Link auf die unzensierte Seite in Hongkong. Anstatt automatisch dorthin weitergeleitet zu werden, müssen die chinesischen Internetnutzer diesen aber eigens anklicken.

Die Fallstudie verdeutlicht einerseits, welchen enormen politischen Druck die chinesische Regierung aufzubauen bereit ist, um ihr Zensursystem in vollem Umfang aufrechtzuerhalten. Ein Nachgeben in dieser Frage wäre für die politische Führung zwar möglich gewesen, die Entscheidung hätte aber ohne Zweifel dazu beigetragen, das Zensursystem zu unterminieren. Die chinesische Regierung gewichtete die Aufrechterhaltung von Stabilität höher als das in der Verfassung garantierte Recht auf freie Meinungsäußerung.[780] Wie auf den vorangegangenen Seiten bereits deutlich geworden ist, basiert die Effektivität des Zensursystems auf der Koexistenz einer Vielzahl von Zensurinstrumenten auf mehreren Ebenen. Diese vermitteln den chinesischen Internetnutzern ein Gefühl andauernder Überwachung und Kontrolle. Hätte die Regierung *Google* stattgegeben, so hätte sie eine gezielte Umgehung der von ihr eingerichteten Zensur toleriert.

Andererseits zeigte die Fallstudie, dass der chinesische Markt für ausländische Internetkonzerne ausgesprochen attraktiv ist. Im Fall *Googles* überwog der angestrebte Marktanteil in China über die eigene Unternehmensphilosophie „Don't Be Evil". Diesen finanziellen Anreiz vermag die chinesische Regierung wiederum für eigene Interessen zu nutzen. Mit dem Instrument eines angedrohten Ausschlusses aus dem größten Internetmarkt weltweit ist es ihr gelungen, den größten Internetkonzern weltweit gegen dessen Widerstände und Bedenken auf die eigenen Regeln zu verpflichten. Vor diesem Zusammenhang wird verständlich, wie es der Volksrepublik gelingt, Anbieter von Online-Inhalten für ihre Zensurzwecke zu nutzen. Mit diesem Konzept dezentralisiert die Regierung die Zensurbemühungen und verteilt den stetig steigenden Aufwand der Internetkontrolle auf mehrere Akteure, um die Effizienz des Systems trotz steigender Nutzerzahlen beizubehalten.

3.3.5 Löschen kritischer Internetseiten innerhalb Chinas

Webseiten, die sich auf Servern innerhalb Chinas befinden, unterliegen der chinesischen Gesetzgebung und können – anders als etwa ausländische Inhalte – durch die Behörden gelöscht werden.[781] Voraussetzung für die effektive

---

[780] Vgl. Freeman (2010): S. 6. Gleichzeitig zeigte eine empirische Untersuchung, dass die chinesischen Bürger die Geltung von Menschenrechten in ihrem Land positiver einschätzen als etwa deutsche oder amerikanische in ihren jeweiligen Ländern, vgl. ebd., 10.

[781] Vgl. allgemein Chase/Mulvenon (2002): S. 62f.

Durchsetzung dieses Instruments ist eine umfangreiche Registrierung aller chinesischen Internetseiten. Zu diesem Zeck betreibt die Volksrepublik bereits seit Dezember 2009 ein sogenanntes *white listing* aller Internetseiten innerhalb Chinas.[782] Dabei werden die Internetseiten erfasst, einzeln auf sensible Inhalte überprüft und die Inhaber der Seiten polizeilich registriert, um diese bei möglichen späteren Verstößen gegen die Zensurauflagen schneller identifizieren zu können. Zentrale Akteure waren nach Angaben der Organisation *Global Voices Advocacy* das MIIT, das Büro für Öffentliche Sicherheit, das Kulturbüro und die Verwaltung für Radio, Film und Fernsehen.[783]

Im Februar 2010 meldete die *Global Voices Advocacy*, dass die Volksrepublik das System zur Webseiten-Registrierung abermals verschärft habe.[784] Seit März 2005 galt bereits eine einfachere Pflicht zur Registrierung nichtkommerzieller Internetseiten, die von den Internetprovidern kontrolliert werden müssen.[785] Mit den neuen Regelungen verlange das MIIT vom jeweiligen Webmaster der Seite fortan persönliches Erscheinen in einem lokalen *Internet-Datenzentrum* (IDZ). Dort würde der Inhalt der betreffenden Seite überprüft und genehmigt, zudem würden persönliche Daten des Webmasters wie etwa die Personalausweisnummer bei privaten Internetseiten oder die Registrierungsnummer der Betreiberfirma bei Unternehmenswebseiten gespeichert.[786] Darüber hinaus müsse sich der Webmaster fotografisch registrieren lassen – eine Praxis, die nach Angaben der Organisation von chinesischen Internetnutzern heftig kritisiert wird, weil die Bilder sie an Fahndungsfotos der Polizei erinnern. Ferner müssten auch technische Informationen über die Internetseite wie etwa die Zugangsdaten des Administrators sowie IP-Adresse und Ort des Servers angegeben werden, auf dem die Internetseite gespeichert ist.[787] Üblicherweise werden die Betreiber bei Verstößen gegen die Regularien zunächst von den Behörden angeschrieben und angewiesen, die beanstandeten Inhalte zu löschen. Kommt der Betreiber der Aufforderung nicht nach, wird seine Seite gesperrt.[788]

Bevor diese Regelungen zum *white listing* im Dezember 2009 Kraft traten, hatte das Büro für öffentliche Sicherheit bereits 9000 chinesische Internetseiten geschlossen, etwa 6500 Server waren zeitweise oder dauerhaft außer Betrieb gesetzt

---

[782] Vgl. Global Voices Advocacy (23.2.2010); Global Voices Advocacy (3.2.2010); Global Voices Advocacy (22.12.2009).
[783] Vgl. Global Voices Advocacy (3.2.2010).
[784] Vgl. Global Voices Advocacy (23.2.2010).
[785] Ihnen drohte das MII mit einer Strafe von bis zu 10.000 Yuan, falls sie nicht registrierte Seiten über einen eigenen *Host* betreiben. Schätzungen gehen davon aus, dass bis zu 70 Prozent aller Seiten bereits registriert wurden, vgl. ONI (2006).
[786] Vgl. Global Voices Advocacy (23.2.2010).
[787] Vgl. ebd.
[788] Persönliches Gespräch mit Kristin Kupfer.

worden. Ebenfalls entzog das MIIT sechs lokalen Internetprovidern ihre Lizenz.[789] Eine weitere Schließungswelle erreichte die Betreiber von chinesischen Video-Portalen im Juni 2008: Weil sie kritische Inhalte nicht konsequent von ihren Seiten verbannt hätten, ordnete die Verwaltung für Radio, Film und Fernsehen an, dass 25 Video-Plattformen vom Netz gehen mussten, weitere 32 wurden verwarnt.[790] Vor diesem Hintergrund wird die Intensität der *white listing*-Kampagne umso verständlicher: Nach Angaben von *Global Voices Advocacy* seien aufgrund der verschärften Kontrolle allein zwischen Dezember 2009 und Ende Januar 2010 über 100.000 Internetseiten geschlossen worden; die Organisation *Reporter Ohne Grenzen* zitiert die Regierung mit der Angabe, es seien dagegen nur etwa 15.000 Internetseiten betroffen gewesen.[791]

3.3.6   Selektive Filterung des Internets

Das zentrale Filtersystem der Volksrepublik China setzt an den sechs zentralen Backbone-Netzen an und bildet damit das Herzstück der Internetzensur. Zu diesem Zweck unterhält die politische Führung seit dem September 2002 mehrere Filterlisten mit zu blockierenden Inhalten, die sich auf den gesamten innerchinesischen Datenverkehr auswirken.[792] Damit betrifft die Filterung sowohl chinesische als auch ausländische Internetseiten. Das Filternetz ist damit gleichsam der zentrale Schirm, der die chinesischen Internetnutzer von politisch sensiblen Inhalten auf ausländischen Seiten fernhält. Insgesamt vier technische Ebenen lassen sich differenzieren.

Um die technische Funktionsweise der verschiedenen Filter besser zu verstehen, ist es aber zunächst notwendig, den in der Einführung bereits skizzierten Ablauf beim Aufrufen einer Internetseite noch einmal kurz in Erinnerung zu rufen: Möchte ein Internetnutzer eine bestimmte Seite aufrufen, so gibt er die URL dieser Seite in seinen Webbrowser ein. Der Browser sendet die Anfrage an einen Server des *Domain Name Systems* (DNS). Dieser Server, der üblicherweise vom jeweiligen Internetprovider betrieben wird, hat die Funkion, die „Anschrift" der gewünschten Internetseite in Form einer IP-Adresse zu ermitteln. War er dabei erfolgreich, wird die Anfrage mitsamt der korrekten IP-Adresse zurück zum Browser des Internetnutzers geleitet. Über die Netzwerk-Infrastruktur seines Providers kann der Browser nun gezielt die IP-Adresse des Internetservers anwählen, auf dem der Inhalt der

---

Vgl. Global Voices Advocacy (3.2.2010).
Vgl. Deibert/Palfrey/Rohozinski/Zittrain (Hrsg.) (2010): S. 459f.
Vgl. ROG (2010a): S. 9.
Vgl. Zheng (2008): S. 65.

gewünschten Internetseite gespeichert ist, und die Seite anzeigen. Diese Prozesse laufen im Hintergrund und vom Nutzer zumeist unbemerkt ab. Diese Funktionsweise ist deshalb bedeutsam, weil der Datenfluss an zwei Stellen die Infrastruktur des jeweiligen Internetproviders passiert: *erstens* bei der Zuordnung der URL zur IP-Adresse mit Hilfe des DNS-Servers und *zweitens* beim Abrufen der Seite über einen Router im Netzwerk des Providers. Diese Scharniere verbinden den Nutzer schließlich mit dem externen Internet. Es wurde bereits deutlich, dass das chinesische Zensursystem vor allem auf der Ebene der Backbone-Netze funktioniert und damit an den Knotenpunkten der Internetprovider ansetzt. Insofern wird die nachfolgende Untersuchung der technischen Filtermaßnahmen zeigen, dass vor allem an diesen beiden Punkten eine effektive Filterung des chinesischen Internets stattfinden kann.

3.3.6.1 TCP/IP-Schlagwortfilterung

Kern des chinesischen Filtersystems ist eine stetig aktualisierte Schlagwort-Datenbank mit politisch oder gesellschaftlich sensiblen Begriffen, die vom Informationsbüro des Staatsrats und der Propaganda-Abteilung der KPC gemeinsam betrieben wird. Diese Filterung des gesamten chinesischen Datenstroms mit Hilfe von Schlagwörtern ist auch als *TCP/IP-Filterung* bekannt. Daten werden, wie bereits skizziert, in Form von IP-Datenpaketen übertragen, die aus einem Kopf (*Header*) mit Adressat und Adresse des Pakets und einem Inhalt (*Body*), in dem die Daten wie etwa die Inhalte einer Internetseite gespeichert werden, bestehen. Die Zensurtechnik der TCP/IP-Filterung[793] beschreibt also eine Unterbrechung der Übertragung, wenn die Router des Netzwerks im Kopf eines Datenpaket z.B. Begriffe finden, die in der zentralen Zensurdatenbank hinterlegt sind.[794] Das können vor allem Begriffe sein, die in der URL der abgerufenen Seite enthalten wird, denn die URL ist im Kopf jedes Datenpakets angegeben. Die Filteralgorithmen in den Routern können in solchen Fällen darauf programmiert werden, die Datenübertragung zu verweigern. Das führt dazu, dass mit indizierten Schlagworten verbundene chinesische oder ausländische Internetseiten für chinesische Internetnutzer nicht erreichbar sind, wenn diese Seiten markierte Schlüsselbegriffe enthalten. Einiges deutet darauf hin, dass sich diese Form der Zensur derzeit noch nur auf die URL der gewünschten Seite bezieht, die sich im Kopf eines Datenpakets befindet, und noch nicht auf den kompletten Inhalt des Datenpakets.[795] Es wird unter Beobachtern aber heftig diskutiert, wie groß die

---

[793] Vgl. ONI (2009): S. 12.
[794] Vgl. Zittrain/Edelman (2002).
[795] Diese These vertreten z.B. Zittrain/Edelman (2002) und Faris/Villeneuve (2008).

Tiefe der Datenauswertung im chinesischen Zensursystem tatsächlich ist. Eine tiefe
Analyse der Datenpakete einschließlich des *bodys* ist als *Deep Packet Inspection* (DPI)
bekannt und würde die Geschwindigkeit des Internets spürbar verlangsamen.
Ferner wäre eine DPI-basierte Filterung nur mit einem enormen technischen
Aufwand zu lösen.[796] Die Frage des Einsatzes von DPI in China wird im Rahmen
der möglichen Policy-Optionen in Kapitel aber noch weiter diskutiert.

3.3.6.2   IP- und Port-Filter

Im Zusammenhang mit der empirischen Untersuchung von Jonathan Zittrain und
Benjamin Edelman ist ein weiterer Aspekt bedeutsam. Die beiden Forscher verglichen die Erreichbarkeit jener Internetseiten, die in den Suchergebnislisten zu politisch sensiblen Suchbegriffen genannt wurden. Die Tatsache, dass die ersten 10
Suchergebnisse durchweg deutlich stärker von Zensur betroffen waren als die ersten 100, lässt den Schluss zu, dass die politische Führung die jeweils besonders gut
verlinkten (und daher in der Rangfolge weit oben angezeigten) Seiten intensiver
überwacht.[797] Das kann gleichwohl auch als Indiz dafür gewertet werden, dass neben der allgemeinen Schlagwort-Filterung einzelne Seiten gezielt für den Zugriff
von China aus gesperrt werden.

Erstens kann die Regierung Internetseiten sperren, indem sie deren IP-
Adressen in einer Filter-Datenbank speichert.[798] Die *OpenNet Initiative* berichtet von
einer Liste, die auf allen chinesischen Backbone-Servern hinterlegt ist und etwa 300
blockierte IP-Adressen umfasst.[799] Damit gelingt es dem Internetbrowser zwar,
über den DNS-Server die IP-Adresse der gewünschten Seite zu ermitteln – der
Versuch, die Seite anschließend aufzurufen, scheitert aber. Das ist möglich, weil die
IP-Adresse der zu blockierenden Seite ebenso wie die URL im Kopf jedes IP-
Datenpakets vorhanden ist, um Absender und Empfänger der Daten zuzuordnen.[800] Im Internetbrowser des Nutzers erscheint dann meistens eine Fehlermeldung, dass die Seite nicht erreichbar ist.[801] Diese Filtertechnik hat aber den Nachteil, dass die Zensur sich unter Umständen auf mehrere Dienste als bloß auf die
intendierte Internetseite erstreckt. Denn die Blockierung der IP-Adresse des betroffenen Servers führt dazu, dass alle Datenströme von dieser Adresse aus unterbrochen werden, also auch andere Dienste des Servers nicht mehr funktionieren

---

[796] Vgl. Murdoch/Anderson (2010): S.59
[797] Vgl. Zittrain/Edelman (2002).
[798] Vgl. ebd. sowie Murdoch/Anderson (2010): S. 59.
[799] Vgl. Deibert/Palfrey/Rohozinski/Zittrain (Hrsg.) (2008): S. 267.
[800] Vgl. Faris/Villeneuve (2008): S.13f.; Murdoch/Anderson (2010): S. 59.
[801] Siehe Beispiel, Abb. 27–28, S. 224f.

können.[802] Dieses Szenario konnten Zittrain und Edelman 2002 bei mehreren chinesischen Internetseiten nachweisen.[803] Mehr noch: Für die beiden Forscher war die Blockierung einzelner Internetseiten durch die Sperrung ihrer IP-Adresse die am weitesten verbreitete Filtertechnik in China und gleichsam diejenige, die am schwersten umgangen werden kann.[804]

Zweitens können die bestehenden IP-Sperren um eine zusätzliche Sperrung definierter *Ports* ergänzt werden. Ein Port dient auf der Basis des TCP-Transportprotokolls der Strukturierung des Datenflusses; der Aufruf von Internetseiten nutzt einen anderen Port als etwa die Übermittlung von E-Mails.[805] Da die Nummer des betreffenden *Ports* ebenfalls im Kopf eines jeden Datenpakets enthalten ist, können die Router der Internetprovider auch darauf programmiert werden, etwa den für Internetseiten üblichen Port Nummer 80 zu sperren.[806] Wird neben der IP-Adresse auch der Port zur Zensur definiert, ist eine deutlich differenziertere Filterung möglich. Denn während das komplette Sperren einer IP auch etwa dazu führt, dass keine E-Mail-Dienste über den betroffenen Server mehr ausgeführt werden können, so erlaubt es die zusätzliche Definition von blockierten Ports, dass beispielsweise nur die Internetseite, nicht aber der E-Mail-Dienst unterbrochen wird.[807] Insbesondere bei der Kontrolle von interaktiven Inhalten des Web 2.0 erweist sich die Kontrolle durch die Sperrung einzelner Ports als besonders effizient.[808]

3.3.6.3 DNS-Verfälschung

Darüber hinaus kann die Zensur auf der Ebene des DNS-Serversystems umgesetzt werden, das sich im Netzwerk des betroffenen Internetproviders befindet. Es wurde bereits deutlich, dass der DNS-Server die Funktion hat, die angefragte URL mit der passenden IP-Adresse zu verbinden. Werden die Router des Internetproviders mit einer Liste zu blockierender URLs programmiert, zeigt der DNS-Server dem Internetnutzer eine Fehlermeldung beim Aufrufen der Internetseite an.[809] Diese Art der Zensur wird auch als *DNS-Verfälschung* bezeichnet.[810] Daneben gibt es zur

---

[802] Vgl. Murdoch/Anderson (2010): S. 59.
[803] Vgl. Zittrain/Edelman (2002).
[804] Vgl. Zittrain/Edelman (2002).
[805] Vgl. Murdoch/Anderson (2010): S. 59.
[806] Vgl. ebd.
[807] Vgl. ebd.
[808] Vgl. Chase/Mulvenon/Hachigian (2006): S. 91. Viele P2P-Netzwerke nutzen eigene Ports, daher ist eine zielgerichtete Sperrung relativ einfach möglich. Beispiele sind die P2P-Netzwerke *Napster* (Port 6699), *Gnutella* (Port 6346) und *Kazaa* (Port 1214).
[809] Vgl. Murdoch/Anderson (2010): S. 60f.; Fallows (2008): S. 66.
[810] Vgl. Faris/Villeneuve (2008): S. 14f.

Zensur auswärtiger Internetseiten noch die Möglichkeit, dass die IP-Adresse eines weiteren relevanten DNS-Servers, der sich außerhalb Chinas befindet, gesperrt wird.[811] Diese alternative Filtertechnik ist technisch der IP-Filterung zuzuordnen, richtet sich aber inhaltlich an den DNS-Server und stellt damit eine Kombination zweier Filtertechniken dar. Zittrain und Edelman konnten in ihrer empirischen Studie zur Internetzensur in China nachweisen, dass über 1000 der untersuchten Seiten nicht erreichbar waren, weil die Weiterleitung des DNS-Servers manipuliert wurde.[812] Allerdings ist die zweite Form der DNS-Filterung leicht zu umgehen, sofern nicht zusätzlich der Server indiziert wurde, auf dem die Internetseite gespeichert ist:[813] Wird eine Internetseite beispielsweise nur auf der Grundlage ihrer URL gesperrt – d.h. die Zuordnung zwischen URL und IP-Adresse wurde manipuliert oder gelöscht –, so kann die gewünschte Seite durch eine Direkteingabe der IP im Webbrowser doch noch erreicht werden.[814] Erst wenn zusätzlich die IP blockiert wurde, ist ein einfacher Zugriff ohne technische Hilfsmittel nicht mehr möglich. Es gilt als gesichert, dass das chinesische Zensursystem auf einer Kombination beider zuvor untersuchten Filtertechniken beruht. Das bestätigen unter anderem ein Bericht der *OpenNet Initiative*[815] und die empirische Studie der Harvard-Forscher Zittrain und Edelman.

3.3.6.4   Sperren des Computers

In seltenen Fällen wird berichtet, dass entweder der Internetbrowser oder der gesamte Computer nach dem Versuch, eine blockierte Seite aufzurufen, „eingefroren" ist.[816] In der Regel behebt ein Neustart des Computers die Blockade, allerdings ist es möglich, dass das Internet erst weitere zwei bis drei Minuten später wieder funktioniert.[817] Die Juristin Trina Kissel erkennt darüber hinaus eine graduelle Differenzierung dieser Sperren: Ihr zufolge würde die gezielte Suche nach verbotenen Schlüsselbegriffen den Internetbrowser zunächst für kurze Zeit sperren. Ferner würde die Sperrung auf den gesamten Computer ausgedehnt, wenn der Nutzer danach weiterhin nach sensiblen Begriffen im Internet suchen würde.[818] Allerdings ist das Phänomen technisch bislang nicht erforscht, folglich gibt es über

---

[811] Vgl. Zittrain/Edelman (2002).

[812] Vgl. Zittrain/Edelman (2002).

[813] Vgl. ebd.

[814] Vgl. ONI Blog (25.4.2006). Die *OpenNet Initiative* nennt beispielsweise sechs IP-Adressen, über die die damals von China aus blockierte internationale Suchmaschine *google.com* doch erreicht werden konnte.

[815] Vgl. Deibert/Palfrey/Rohozinski/Zittrain (Hrsg.) (2008): S. 267.

[816] Persönliches Gespräch mit Kristin Kupfer.

[817] Siehe ebd.

[818] Vgl. Kissel (2007): S. 249.

die genaue Funktionsweise dieser offenbar durch das Netzwerk generierten Sperren keine Hintergründe.

3.3.7   Kontrolle des Web 2.0

Mit seinen interaktiven Diensten bildet das Web 2.0 den Kern des Internets als Kommunikationsmedium: Foren, Weblogs und Instant Messaging ermöglichen es den chinesischen Internetnutzern, sich auf vielfältigen Kanälen auszutauschen. Eine erste Einschränkung der Kommunikationsmöglichkeiten wurde bereits diskutiert: Die von allen großen chinesischen Internetportalen verlangte Registrierung der Nutzer mit deren Klarnamen ermöglicht der Regierung eine Zuordnungsmöglichkeit vermeintlich anonym veröffentlichter Kommentare zu ihren Autoren. Doch die Regulierung des Web 2.0 in China ist nicht auf diese Form der Zugangskontrolle beschränkt. Sie erstreckt sich vielmehr auf zwei weitere Techniken: Zensur und Manipulation.

Die Zensur von Web-2.0-Inhalten im chinesischen Internet findet in doppelter Hinsicht statt. Auf der einen Seite sind viele internationale Angebote wie etwa der Mikroblogdienst *Twitter* oder das soziale Netzwerk *Facebook* in China blockiert[819] Auf der anderen Seite muss die Kontrolle chinesischer Internet-Angebote im Zusammenhang mit dem Bemühen der Regierung verstanden werden, die Umsetzung der Zensur zu dezentralisieren. Sie macht die Betreiber von sozialen Netzwerken zu Agenten der Zensur. In der Praxis findet diese Selbstzensur durch die Verwendung eigener Schlagwortfilter auf den Servern der Unternehmen statt. Auch ausländische Internetkonzerne mit Angeboten in China beteiligen sich nachweisbar daran.

Es wurde beispielsweise bekannt, dass innerhalb der Software des größten chinesischen IM-Anbieter *QQ* eine eigene Liste mit 987 blockierten Schlagwörtern integriert ist.[820] Damit erschwert das Unternehmen es seinen Nutzern, sich beispielsweise über politisch brisante Themen auszutauschen, auch wenn diese Konversationen nur zwischen zwei Nutzern stattfinden und damit privater Natur sind. Die Forscher der *OpenNet Initiative* gehen zudem davon aus, dass es die chinesischen IM-Anbieter der Regierung ermöglichen, einzelne Unterhaltungen ihrer Kunden mitzulesen, sofern darin brisante Begriffe verwendet werden.[821] Diese

---

[819] Das bestätigen eigene Recherchen in China sowie ROG Blog (3.9.2010).
[820] Vgl. ONI (2005): S. 47; Deibert/Palfrey/Rohozinski/Zittrain (Hrsg.) (2010): S. 465.
[821] Vgl. Deibert/Palfrey/Rohozinski/Zittrain (Hrsg.) (2010): S. 465.

Praxis der Zensur ist bei den großen chinesischen Weblog-Anbietern ebenfalls nachgewiesen worden.[822]

Bisweilen werden die automatischen Filter noch um eine manuelle Überwachungsinstanz ergänzt: Das Diskussionsforum der *Volkszeitung*, *Starkes Land*, betreibt seit mehreren Jahren eine intensive Moderation aller abgegebenen Kommentare. Das bedeutet, dass einer der bei der *Volkszeitung* beschäftigten Internetredakteure jeden Eintrag zunächst liest, ehe dieser im Forum erscheint.[823] Über die Quote der nicht freigegebenen Kommentare gibt es unterschiedliche Angaben, sie schwanken zwischen etwa einem Viertel und 70 Prozent.[824] Nach einem Bericht der *Global Voices Advocacy* vom Oktober 2010 wird in den Internetforen der Suchmaschine *Baidu – Baidu Tieba* – täglich etwa eine Million Beiträge gelöscht.[825] Und Zhou Yonming berichtet, dass am Tag der Amtseinführung des damaligen taiwanesischen Präsidenten Chen Shui-bian am 20. Mai 2000 über 12.000 Kommentare im Forum *Starkes Land* zu diesem Thema abgegeben wurden – jeder vierte Kommentar sei aber durch die Redakteure getilgt worden.[826] In einer eigenen Testreihe hatten die Mitarbeiter von *Reporter ohne Grenzen* zudem verschiedene jeweils identische Nachrichten zu politisch sensiblen Themen auf mehreren chinesischen Internetportalen veröffentlicht und beobachtet, ob – und wenn ja, nach wie vielen Minuten – der Beitrag wieder gelöscht wurde. Bei den nachträglich gelöschten Beiträgen reagierte das Nachrichtenportal *Sina* sowohl am schnellsten als auch am langsamsten – die Spanne lag zwischen einer Minute und 2:20 Stunden nach der Veröffentlichung des jeweiligen Beitrags.[827] Das zeigt, dass die Moderation von Internetforen sehr stark von den jeweiligen Redakteuren abhängig ist, die das Diskussionsgeschehen zum jeweiligen Zeitpunkt beobachten.

Auch die Speicherung von Konversations-Protokollen bei Web-2.0-Anwendungen lässt sich als Instrumentarium der Zensur einordnen, da private Kontakte auf diesem Wege potenziell für die Regierung zugänglich gemacht werden. Als Beispiel ist die chinesische Ausgabe des amerikanischen Internettelefonie- und Chat-Dienstes *Skype*, *TOM-Skype*, zu nennen. Eine im Jahr 2007 von Hackern entschlüsselte Datei zeigte: Das Unternehmen speicherte über eine Million Verbindungsdaten seiner Kunden in sieben verschiedenen Listen, einschließlich deren IP-Adressen und Benutzernamen.[828] Außerdem wurden 166.000 zensierte Nachrichten von 44.000 verschiedenen Nutzern entdeckt.[829]

---

[822] Vgl. Zittrain/Palfrey (2008a): S. 48/52.
[823] Vgl. Zhou (2006): S. 150.
[824] Vgl. ROG (2003).
[825] Global Voices Advocacy (14.10.2010).
[826] Vgl. Zhou (2006): S. 151.
[827] Vgl. ROG (2003).
[828] Vgl. Deibert/Palfrey/Rohozinski/Zittrain (Hrsg.) (2010): S. 465; Petley (2009): S. 108.
[829] Vgl. Electronic Frontier Foundation (2.10.2008).

In besonders gravierenden Fällen ist es auch möglich, dass die Betreiber der jeweiligen Angebote entweder einzelne Beiträge wie z.B. Weblogs oder gleich den gesamten Account des Nutzers löschen.[830] Besonders deutlich wurde das im Fall des zwischenzeitlich festgenommenen chinesischen Intellektuellen Ai Weiwei, der sich Berichten zufolge mehrmals erfolglos um einen Account bei einem chinesischen Mikrobloganbieter bemühte.[831]

Darüber hinaus blockiert die politische Führung gezielt ausländische Web-2.0-Internetangebote, die in ihren Augen gefährlich sind. Da diese im Ausland registriert sind, ist es ist der chinesischen Regierung nicht möglich, die Betreiber zur Kooperation zu verpflichten oder sie zur Selbstzensur zu bewegen, wie es bei chinesischen Unternehmen häufig der Fall ist. Bemerkenswert ist, dass viele ausländische Web-2.0-Angebote gleichzeitig gesperrt wurden. Anfang Juni 2009 waren der Mikroblogdienst *Twitter*, die Videoplattform *YouTube* und das Online-Fotoalbum *Flickr* plötzlich nicht mehr von China aus erreichbar.[832] *Die Zeit* berichtete in ihrer Online-Ausgabe am 2. Juni 2009 von einem „Web 0.0 in China"[833]; ein Zusammenhang mit dem 20. Jahrestag des Massakers auf dem Tiananmen-Platz in Peking wurde von mehreren Medien gezogen[834] und er erscheint angesichts der zu erwartenden Brisanz des Ereignisses als durchaus plausibel. Recherchen des Nachrichtenmagazins *Spiegel Online* bestätigen das: Neben einer umfangreichen Zensur des Internets, die sich etwa auf soziale Netzwerke, Weblogs und Internetportale erstreckte, berichtet das Magazin auch von einer Behinderung ausländischer Fernsehjournalisten, die Bilder vom Tiananmenplatz machen wollten. Dem Bericht zufolge hätten chinesische Polizisten den Kameras mit großen Schirmen die Sicht auf den Platz versperrt, selbst wenn sich Reporter und Kamerateam in einiger Entfernung dazu befunden hätten.[835]

Eigene Recherchen belegten zudem, dass das soziale Netzwerk *Facebook* sowie *Twitter* und *YouTube* von China auch Monate später nicht erreichbar waren. Partiell blockiert ist sowohl die englische- als auch die chinesische Version des Internetlexikons *Wikipedia*, wie Jonathan Zittrain und John Palfrey berichten.[836] Vor allem Mikroblogdienste stehen derzeit im Zentrum der Zensurbemühungen: In einer Untersuchung bescheinigt die Chinesische Akademie für Sozialwissenschaften ihnen die Fähigkeit, soziale Beziehungen zu reorganisieren – damit, so die Forscher, seien sie im Hinblick auf die gegenwärtige chinesische Sozialstruktur potenziell

---

[830] Persönliches Gespräch mit Kristin Kupfer.
[831] Ebd.
[832] Vgl. Zeit Online (2.6.2009); Global Voices Advocacy (14.10.2009).
[833] Zeit Online (2.6.2009).
[834] Vgl. Reuters (2.6.2010); Tagesschau Online (12.6.2009) sowie Human Rights Watch (13.5.2009).
[835] Vgl. Spiegel Online (4.6.2009).
[836] Vgl. Zittrain/Palfrey (2008a): S. 29.

subversiv.[837] Zeitgleich berichteten mehrere Nutzer chinesischer Mikroblogs – die jedes große Internetportal anbietet – eine Einschränkung in der Funktionalität. Beispielsweise sei der Mikroblogdienst des chinesischen Portals *163* für mehrere Tage nicht erreichbar gewesen.[838]

Darüber hinaus geht China auch gegen Peer-to-Peer-Netzwerke (P2P) vor. Ein vor allem von Überseechinesen und Dissidenten häufig genutztes soziales Netzwerk ist der P2P-Dienst *Triangle Boy*. Mit der Software, die das amerikanische Unternehmen *SafeWeb* entwickelte, war es sowohl möglich, Dateien zwischen den Nutzern auszutauschen, als auch gesperrte Internetseiten aufzurufen. Schätzungen zufolge konnten chinesische Nutzer damit bis zu 300.000 blockierte Internetseiten pro Tag aufrufen.[839] Durch die gezielte Blockierung einzelner IP-Adressen reduzierte sich die Zahl der chinesischen Nutzer binnen weniger Monate um 80 Prozent.[840] Allerdings zeigt die Zahl, dass es trotz intensiver Zensurbemühungen nach wie vor jedem fünften Nutzer gelang, alle Sperren zu umgehen und die Software weiterhin zu benutzen.

Mit der Manipulation von Web-2.0-Inhalten erweitert die Regierung ihr Instrumentarium zur Beeinflussung des interaktiven Netzes um eine weitere Technik, deren Anwendung allerdings deutlich subtiler ist und von den chinesischen Internetnutzern nur schwer wahrgenommen werden kann. Um das Jahr 2005 begann die chinesische Regierung angeblich damit, regimetreue Internetnutzer damit zu beauftragen, in Internetforen und in Kommentarspalten unter Online-Artikeln regierungsfreundliche Kommentare zu verfassen.[841] Der *OpenNet Initiative* zufolge sei der Ursprung dieser Propaganda-Technik an der Universität in Nanjing zu verorten. Dort sollen erstmals Studenten angeworben worden sein, um die Regierung im Web 2.0 ins rechte Licht zu rücken.[842] In einer Rede zum Internet, die Staatspräsident Hu Jintao 2007 hielt, sagte er, es sei notwendig, „die Oberhand über die öffentliche Meinung im Internet zu gewinnen" und dass die KPC das Internet nicht nur kontrollieren, sondern auch für ihre Interessen nutzen müsse.[843]

Diese im Auftrag der politischen Führung agierenden Internetnutzer werden als „Internetkommentatoren" oder auch als „50-Cent-Partei", bzw. „50-Cent-Armee" bezeichnet, da sie dem Vernehmen nach für jeden regierungsfreundlichen Kommentar mit einem kleinen Betrag von etwa einem halben Renminbi-Yuan (fünf Mao, daher die chinesische Bezeichnung *wu mao dang*) entlohnt werden.[844]

---

[837] Zitiert nach Global Voices Advocacy (15.7.2010).

[838] Vgl. Global Voices Advocacy (15.7.2010).

[839] Vgl. Chase/Mulvenon/Hachigian (2006): S. 73.

[840] Vgl. ebd.

[841] Vgl. Yang (2009): S.50f.; Bandurski (2008): S. 41.

[842] Vgl. Deibert/Palfrey/Rohozinski/Zittrain (Hrsg.) (2010): S. 455.

[843] Eigene Übersetzung eines englischen Zitats in Bandurski (2008): S. 42.

[844] Yang (2009): S. 50.

Nach Yang Guobin ist es primär die Aufgabe dieser Kommentatoren, kritische Debatten in eine für die Regierung positive Richtung zu lenken.[845] Auftraggeber sind möglicherweise die lokalen Büros für öffentliche Sicherheit.[846] Wenn mehrere dieser Autoren in der Diskussion eine bestimmte – hier: regierungsfreundliche – Position verträten, so die offensichtliche Hoffnung der politischen Führung, würde das den Verlauf der Debatte zu ihren Gunsten beeinflussen. Diese Funktionslogik basiert auf den sozialwissenschaftlichen Ergebnissen zum inhaltlichen *Framing*[847] einer öffentlichen Debatte und macht sich den in der Psychologie vielfach untersuchten *Halo-Effekt*[848] zur Meinungsbildung zunutze. Insbesondere wenig versierte Internetnutzer ließen sich von den gefärbten Kommentaren beeinflussen, sagt Kristin Kupfer, kritische Internetnutzer würden den Hintergrund der Beiträge meist schnell durchschauen.[849] Nach Angaben der *OpenNet Initiative* beläuft sich die Zahl der regierungsfreundlichen Kommentatoren auf etwa 280.000.[850] Allerdings gibt die Organisation nur Schätzungen wieder, eine belastbare Information ist diese Zahl nicht. Kristin Kupfer berichtet von kursierenden Informationen, die die Zahl der Kommentatoren auf 10.000 bis 50.000 beziffern.[851] Es wird angenommen, dass Mitglieder der „50-Cent-Armee" insbesondere bei politisch brisanten Themen eingesetzt werden. Als prominentes Beispiel wird etwa der erste Online-Chat des chinesischen Staatspräsidenten Hu Jintao am 20. Juni 2008 im politischen Internetforum *Starkes Land*, genannt.[852] Es wird sogar berichtet, dass es für die großen Internetportale obligatorisch sei, ein Team dieser Kommentatoren in ihre Redaktionsstruktur fest einzubinden.[853] Dabei würden sich die Kommentatoren mit regulären Pseudonymen anmelden wie andere Internetnutzer auch.[854]

---

[845] Vgl. Yang (2009): S. 51.

[846] Persönliches Gespräch mit Kristin Kupfer.

[847] *Framing* kann als der Versuch verstanden werden, einer öffentlichen Diskussion eine bestimmte Perspektive oder ein determiniertes Schema vorzuschalten, in dessen Rahmen die Debatte geführt wird. Häufig wird der Begriff des Framings auf die mediale Vermittlung politischer Ereignisse angewendet, um den Einfluss der Massenmedien auf die Wahrnehmung dieser Ereignisse zu untersuchen, vgl. ausführlich Scheufele (2003): S. 13f.

[848] Den *Halo-Effekt* definieren Uwe Gehring und Cornelia Weins im Zusammenhang mit sozialwissenschaftlichen Forschungsmethoden als „unerwünschte Ausstrahlung einer Frage auf die nachfolgende Frage", vgl. Gehring/Weins (2004): S.69. Im Hinblick auf den zu steuernden Verlauf einer Debatte wäre der *Halo-Effekt* also als *erwünschte Ausstrahlung einer Aussage auf eine andere* zu verstehen.

[849] Persönliches Gespräch mit Kristin Kupfer.

[850] Vgl. Deibert/Palfrey/Rohozinski/Zittrain (Hrsg.) (2010): S. 413.

[851] Persönliches Gespräch mit Kristin Kupfer.

[852] Vgl. Deibert/Palfrey/Rohozinski/Zittrain (Hrsg.) (2010): S. 412f.

[853] Vgl. ebd., 455.

[854] Vgl. Yang (2009): S. 51.

3.3.8   Soziale Einflussfaktoren: Psychologischer Druck und Festnahmen

Die chinesische Regierung übt auf mehreren Ebenen auch psychologischen Druck auf die chinesischen Internetnutzer aus. Die Pflicht zur polizeilichen Registrierung jedes Internetnutzers im Rahmen der Zugangskontrolle lässt sich bereits als Teil dieses psychologischen Ansatzes interpretieren, ebenso das bereits skizzierte Verfahren einer fotografischen Erfassung aller Internetseiten-Betreiber durch staatliche Büros, die von den Betroffenen als vergleichbar mit einer erkennungsdienstlichen Behandlung durch Polizeikräfte beschrieben wurde. Auch unangekündigte Kontrollbesuche der Polizei – die vom Amt für Staatssicherheit im Ministerium für öffentliche Sicherheit koordiniert werden[855] – bei auffälligen Regimegegnern gehören dazu.[856] Ferner darf auch die Pflicht zur Registrierung mit Klarnamen auf diversen chinesischen Internetseiten in diesem Zusammenhang nicht vergessen werden.

Dazu tritt die Verwendung zweier Comic-Internetpolizisten, „Jingjing" und „Chacha",[857] die auf mehreren Internetseiten unvermittelt auftauchen und die Besucher darauf hinweisen, dass ihr Surfverhalten überwacht würde und dass sie sich deshalb den Regeln entsprechend verhalten sollten.[858] Unter anderem waren die mahnenden Figuren auch auf den Internetseiten des größten chinesischen IM-Dienstes *QQ* zu sehen.[859]

Der Einsatz zweier Comic-Polizisten, entwickelt von der lokalen Regierung der Stadt Shenzhen,[860] mag auf den ersten Blick marginal erscheinen im Vergleich zur Verwendung von Filteralgorithmen und Schlagwortlisten. Sie leisten aber genauso wie die zuvor genannten Kontrollinstrumente einen Beitrag zu einem umfangreichen Überwachungssystem. Zwar zeigen sich viele Internetnutzer nur in ihrem Surfverhalten durch die Figuren gestört,[861] gleichwohl tragen sie zu einem Gefühl dauerhafter Überwachung bei und fördern möglicherweise Selbstzensur.[862] Adam Kushner, Autor des amerikanischen Nachrichtenmagazins *Newsweek*, prägte für diese Art der Druckausübung den Begriff „Repression 2.0".[863] Er beschreibt diesen als Versuch totalitärer Staaten wie Chinas, „to control citizens by creating the impression of ubiquitous surveillance (...) In the latest twist on Internet repression, governments don't just censor, they scare."[864] Neben den chinesischen Co-

---

[855] Persönliches Gespräch mit Kristin Kupfer.

[856] Ebd. Sowie persönliches Gespräch mit Frank Sieren.

[857] Vgl. FAZ.NET (17.4.2007); siehe Abb. 27, S. 163.

[858] Vgl. Murdoch/Anderson (2008): S. 65.

[859] Vgl. Der Spiegel (2008): S. 184.

[860] Vgl. Harwit (2008): S. 97.

[861] Persönliches Gespräch mit Kristin Kupfer.

[862] Vgl. Wang X. (2009): S. 117.

[863] Newsweek Online (5.4.2008).

[864] Ebd.

mic-Polizisten nennt Kushner ein weiteres Beispiel aus China: Nach den Protesten in der autonomen Region Tibet habe die dortige Regierung eine Massen-SMS an alle Mobiltelefonbesitzer in Tibet verschickt mit der Aufforderung, das Gesetz zu achten und den Regeln zu folgen – unabhängig davon, ob die betreffenden Nutzer unter einem konkreten Verdacht stünden, gegen die Gesetze zu handeln.[865] Für Kushner trägt auch die vermehrte Pflicht zur persönlichen Registrierung bei zahlreichen Internetdiensten dazu bei, dieses Gefühl unablässiger staatlicher Überwachung zu erzeugen.[866] Indem er dieser Taktik das Etikett „Repression 2.0" zuteilt, setzt er eine Entwicklung der Zensurpraktiken voraus. „Repression 1.0", die Vorgängertechnik, identifiziert Kushner demnach als klassische Zensur; die neue Form hingegen als Einschüchterung.[867]

Die öffentlichkeitswirksame Verhaftung und oftmals besonders strenge Verurteilung von Webdissidenten tragen ferner dazu bei, Internetnutzer unter sozialen Druck zu setzen, indem ihnen die möglichen Konsequenzen eines „Fehlverhaltens" im Internet vor Augen geführt werden. Zheng Yongnian bemerkt, dass eine zunehmende Zahl von „Internet arrests" auf der einen Seite als Indikator für eine striktere Kontrolle des Internetsektors gelten kann und dass sie andererseits auch einen stetig steigenden Internetaktivismus hindeutet.[868] Nach Angaben von *Reporter ohne Grenzen* waren im Mai 2011 in China 77 Internetdissidenten in Haft, davon kamen alleine in den ersten neun Monaten des Jahres 2010 sechs hinzu.[869] Darüber hinaus seien allein neun Internetdissidenten im Vorfeld der Olympiade in Peking 2008 verhaftet worden, damit sie während des weltweit wahrgenommenen Spektakels nicht in Erscheinung treten könnten.[870] Damit wird deutlich, wie intensiv die Regierung das Instrument der Inhaftierung nutzt. Aus Angst vor Verhaftung und Verurteilung betreiben viele Internetnutzer eine strikte Selbstzensur.[871] Damit sind auch Festnahmen und Verurteilungen als wirksame Instrumente der politischen

---

[865] Vgl. Newsweek Online (5.4.2008).

[866] Vgl. ebd.

[867] Vgl. ebd.

[868] Vgl. Zheng (2008): S. 41

[869] Stand: 17. September 2010. Aktuelle Zahlen sind auf der Internetseite von *Reporter ohne Grenzen* abrufbar: http://en.rsf.org/press-freedom-barometer-netizens-imprisoned.html?annee=2010. Darüber hinaus hat auch die Organisation *Amnesty International* die Zahl der Internetverhaftungen in China zwischen 1999 und 2003 zusammengetragen. Die Anzahl der pro Jahr neu verhafteten Internetdissidenten schwankt stark zwischen 5 (1999) und 25 (2001), vgl. Zheng (2008): S.67; Greene (2009): S. 23. ROG (2010a): S. 9 berichtet von 5000 Personen, die im Zusammenhang mit einer Anti-Online-Pornografie-Kampagne Ende 2009 verhaftet worden seien. Vgl. darüber hinaus weitere Aktionen gegen Pornografie gemäß People's Daily Online (24.7.2010); People's Daily Online (16.7.2010); China Daily Online (20.6.2009); Xinhua (25.3.2010).

[870] Vgl. ROG (2009b).

[871] Vgl. Kissel (2007): S. 243; Chung (2008): S. 737.

Führung zu bewerten, die chinesischen Internetnutzer zu kontrollieren und die Zensurbemühungen durch sozialen Druck zu verteilen. Drei Beispiele belegen das.

Der Fall Liu Di: Am 7. November 2002 – einen Tag vor Beginn des XVI. Parteitags der KPC – verhafteten Polizisten die damals 22 Jahre alte Liu Di in Peking, die als Psychologie-Studenten in der Pekinger Universität eingeschrieben war.[872] Die Polizisten nahmen sie in ihrer Wohnung fest, die sie sich mit ihrer 80-jährigen Großmutter teilte.[873] In der Zeit zuvor hatte sich Liu an mehreren Diskussionen in Internetforen beteiligt und sich mit anderen Studenten in einem eigenen Online-Chat ausgetauscht.[874] Im Jahr 2001 startete Liu ein eigenes Internetforum unter dem Namen „A Life Likes Fire", nachdem das von ihr bis dahin frequentierte Diskussionsforum von den Behörden geschlossen worden war.[875] Darüber hinaus machte sich Liu im chinesischen Diskussionsforum *Xici* unter ihrem Pseudonym „Stainless Steel Mouse" einen Namen als scharfzüngiges Mitglied und Wortführerin einer lebendigen Internetgemeinschaft.[876]

Inhaltlich trat Liu im Internet in Erscheinung, als sie die Festnahme des regierungskritischen Bloggers Huang Qi[877] etwa zwei Jahre vor ihrer Verhaftung scharf kritisierte. Huang veröffentlichte in den Jahren 1999 und 2000 mehrere kritische Artikel zum Tiananmen-Massaker 1989 auf seiner eigenen Internetseite *Tian wang*.[878] Er wurde am 3. Juni 2000 verhaftet und erst etwa drei Jahre später, am 9. Mai 2003, von einem Gericht verurteilt.[879] Liu Di forderte zur Solidarität mit dem inhaftierten Internetaktivisten auf, ferner sollten sich andere Internetnutzer den strikten Internetregularien widersetzen und „reaktionäre" Ideen verbreiten.[880] Darüber hinaus kritisierte Liu den hohen Einfluss der KPC auf die chinesische Gesellschaft sowie die von der Partei befohlene Zensur des Internets. Nach der Festnahme von Liu bezichtigte das Pekinger Büro für Staatsgeheimnisse die Studentin, durch ihre Veröffentlichungen im Internet die Sicherheit des Staates unterminiert zu haben.[881] In der Folge wurde die Großmutter Lius, Zhang Heng, nach eigener Aussage sowohl über den Aufenthaltsort ihrer Enkelin als auch über den genauen Inhalt der Anschuldigung nicht informiert.[882] Darüber hinaus sagte Zhang dem deutschen Internetmagazin *Heise*, die Behörden hätten ihr bloß mitge-

---

[872] Vgl. Zheng (2008): S. 125f.
[873] Vgl. ebd.
[874] Vgl. Tai (2006): S. 102; Zheng (2008): S. 125f.; Goldsmith/Wu (2006): S. 87f.
[875] Vgl. Zheng (2008): S. 125.
[876] Vgl. ebd.
[877] Vgl. Tai (2006): S. 102.
[878] Vgl. Zheng (2008): S. 126.
[879] Vgl. ebd.
[880] Vgl. ebd.
[881] Vgl. ebd.
[882] Vgl. Heise Online (12.12.2002).

teilt, dass Liu „Kontakt zu einer illegalen Organisation" habe und die derzeit lau-
fende Untersuchung geheim sei.[883] Die Festnahme wurde alsbald im Internet bekannt, da Liu dort in ein großes Netzwerk an befreundeten Aktivisten eingebunden
war. Die Neugikeit über ihre Verhaftung führte sogleich zu heftigen Reaktionen,
wie Zheng Yongnian zusammenfasst:

> „The arrest of Liu immediately generated unusual responses in cyberspace. Soon after the
> news of her arrest spread through the online forums where Liu had been a regular, her virtual
> network of friends sprung into action, launching a global movement for her release. One web
> site was set up in Malaysia to post updates about her situation, articles she had written, and a
> petition demanding her release. The petition included thousands of signatures, many of which
> were individuals inside China (...). Prominent Beijing academics, including Yu Jie and Liu
> Xiaobo, took up the cause and wrote essays supporting Liu."[884]

Anlässlich Lius 23. Geburtstag im Oktober 2003 starteten ihre Internet-
Unterstützer einen abermaligen Protest in diversen Internetforen und Weblogs, der
etwa einen Monat lang anhielt.[885] Erst im November 2003, ein Jahr nach ihrer
Festnahme, wurde Liu wieder freigelassen. Ein Gerichtsverfahren hat es nicht gegeben. Allerdings soll sie unter steter Überwachung gestanden haben, und es sei ihr
verboten worden, mit ausländischen Journalisten zu sprechen oder Peking zu ver-
lassen.[886] Zheng Yongnian führt die Entscheidung, die unter dem neuen Staatspräsidenten Hu Jintao gefallen war, auch auf den sozialen Druck zurück, der mithilfe
des Internets aufgebaut worden war.[887] Für Beobachter steht die politische Motiva-
tion hinter diesem Vorgang außer Frage, gleichsam impliziere er einen abermaligen
Vertrauensverlust in die chinesische Justiz, urteilt Zheng.[888]

Der Fall Liu Xiaobo: Fünf Jahre nach der Freilassung Liu Dis, im Dezember 2008,
ereilte einen der einstigen Unterstützer der Studentin ein ähnliches Schicksal. Der
chinesische Autor und Bürgerrechtler[889] Liu Xiaobo wurde zunächst verhaftet und
am 25. Dezember 2009 vom Ersten Mittleren Volksgericht in Peking wegen „Subversion" zu elf Jahren Haft verurteilt.[890] Liu war einer der Autoren der *Charta 08*,
einer Forderung von Demokratie und der Beachtung der Menschenrechte in Chi-

---

[883] Heise Online (12.12.2002).
[884] Zheng (2008): S. 126f.
[885] Vgl. ebd., S. 127.
[886] Vgl. Wu/Goldsmith (2006): S. 88.
[887] Vgl. Zheng (2008): S. 127.
[888] Vgl. ebd.
[889] Liu war bereits im Zusammenhang mit der Demokratiebewegung 1989 öffentlich in Erscheinung
getreten, vgl. Yang (2009): S. 201; Cao (2010): S. 70; Perry (2010a): S. 301.
[890] Vgl. FAZ.NET (23.12.2009); FAZ.NET (25.12.2009). Den Tatbestand der Subversion definieren
chinesische Behörden relativ weit, vgl. Chung (2008): S. 732.

na.[891] Das Gericht legte ihm seine Beteiligung an diesem Projekt sowie sechs weitere im Internet publizierte Aufsätze zu Last.[892] Sie seien geeignet, befand das Gericht, die Bevölkerung zur Untergrabung der Staatsgewalt anzustiften.[893] Die *Charta
08* wurde im Jahr 2008 im Internet veröffentlicht, bis zum Frühjahr 2009 wurde sie
von etwa 7000 Internetnutzern virtuell unterzeichnet,[894] insgesamt liegt die Zahl
der Unterzeichner bei mehr als 10.000 Personen.[895] Darin fordern die Autoren
unter anderem eine neue Verfassung, die den chinesischen Bürgern mehr Partizipa-
tionsrechte garantiert; eine stärkere Gewaltenteilung; ein durch Direktwahl der
Abgeordneten zusammengesetztes Parlament; ein unabhängiges Justizsystem und
die Beachtung der Menschenrechte.[896] Nachdem Liu gegen das Urteil Berufung
eingelegt hatte, wurde es am 11. Februar 2010 von einem Pekinger Gericht in zweiter Instanz bestätigt.[897] Beobachter argumentieren, dass die Inhaftierung Lius chinesische Menschenrechtler und Internetaktivisten eher in ihren Bemühungen be-
stärkt habe.[898] Viele Kritiker, sagt Kristin Kupfer, hätten das Ausmaß der Symbol-
politik, die der Verurteilung zugrunde gelegen habe, als Reaktion der KPC auf die
mögliche Gefahr kritischer Äußerungen erkannt.[899]

Am 8. Oktober 2010 wurde Liu mit dem Friedensnobelpreis ausgezeichnet.[900]
Der Vorsitzende des norwegischen Vergabekomitees, Thorbjörn Jagland, begründete die Entscheidung mit Lius „langem und gewaltlosen Kampf" für Menschenrechte in China.[901] Wörtlich sagte Jagland: „China verstößt gegen die Einhaltung
einiger internationaler Abkommen, die es selbst unterzeichnet hat und missachtet
auch eigene Vorschriften bezüglich politischer Rechte. (...) Es ist unsere Verantwortung, zu sprechen, wenn andere nicht sprechen können."[902]

Offiziell nahm die chinesische Regierung die Auszeichnung Lius in einer ersten Reaktion schlicht „zur Kenntnis".[903] Wie *Zeit Online* berichtete, soll sie aber
bereits im Vorfeld der Bekanntgabe Druck auf das norwegische Nobelkomitee
ausgeübt haben, um eine Auszeichnung des Dissidenten zu verhindern: Bereits im
Sommer 2010 habe die chinesische Vizeaußenministerin Fu Ying mit dem Direktor
des Nobelinstituts, Geir Lundestad, gesprochen. „Bei einem Treffen in der chinesi-

[891] Vgl. Deibert/Palfrey/Rohozinski/Zittrain (Hrsg.) (2010): S. 455.
[892] Vgl. FAZ.NET (25.12.2009).
[893] Vgl. Spiegel Online (25.12.2009).
[894] Vgl. Deibert/Palfrey/Rohozinski/Zittrain (Hrsg.) (2010): S. 455.
[895] Vgl. FAZ.NET (23.12.2009).
[896] Vgl. englische Übersetzung der *Charta 08*, zitiert nach New York Review of Books (2009).
[897] Vgl. FAZ.NET (11.2.2010).
[898] Persönliches Gespräch mit Kristin Kupfer.
[899] Ebd.
[900] Vgl. FAZ.NET (8.10.2010).
[901] Spiegel Online (8.10.2010).
[902] Zitiert nach ebd.
[903] Vgl. Spiegel Online (8.10.2010)

schen Botschaft soll die Diplomatin recht deutlich gesagt haben, dass ein Nobelpreis für Liu die norwegisch-chinesischen Beziehungen schwer belasten würde.
Wie Lundestad später dem norwegischen Fernsehen berichtete, soll Fu Ying ge-
droht haben, ein Friedenspreis für einen Dissidenten werden man als
‚unfreundlichen Akt' betrachten", berichtet das Internetportal.[904]

Der Westen reagierte durchweg positiv auf die Auszeichnung: Menschenrechtsorganisationen wie *Human Rights Watch* würdigten die Auszeichnung als Hin-
weis auf politische Missstände in China im Zusammenhang mit der Presse- und
Meinungsfreiheit.[905] Die deutsche Bundesregierung forderte von Peking die Freilassung des Dissidenten. Regierungssprecher Steffen Seibert sagte, die Bundesregierung wünsche sich, dass Liu „aus der Haft freikommt und den Preis selber in
Empfang nehmen kann."[906]

Auch Lius Ehefrau Liu Xia verband mit der Auszeichnung in einem Interview
mit der *ARD* die Hoffnung, dass ihr Mann nun schneller aus der Haft entlassen
werde.[907] Stattdessen wird berichtet, dass die KPC-Propaganda-Abteilung eine Berichterstattung chinesischer Medien über die Auszeichnung Lius untersagt habe.[908]
Außerdem wurde Liu Xia seit der Bekanntgabe der Auszeichnung unter Hausarrest
gestellt und ihr der Kontakt zu internationalen Journalisten untersagt. Ferner übte
China massiven Druck auf andere Staaten aus, die Preisverleihung am 10. Dezember 2010 zu boykottieren.[909] Etwa 19 Staaten, darunter Russland, Saudi-Arabien,
Ägypten, Kuba, Marokko und Algerien kamen dem chinesischen Aufruf nach.[910]
Zusätzlich soll die politische Führung in Peking Dutzende chinesische Regimekri-
tiker in den Tagen vor der Preisverleihung an der Ausreise gehindert haben – nach
Schätzungen der Menschenrechtsorganisation Amnesty International durften etwa
200 Personen nicht ausreisen, wurden unter Hausarrest gestellt oder verhaftet.[911]

Da weder Liu persönlich noch einer seiner Vertreter an der Zeremonie in der
norwegischen Hauptstadt Oslo teilnehmen konnten, wurde die Auszeichnung
symbolisch vorgenommen: Der Vorsitzende des Nobelkomitees platzierte die
blaue Urkunde auf einem leeren Stuhl, der für Liu Xiaobo freigehalten worden
war.[912] Erst etwa zwei Monate später, Ende Februar 2011, berichtete die *Washington
Post* von einer erneuten Kontaktaufnahme zu Liu Xia, die zu diesem Zeitpunkt
noch immer unter Hausarrest stand. In einer Online-Unterhaltung mit einem
Freund, deren Protokoll der amerikanischen Tageszeitung zugespielt worden war,

---

[904] Zeit Online (8.10.2010).
[905] Vgl. Human Rights Watch Blog (8.10.2010).
[906] Zitiert nach Spiegel Online (8.10.2010).
[907] Vgl. Tagesschau.de (8.10.2010).
[908] Vgl. Zeit Online (10.10.2010).
[909] Vgl. Süddeutsche.de (10.12.2010).
[910] Vgl. ebd.
[911] Vgl. ebd.
[912] Vgl. ebd.

sagte Liu, sie fühle sich angesichts des andauernden Hausarrests „elend".[913] Wie die Zeitung weiter berichtete, dauerte die Unterhaltung etwa fünf Minuten – in dieser Zeit habe Liu Xia zufällig wieder über eine funktionierende Internetverbindung verfügt, die bereits Monate zuvor unterbrochen worden war.[914]

Der Fall Ai Weiwei: Mit Ai Weiwei verhafteten die chinesischen Behörden Anfang April 2011 den international bekanntesten zeitgenössischen Künstler aus der Volksrepublik China. Wie mehrere Medien berichten, sei der regierungskritische Künstler am Pekinger Flughafen festgenommen worden, kurz bevor er in ein Flugzeug nach Hongkong steigen wollte.[915] Von dort habe Ai nach Taiwan weiterreisen wollen, um dort über eine Ausstellung zu sprechen, meldet *Spiegel Online*.[916] Die Nachricht der Festnahme wurde von Mitarbeitern Ais über den Mikroblogdienst *Twitter* verbreitet.[917] „Nach meinem Verständnis ist Ai Weiwei der Wirtschaftsverbrechen verdächtig. Die Polizeibehörden stellen Ermittlungen nach dem Gesetz an", sagte ein Sprecher des Pekinger Außenministeriums nach Angaben von *FAZ.NET*.[918] Um welche Vorwürfe es genau geht, gab die Regierung nach der Festnahme Ais aber nicht bekannt. Auch den Aufenthaltsort Ais wollte die Regierung zunächst nicht preisgeben.[919] Auch einen Monat später wurde nichts über den Verbleib des Regimekritikers bekannt. International wurde der Grund für die Verhaftung des regierungskritischen Künstlers als Vorwand kritisiert. Nach recherchen der *Frankfurter Allgemeinen Zeitung* hätte die chinesische Regierung schon mehrfach Wirtschaftsdelike als vorgeschobene Begründungen genutzt, um missliebige Kritiker zu verhaften: „Im Jahr 2009 hatten sie gegen den Juristen Xu Zhizong wegen Steuerhinterziehung ermittelt, ihn aber nach einiger Zeit freigelassen.", schreibt die Zeitung in ihrer Online-Ausgabe.[920] Ähnlich war es auch im Fall des Anwalts Feng Zhenghu, dem mehrfach die Einreise nach China verweigert wurde – auch ihm wurden damals Wirtschaftsdelikte zur Last gelegt.

Der deutsche Außenminister Guido Westerwelle forderte die chinesische Regierung umgehend nach Bekanntgabe der Nachricht von Ais Verhaftung auf, den Künstler freizulassen.[921] Auch Bundeskanzlerin Angela Merkel habe sich persönlich für Ai eingesetzt, heißt es. Ebenso habe sich der Menschenrechtsausschuss des Bundestages in einem Beschwerdebrief an den chinesischen Staatschef Hu Jintao

---

[913] Vgl. Washington Post Online (20.2.2011).
[914] Vgl. ebd.
[915] Vgl. FAZ.NET (3.4.2011); Zeit Online (2.4.2011) und Spiegel Online (4.4.2011).
[916] Vgl. Spiegel Online (4.4.2011).
[917] Vgl. Zeit Online (3.4.2011).
[918] FAZ.NET (7.4.2011).
[919] Vgl. FAZ.NET (7.4.2011).
[920] Vgl. ebd.
[921] Vgl. Spiegel Online (4.4.2011).

gewandt.[922] Der Fall erregte vor allem in Deutschland große Aufmerksamkeit, da die Nachricht über die Verhaftung Ais just bekannt wurde, als Außenminister Westerwelle von einer China-Reise zurückkehrte. Er eröffnete dort eine Ausstellung über die Kunst der Aufklärung, die auch von deutschen Unternehmen finanziell unterstützt wurde.[923] Die chinesische Regierung reagierte mit Empörung auf die internationale Kritik. „Andere Länder haben kein Recht, sich einzumischen", sagte ein Regierungssprecher und verwies auf die „juristische Souveränität" Chinas.[924]

Nach Ansicht von Beobachtern habe Ai Weiwei, der in mehreren Äußerungen und Protestaktionen wiederholt die politische Führung in Peking kritisierte, ein größeres Maß an Redefreiheit gehabt, weil er an der künstlerischen Planung des neuen Pekinger Olympiastadions beteiligt gewesen war. Auch habe ihm sein international hohes Ansehen einen stärkeren politischen Rückhalt in China verschafft.[925] Ai trat insbesondere nach dem Erdbeben in der chinesischen Provinz Sichuan als Regimekritiker in Erscheinung. Vor allem monierte Ai die vielen maroden Schulgebäude in der Provinz, die in der Folge des Erbebens einstürzten und dadurch zum Tod vieler Kinder geführt haben.[926] Allerdings ist die Festnahme am Pekinger Flughafen nicht die erste Repressalie gegen Ai. Wenige Wochen vor seiner Festnahme hatten Behörden ein Atelier des Künstlers in Shanghai abreißen lassen.[927] Medienberichten zufolge begründeten die Behörden den Schritt damit, dass das Gebäude „unsachgemäß benutzt" werde.[928] Bereits im Herbst 2010 sei Ai darüber hinaus an der Ausreise nach Südkorea gehindert worden, berichtet *Spiegel Online*.[929] Das Internetmagazin sieht einen Zusammenhang zwischen dem Ausreiseverbot und der Übergabe des Friedensnobelpreises an Liu Xiaobo in Oslo wenige Tage später. Und 2009 sei Ai nach eigenen Angaben von einem Polizisten in Chengdu misshandelt worden, sodass er Kopfverletzungen davongetragen habe, die eine Operation erforderlich gemacht hätten.[930] Nach *Spiegel*-Recherchen habe die Operation mehrere Tage nach dem mutmaßlichen Übergriff in Chengdu im Münchener Klinikum Großhadern stattgefunden.[931]

---

[922] Vgl. Zeit Online (16.4.2011).
[923] Vgl. Spiegel Online (4.4.2011).
[924] Vgl. FAZ.NET (7.4.2011) und Zeit Online (5.5.2011).
[925] Vgl. Spiegel Online (4.4.2011).
[926] Vgl. ebd.
[927] Vgl. Spiegel Online (12.1.2011).
[928] Spiegel Online (12.1.2011).
[929] Vgl. Spiegel Online (2.12.2010).
[930] Vgl. Spiegel Online (4.4.2011) und Spiegel Online (16.9.2009).
[931] Vgl. Spiegel Online (16.9.2009).

4. Wie die Zensur umgangen wird

Die bisherige Untersuchung zeigte vor allem die Stärken des chinesischen Zensursystems. Es wurde deutlich, dass die Kontrolle des Internets in erster Linie auf dem Prinzip der Dezentralität beruht: Zwar werden die zu zensierenden Themen relativ zentral durch die KPC-Propaganda-Abteilung und das Informationsbüro des Staatsrats festgelegt, doch die Ausführung dieser Zensurbestimmungen findet *erstens* auf mehreren organisatorischen Ebenen von der Zugangskontrolle bis zur Schlagwortfilterung statt und wird *zweitens* von Internetprovidern und den Betreibern von Webportalen ausgeführt, da Partei und Regierung starke Anreize zur Selbstzensur setzen und die Betreiber wirkungsvoll auf die Einhaltung der Zensurregeln verpflichten konnten. Diese Architektur des Zensursystems macht seine Effizienz aus; sie sorgt dafür, dass die Mauern der „Großen chinesischen Firewall" so hoch sind, dass sie nicht ohne weiteres überwunden werden können.

Doch wies die bisherige Analyse auch auf einige Grenzen der Kontrolle hin: Längst nicht alle Betreiber von Internetcafés halten sich an die strikten Überwachungsregeln. Und trotz der gezielten Sperrung eines P2P-Portals konnte nach wie vor jeder fünfte chinesische Internetnutzer darauf zugreifen. Kritische Artikel in Weblogs werden nicht durchgehend gesperrt, ebenso Beiträge in Diskussionsforen. Und die empirischen Befunde zeigten schließlich, dass eine erschöpfende Sperrung aller Internetseiten zu politisch sensiblen Begriffen nur in wenigen Fällen nachweisbar war – stattdessen war der Anteil der erreichbaren Seiten nach wie vor signifikant.

Wie effektiv ist das chinesische System zur Kontrolle und Zensur des Internets also wirklich? Die bisherigen Hinweise auf die Schwachstellen lieferten nur einen ersten Ansatzpunkt zur Beantwortung dieser Frage. Dieses Kapitel hat das Ziel, eine tiefergehende Antwort auf sie zu finden. Zu diesem Zweck werden *erstens* die systemimmanenten Defizite des Kontrollsystems genauer untersucht; *zweitens* wird die aktive Umgehung der „Großen Firewall" durch die chinesischen Internetnutzer intensiv beleuchtet. Die Untersuchung beider Faktoren ermöglicht es, zu einem belastbaren Urteil über den tatsächlichen Wirkungsgrad der Internetzensur zu gelangen.

4.1 Systemimmanente Defizite

Das zentrale Prinzip chinesischer Internetzensur, die Dezentralität der Kontrolle, präsentiert sich als ein janusköpfiges Phänomen. Auf der einen Seite erscheint sie angesichts des stetig wachsenden chinesischen Interntsektors für die Regierung unausweichlich. Es liegt auf der Hand, dass die geschätzten 30.000 bis 40.000 „Internetpolizisten" allein kaum imstande sind, die Zahl der Informationen im Sinne Pekings zu kontrollieren, die die gegenwärtig 420 Millionen chinesischen Internetnutzer täglich online publizieren. Insofern hat sich das Prinzip der Dezentralisierung in seinen skizzierten Ausprägungen für die politische Führung als notwendig erwiesen. Auf der anderen Seite bedeutet das Abtreten von Kontrollkompetenzen einen abermaligen Verwaltungsaufwand: Die dezentralen Kontrolleure – Internetprovider, Blog-Betreiber usw. – müssen ebenso mit großem Personalaufwand kontrolliert und überwacht werden, wenn sie dauerhaft als wirkungsvolle Agenten der Zensur gelten und der politischen Führung zuarbeiten sollen. Es ist zweifelhaft, dass dieser Kontrollaufwand in einem erschöpfenden Umfang geleistet werden kann. Mehrere Beispiele belegen die geringe Effektivität bei der Umsetzung der Kontroll- und Zensurbestimmungen.

Die Journalistin und Mitbegründerin von *Global Voices Advocacy*, Rebecca MacKinnon, untersuchte im Frühjahr 2009, wie effektiv die automatischen Filter bei chinesischen Weblog-Anbietern sind.[932] Zu diesem Zweck erstellte sie Blog-Einträge zu 50 sensiblen Kategorien – von Tibet über bekannte Dissidenten bis hin zu Kritik an Regierungsprogrammen – und veröffentlichte diese bei den 15 größten chinesischen Weblog-Anbietern. Am effizientesten griffen die Schlagwort-Filter bei einem Beitrag zur verbotenen religiösen Bewegung *Falun Gong*. 13 von 15 Anbietern blockierten eine Veröffentlichung des Texts, bei zwei Blog-Diensten erschien der Beitrag aber. Ein Artikel zum offenen Brief, den das religiöse Oberhaupt Tibets, der Dalai Lama, an die Hinterbliebenen des Tiananmen-Masskers von 1989 schrieb, wurde von 12 Anbietern getilgt und bei dreien publiziert. Ein Bericht über soziale Unruhen in der Region Weng'an[933] (Provinz Guizhou) wurde nur von sieben Blog-Plattformen gesperrt.

Die Untersuchung zeigt, wie groß die Löcher automatisierter Zensur bei Blog-Anbietern sind: Keiner der Beiträge wurde von allen getesteten Anbietern zurückgehalten, obwohl die bisherige Analyse deutlich zeigte, dass dieses Szenario von der chinesischen Regierung angestrebt wird. Damit mindert die bisweilen wenig konsequente Filterung von Drittanbietern die Effektivität des chinesischen Zensursystems.

---

[932] Vgl. im Folgenden MacKinnon (2009).
[933] Vgl. ausführlich Schucher (2009): S. 27f.

Auch die Zensur kritischer Kommentare in Internetforen hat Löcher: Bisweilen bleiben einzelne Kommentare mehrere Stunden oder sogar dauerhaft online, selbst wenn KPC und Regierung darin scharf kritisiert werden. Derlei Beobachtungen mögen in unbekannten und bisweilen nur für Kenner zugänglichen Internetforen nicht überraschen, doch auch die großen chinesischen Portale sind von diesen offensichtlichen Defiziten des Kontrollsystems betroffen. Das belegt eine Untersuchung von *Reporter ohne Grenzen* aus dem Jahr 2003:[934] Darin veröffentlichten die Forscher regierungskritische Kommentare in den großen Internetforen *Sina*, *Xinhuanet*, *Tom* und *Beijing Youth Daily* und beobachteten, ob und wann diese entfernt wurden. Ein besonderes Beispiel ist ein Kommentar im Internetportal *Sina* vom 10. März 2003, in dem die damalige Festnahme der Studentin Liu Di scharf kritisiert wird und andere Internetnutzer aufgefordert werden, die Redefreiheit in China zu verteidigen. Der Beitrag wurde erst nach fast zweieinhalb Stunden aus dem Forum entfernt, nachdem über 70 Internetnutzer ihn bereits gelesen hatten. Während manche Beiträge gar nicht erschienen und die Mehrheit in weniger als einer Stunde wieder entfernt wurde, blieben einzelne Beiträge unzensiert und dauerhaft online, wie zum Beispiel ein kritischer Kommentar zum chinesischen Justizsystem, der sowohl im Forum von *Beijing Youth Daily* als auch im Forum der staatlichen Nachrichtenagentur *Xinhua*, *Xinhuanet*, publiziert wurde. Dieser Befund zeigt, dass sowohl die automatischen Filter als auch die manuellen Zensoren in Gestalt von Moderatoren eine konsequente Zensur der populären und daher besonders überwachten Internetforen nicht garantieren können.

Ein weiterer Problembereich für die politische Führung besteht in der geringen Konsequenz chinesischer Internetcafébetreiber bei der Umsetzung der ihnen auferlegten Kontrollpflichten. Der Politikwissenschaftler Karsten Giese hat, wie bereits berichtet wurde, die Zugangskontrolle durch Internetcafés im Rahmen eigener Untersuchungen im Jahr 2003 analysiert und kommt zu dem Schluss, dass „die (...) geforderte Registrierung jedes einzelnen Nutzers weitgehend unterlaufen" wird und dass vielfach „ein vollständig anonymer Internetzugang gewährleistet" ist.[935] Mehr noch: Vor allem beim Versuch, regimekritische Beiträge in Weblogs oder in Foren zu publizieren, greifen chinesische Internetnutzer bevorzugt auf Internetcafés zurück, argumentiert Giese.[936] Insbesondere im ländlichen Raum und bei den zahlreichen inoffiziellen Internetcafés in den chinesischen Großstädten ist eine dergestalt lückenhafte Kontrollpraxis seitens der Betreiber wahrscheinlich. Das bestätigen auch die Beobachtungen von Kristin Kupfer.[937] Darüber hinaus berichtete Jens Damm von der Praxis chinesischer Internetcafébetreiber, ihre Eta-

---

[934] Vgl. im Folgenden: ROG (2003).
[935] Giese (2003): S. 41.
[936] Vgl. ebd.
[937] Persönliches Gespräch mit Kristin Kupfer.

blissements gezielt mit Proxy-Servern auszustatten, die – wie diese Untersuchung noch zeigen wird – geeignet sind, die „Great Firewall" zu umgehen.[938]

Die bisher skizzierten Fehlleistungen des chinesischen Zensursystems basierten auf Löchern im Verantwortungsbereich von Akteuren, die nicht in unmittelbarem Zusammenhang zur chinesischen Regierung stehen. Umso bemerkenswerter ist der Befund, dass selbst im Bereich der Backbone-Filter – die von Partei und Regierung eingerichtet und von den sechs lizenzierten und teilweise staatlichen Netzwerkbetreibern betrieben werden – Defizite in der Zensureffizienz zutage treten. Die empirische Untersuchung von Jonathan Zittrain und Benjamin Edelman aus dem Jahr 2005 offenbarte, dass die Zensur durch blockierte Schlagwörter in den URLs durchaus als lückenhaft bezeichnet werden kann.[939] So waren von den ersten 100 Suchergebnissen der *Google*-Suche nach „Falun Gong" 64 Prozent aller chinesischen und 47 Prozent aller englischen Internetseiten erreichbar. Bei den Begriffen „Demokratie" waren sogar 82 Prozent aller chinesischen und 77 Prozent aller englischen Seiten abrufbar; ähnliche Ergebnisse wurden bei den Begriffen „Redefreiheit" (46/19 Prozent erreichbar), „Menschenrechte" (71/81 Prozent erreichbar) und „Tiananmen-Massaker" (10/68 Prozent erreichbar) deutlich.

Diese quantitative Untersuchung legt die Schlussfolgerung nahe, dass die Backbone-Filter angesichts der Vielzahl chinesischer und internationaler Seiten zu einer umfassenden inhaltlichen Filterung nicht imstande sind. Dieser Befund ist aber mit einer Einschränkung zu versehen: Denn erst eine qualitative Inhaltsanalyse der zugänglichen Seiten würde aus diesem Indiz einen Nachweis machen. Denn es wäre denkbar, dass zumindest Teile der von China aus erreichbaren Seiten die sensiblen Themen in einem regierungsfreundlichen Zusammenhang beleuchten und daher von der politischen Führung ausdrücklich geduldet werden. Allerdings zeigte die Untersuchung, dass beispielsweise ein Online-Spezial des Nachrichtensenders *CNN* zum Tiananmen-Massaker erreichbar war, ebenso konnten zwei Dalai-Lama-Unterstützerseiten geöffnet werden. Für die Existenz einer signifikanten Grauzone im Bereich der Schlagwortfilterung spricht auch die Tatsache, dass beispielsweise die Algorithmen von Suchmaschinen nur einen Bruchteil der vorhandenen Internetseiten überhaupt erfassen können. Das Phänomen ist unter dem Begriff *Deep Web* bekannt und findet derzeit verstärkte Beachtung.[940] Eine umfassende Studie aus dem Jahr 2001 zeigte, dass Suchmaschinen nur gut verschlagwortete oder verlinkte Inhalte an der „Oberfläche" des Internets zu finden imstande sind. Diese machten, im Vergleich zur Gesamtheit des *Deep Web*, nur etwa einen Anteil von einem Promille bis zu wenigen Prozent des Inhalts aus.[941] Der übrige Teil besteht vor allem aus öffentlich zugänglichen Datenbanken, die aber von den

---

[938] Vgl. Damm (2003): S. 237.
[939] Vgl. im Folgenden Zittrain/Edelman (2002).
[940] Vgl. Zeit Online (21.9.2010); New York Times Online (23.2.2009).
[941] Vgl. Zeit Online (21.9.2010); Bergman (2001).

Algorithmen der Suchmaschinen (diese werden *Spider* oder *Crawler* genannt) nicht gefunden werden können.[942] Wendet man diese Erkenntnisse auch auf das chinesische Internet an, so ließe sich folgern, dass neben den nachgewiesenen Löchern im Filtersystem ein wesentlicher Teil des Inhalts von keinem Such- oder Filteralgorithmus erfasst und sich damit einer Zensur entziehen würde.

Die Beispiele verdeutlichten, dass das chinesische Zensursystem sowohl auf der Ebene der Backbones als auch bei der Umsetzung der Zensurpflichten durch Dritte erhebliche Defizite aufweist. Die vier diskutierten Beispiele stellen aber lediglich Symptome dar, sie beleuchten nicht die Ursache. In der akademischen Beschäftigung mit dem Kontrollregime wird vor allem die Frage einer systemischen Überforderung durch den hohen und stetig steigenden Informationsfluss innerhalb des chinesischen Internets diskutiert.[943] Die Beschreibung des chinesischen Internets zeigte, mit welcher Geschwindigkeit Größe und Intensität der internetbasierten Kommunikation in den vergangenen Jahren in China zugenommen haben.[944] In diesem Zusammenhang ist die Frage bedeutsam, ob die Kontrollmechanismen der politischen Führung diesen gestiegenen Anforderungen noch genügen.

Vieles spricht dafür, dass die beschriebenen systemischen Defizite tatsächlich auf eine Überforderung des Zensur- und Kontrollsystems durch den stark gestiegenen Internet-Traffic zurückzuführen sind. Ein Schlüssel zum Verständnis besteht in der Rolle des Internets in China, mit dem nach Zheng Yongnian für die politische Führung die Bewältigung unvereinbarer Aufgaben verbunden ist:

> „On the one hand, it [die chinesische Regierung, KBB] has to implement effective policies to promote rapid development of information technology, and on the other hand, it has to control, manage, and minimize political risks brought about by the new technology."[945]

Zheng unterscheidet in diesem Zusammenhang zwischen dem „regulatory regime", das die Förderung von IT in China zum Ziel hat, und dem „control regime", das an einer politischen Kontrolle des Internets interessiert ist.[946] Michael Chase und James Mulvenon teilen diese Einschätzung und weisen auf „contradictory forces of openness and control"[947] hin. Folgt man der Argumentation, so besteht einer der Gründe für die beschriebenen Defizite des Zensursystems darin, dass das Internet in China auch als Transmissionsriemen für wirtschaftliches Wachstum fungiert.[948]

---

[942] Vgl. Bergman (2001).
[943] Vgl. O'Hara (2009): S. 133; Shirk (2008): S. 103f.; Shambaugh (2008): S. 107; Zheng (2009). S. 153; Chase/Mulvenon (2002): S. 45; Lacharite (2002): S. 338; Wang/Hong (2010): S. 74; Zheng (2008): S. 68.
[944] Siehe Abbildungen 13-19 Anhang, S. 212f.
[945] Zheng (2008): S. 49.
[946] Ebd., 69.
[947] Chase/Mulvenon (2002): S. 46.
[948] In diesem Zusammenhang argumentiert Gallagher (2010): S. 343, dass die wirtschaftliche Öffnungspolitik die Demokratisierung Chinas verlangsamt habe.

Über die ökonomische Bedeutung des Internets ist im Rahmen der Darstellung des E-Commerce-Sektors in China bereits eingegangen worden. Die daraus resultierende Förderung des Internets[949] steht im Widerspruch zu einer effektiveren Zensur, da diese zwangsläufig mit einer deutlich stärkeren Zugangskontrolle verbunden sein müsste, um die Löcher des bestehenden Zensursystems nicht noch weiter zu vergrößern.

Zugespitzt formuliert ließe sich festhalten: Eine effektivere Zensur des Internets wird derzeit aufgrund eines Zielkonflikts innerhalb der politischen Führung verhindert, da die Ziele einer gleichzeitigen technischen Förderung und inhaltlichen Kontrolle im Wesentlichen unvereinbar sind. Folglich lässt sich der *status quo* der chinesischen Internetpolitik als ein Kompromiss darstellen, der den Versuch widerspiegelt, diese Inkompatibilität aufzulösen. Die beschriebenen Zensurdefizite zeigten, dass dieses Vorhaben bislang nur mit erheblichen Abstrichen umsetzbar ist. Für die Überforderungs-Hypothese spricht auch die Tatsache, dass sich das Prinzip der Dezentralisierung von Zensur und Kontrolle erst schrittweise – also parallel zum Wachstum des chinesischen Internetsektors – herausgebildet hat. Zwei Beispiele verdeutlichen das.

- *Regulierung von Internetcafés:* Das erste Internetcafé entstand bereits im November 1996 in Peking,[950] aber eine verpflichtende Zugangskontrolle in chinesischen Internetcafés wurde erst im Jahr 2000 eingeführt.[951] Und erst weitere zwei Jahre später wurden die Betreiber gesetzlich verpflichtet, sicherzustellen, dass ihre Kunden keine regierungskritischen oder anderweitig verbotenen Inhalte aufrufen oder sogar verbreiten.[952] Die nachfolgende Tabelle zeigt, wie stark die Nutzung von Internetcafés zwischen diesen drei Daten jeweils angestiegen ist:

Tabelle 1: Nutzung und Zensur von Internetcafés

Jahr	Internetnutzer (Mio.)	Nutzer von Internetcafés (Prozent)	Nutzer von Internetcafés (Mio.)
1996	0,6	3 (in 1999)	0,019
2000	22,5	11	2,48
2002	95,7	15	14,36

Eigene Darstellung / Quelle: CNNIC (1996...2003)

Zwischen dem Aufkommen von Internetcafés und der Einführung einer verbindlichen Zugangskontrolle hat sich die Zahl der Nutzer etwa um den Faktor

---

[949] Vgl. Xinhua (17.6.2010); Xinhua (17.5.2010).
[950] Vgl. Zhou (2008): S. 139.
[951] Vgl. He Q. (2008): S. 188.
[952] Vgl. Abels (2004): S. 844; Goldenstein (2007): S. 85.

130 erhöht; zwischen diesem Schritt und der Verschärfung der Kontrollpflichten im Jahr 2002 versechsfachte annähernd sich die Zahl der Nutzer abermals.

• *Kommentare in Internetforen*: Foren waren aufgrund ihres einfachen Aufbaus eine der ersten kommunikativen Internetanwendungen und kamen bereits in den späten 1990er Jahren auf. Die Verpflichtung für Universitäts-Internetforen, nur noch Studenten als Autoren zuzulassen und deren Identitäten zu überprüfen, wurde im März 2005 eingeführt.[953] In der Zwischenzeit vergrößerte sich die Anzahl der Nutzer von Internetforen um den Faktor 33, wie Tabelle 2 zeigt.

Tabelle 2: Nutzung und Zensur von Internetforen

Jahr	Internetnutzer (Mio.)	Nutzer von Internetforen (Prozent)	Nutzer von Internetforen (Mio.)
1999	8,9	16	1,4
2005	111	42	46,6

Eigene Darstellung / Quelle: CNNIC (2000...2006)

Zwei Fälle, eine naheliegende Schlussfolgerung: Die beschriebenen Beispiele zeigen, dass die chinesische Regierung erst dann Regeln zur Selbstkontrolle (und damit Maßnahmen einer Dezentralisierung von Zensur) erlässt, wenn die betroffenen Techniken oder Zugangsorte sich bei chinesischen Internetnutzern etabliert haben und deren Verwendung ein hohes Niveau erreicht hat. Eine Dezentralisierung von Zensur und Kontrolle ordnet die Regierung also immer dann an, wenn die bisherigen, zumeist zentralisierten, Instrumente an ihre Kapazitätsgrenzen gelangt sind. Der Vergleich mit den Nutzerzahlen verdeutlichte diesen Zusammenhang.

Damit ist ein wichtiger Schritt vollzogen: Das Prinzip der Dezentralisierung von Zensur und Kontrolle ist folglich als Reaktion auf die gestiegenen Nutzerzahlen und den damit verbundenen Kontrollaufwand zu begreifen. Das bedeutet, dass in der zunehmenden Dezentralisierung das Bemühen der politischen Führung zu erkennen ist, den gestiegenen Informationsfluss durch eine Anpassung des *modus operandi* in gleicher Intensität zu überwachen. Gleichwohl zeigte die Analyse der systemischen Defizite, dass mit zunehmender Dezentralisierung die Effizienz des Kontrollsystems sinkt und seine Fehleranfälligkeit gleichzeitig steigt. Es ist wichtig zu betonen, dass diese Dysfunktionen eine systemische Ursache haben. Denn dieser Befund bedeutet, dass die Löcher des Systems ohne eigene Initiative seitens der chinesischen Internetnutzer dazu verwendet werden können, politische und nicht selten regierungskritische Diskurse im Internet zu führen. Diese Möglichkeit ist analytisch zu trennen von einem zweiten Faktor, der das Aufkommen dieser De-

---

[953] Vgl. Kissel (2007). S. 253; Deibert/Palfrey/Rohozinski/Zittrain (Hrsg.) (2010): S. 464f.

batten ermöglicht: dem aktiven Bemühen, die „Große Firewall" zu umgehen. Diese Form der Umgehung der Zensur steht im Mittelpunkt des folgenden Abschnitts.

4.2 Aktive Umgehung der Zensur

4.2.1   Wer umgeht die Zensur?

Zunächst soll der Versuch unternommen werden, die Gruppe derjenigen chinesischen Internetnutzer zu charakterisieren, die in der Lage und willens sind, die Internetzensur aktiv zu umgehen. Bislang hat sich keine umfassende empirische Untersuchung mit dieser Gruppe beschäftigt,[954] folglich erscheint eine präzise Beschreibung derselben als ausgesprochen problematisch und fehleranfällig. Die Organisation *Global Voices Advocacy* zitiert eine Umfrage des chinesischsprachigen Technikportals *Kenengba*, die genaueren Aufschluss darüber gibt, welche chinesischen Internetnutzer die Zensurschranken umgehen und wie sie das tun.[955] Der verantwortliche Redakteur wertete die Aussagen chinesischer Internetnutzer in sozialen Netzwerken sowie im Rahmen einer Umfrage auf der Internetseite von *Kenengba* aus. Die von der Untersuchung berücksichtigten sozialen Netzwerke sind der von China aus eigentlich gesperrte Mikroblogdienst *Twitter*, dessen chinesische Pendants *163* und *Tencent* sowie das soziale Netzwerk *RenRen*. Diese selektive Quellenauswahl reduziert die Belastbarkeit der präsentierten Ergebnisse – diese sollten daher primär als Anhaltspunkte begriffen werden.

Die Umfrage ergab, dass die chinesische Internetzensur vor allem von jungen Männern umgangen wird: 92 Prozent aller Nutzer waren männlich, und 77 Prozent waren zwischen 19 und 28 Jahren alt. Es verwundert daher nicht, dass fast jeder zweite Nutzer angab, Student zu sein, gefolgt von IT-Spezialisten mit etwa 20 Prozent. Zwei Drittel aller einbezogenen Internetnutzer gaben an, die chinesische Internetzensur täglich zu umgehen, etwa 17 Prozent überwinden die „Große Firewall" ein bis drei Mal pro Woche und weitere acht Prozent in unregelmäßigen Abständen.

Warum umgehen chinesische Internetnutzer die Zensur? Mit 80 Prozent wurde am häufigsten genannt, dass damit der freie Zugang zu grundlegenden Internetressourcen wie etwa der außerhalb Chinas unzensierten Suchmaschine *Google* angestrebt wird. 75 Prozent wollten gesperrte soziale Netzwerke wie etwa *Twitter* nutzen, und 72 Prozent gaben an, durch die Umgehung der Zensur Zugang zu auslän-

---

[954] Einen Versuch hat das Berkman Center (2010a) unternommen; allerdings weisen die Forscher auch auf die methodischen Probleme hin (S. 3f.).

[955] Vgl. im Folgenden: Global Voices Advocacy (30.4.2010).

dischen Nachrichtenangeboten zu suchen. Etwa 60 Prozent griffen auf Unterhaltungsangebote wie etwa die in China blockierte Videoplattform *YouTube* zurück, und etwa 30 Prozent interessierten sich für pornografische Inhalte, die in China ebenfalls nicht verfügbar sind.

Mit über 70 Prozent nutzt die Mehrheit Umgehungs-Software wie beispielsweise das Programm *Freegate*, gefolgt von dem direkten Einsatz von Proxy-Servern, dem verschlüsselten Übertragungsprotokoll SSL (*Secure Socket Layer*) und VPN-Clients. Bemerkenswert ist die Bedeutung unmittelbarer Kommunikation bei der Verbreitung von Umgehungstechniken: 85 Prozent sagten, sie hätten ihren Freunden schon einmal beigebracht, wie die Umgehungswerkzeuge richtig eingestellt und benutzt werden.

Allerdings gibt diese Untersuchung keinen Aufschluss darüber, welchen Anteil diejenigen chinesischen Internetnutzer, die das Zensursystem gezielt umgehen, an der Gesamtheit aller Internetnutzer haben. Mithilfe der Erhebung der Chinesischen Akademie der Sozialwissenschaften zur Akzeptanz der Internetkontrolle lässt sich aber ein Näherungswert bestimmen. Den Kontroll-Befürwortern (83 Prozent) und den Unentschlossenen (11 Prozent) stehen sechs Prozent der Befragten gegenüber, die eine Zensur des Internets entweder als „unnötig" oder „sehr unnötig" kritisieren.[956] Geht man davon aus, dass diese sechs Prozent grundsätzlich zu einer aktiven Umgehung der Kontrollmechanismen bereit wären (was natürlich nur eine Unterstellung und kein Beweis ist) und würde man den Prozentsatz auf die Grundgesamtheit der chinesischen Internetnutzer hochrechnen, so läge der Anteil der „Umgeher" bei höchstens 25 Millionen. Die Forscher am Berkman Center der Harvard-Universität schätzen in ihrem aktuellsten Bericht zur Umgehung von Internetzensur, dass hingegen nicht mehr als drei Prozent aller Internetnutzer Umgehungswerkzeuge nutzen.[957] Hochgerechnet auf China wären das also etwas weniger als 13 Millionen Menschen.

---

[956] Vgl. Guo L. (2007): S. 12.
[957] Vgl. Berkman Center (2010a).

4.2.2   Technische Umgehungsstrategien

Die Unterscheidung zwischen technischen und kommunikativen Strategien der Zensurumgehung ermöglicht es, das Spektrum der Umgehungsmethoden besser zu erfassen. Die technischen Umgehungsstrategien – die in diesem Abschnitt untersucht werden – lassen sich wiederum in fünf einzelne Aspekte unterteilen. Sie haben eine gemeinsame technische Grundlage, wie die Harvard-Forscher Jonathan Zittrain und Benjamin Edelman betonen: „All circumvention tools use the same basic method to bypass (...) network filtering: they proxy connections through third party site that are not filtered themselves."[958]

4.2.2.1   Proxy-Server

Die Verwendung von Proxy-Servern ist eine der einfachsten und effizientesten Techniken, um die Zensur zu umgehen. Allgemein sind Proxy-Server – wie der Name bereits erahnen lässt – als Ersatz-, bzw. Hilfsserver zu charakterisieren, über die es möglich ist, Internetseiten aufzurufen und Daten zu übertragen.[959] Im regulären Netzwerkbetrieb haben Proxy-Server vielfältige Funktionen und dienen etwa als Zwischenspeicher (*Cache*), als Sicherheitsfilter zur Virenabwehr oder zur Vorverarbeitung rechenintensiver Prozesse.[960]

Im Falle Chinas ermöglichen Proxy-Server allerdings mehr: Die für chinesische Internetnutzer infrage kommenden *Proxies* befinden sich außerhalb der Volksrepublik und sind daher nicht von den chinesischen Zensurregeln betroffen.[961] Der Nutzer wählt den Proxy-Server von seinem Computer aus an und nutzt diesen als Transmissionsriemen, um blockierte Internetseiten aufzurufen. Über eine ausländische, äußerlich zumeist unscheinbare und daher nicht blockierte Internetseite schleust dieser die Daten eigentlich gesperrter Internetseiten durch eine Lücke innerhalb der chinesischen Internetprovider. Denn deren Server registrieren bloß, dass sich der Nutzer auf einer nicht gesperrten ausländischen Seite aufhält; den zusätzlichen Datenfluss können sie nicht zuordnen.[962] Dieses Verfahren ist natürlich nur möglich, so lange der Proxy-Server nicht als solcher erkannt und dessen IP-Adresse von der chinesischen Regierung blockiert wurde.[963] Es dauert in der

---

[958] Berkman Center (2010a): S 1.
[959] Vgl. Murdoch/Anderson (2008): S. 62.
[960] Vgl. Plötner/Wendzel (2007): S. 129.
[961] Vgl. Shirk (2008): S.92; Bandurski (2008): S.68; Chase/Mulvenon (2002): S. 66.
[962] Vgl. Harwit/Clark (2006): S.27f.; Kissel (2007): S. 263f.
[963] Diese Gefahr ist auch deshalb gegeben, weil über offene Proxy-Server vielfach Internetwerbung (*Spam*) verschickt wird und der Server daher schnell blockiert wird, vgl. Murdoch/Anderson (2008): S.

Regel mehrere Wochen bis zu fünf Monaten, ehe der Server gesperrt wird.[964] In dieser Zeit, so wird berichtet, sei der Zugang zu eigentlich blockierten Internetseiten ohne Einschränkungen möglich.[965]

Bei der Verwendung von Proxy-Servern muss zwischen der direkten Anwahl eines Proxies („Open Proxy") und der Verwendung einer automatischen Proxy-Software unterschieden werden. Das Programm *Freegate*, vom amerikanischen Unternehmen *Dynamic Internet Technology* speziell für den chinesischen Markt entwickelt, wird von chinesischen Zensur-Umgehern am häufigsten genutzt: In der von *Global Voices Advocacy* zitierten Studie des Technik-Portals *Kenengba* gaben 70 Prozent aller Nutzer an, das Programm zu verwenden.[966] Einer der Entwickler, Bill Xia, sagte, mehr als 100.000 chinesische Internetnutzer würden *Freegate* täglich zur Umgehung der Zensur nutzen.[967] Weitere in China populäre Proxie-Softwares sind *Ultrasurf* und *Tor*.[968] Nach einer Umfrage des Berkman Center verzeichneten *Freegate* bzw. *Ultrasurf* weltweit zuletzt zwischen 500.000 und einer Million Nutzer pro Monat, *Tor* kommt auf 100.000 bis 300.000 Nutzer pro Tag.[969] Diese Proxy-Programme übernehmen für den Nutzer die Aufgabe, einen erreichbaren – d.h. nicht blockierten – Proxy-Server zu ermitteln. Am 29. August 2010 berichtete die Organisation *Global Voices Advocacy* von einer möglichen Blockade des Programms *Freegate* durch die chinesische Regierung:[970] Beim Starten des Programms erschien mehreren Nutzern ein Fehler-Hinweis; daraufhin wurde das Programm geschlossen. Allerdings ist es durch eine manuelle Einstellung des Programms möglich, die mutmaßliche Blockade zu umgehen. Außerdem wurde unmittelbar später eine neue Beta-Version (7.03) in Umlauf gebracht.

Bei der direkten Anwahl eines Proxy-Servers („Open Proxy") muss der Internetnutzer die IP-Adresse des Servers kennen. Entsprechende Listen kursieren zumeist gut versteckt in weitgehend unbekannten Internetforen.[971] Die Forscher am Berkman Center ermittelten zwischen Februar und Mai 2010 weltweit über 11.000 funktionsfähige Proxies, die bis zu einer Million Nutzer pro Monat verzeichne-

---

67; Berkman Center (2010a): S. 1. Zum Spam-Phänomen vgl. allgemein die Studie vom Center for Democracy & Technology (2005).

[964] Persönliches Gespräch mit Frank Sieren. Nach Angaben von Chase/Mulvenon (2002): S.67 habe sich die Frist aber halbiert, nachdem die chinesischen Behörden ihre Anstrengungen zur Sperrung offener Proxies zum Anfang der Dekade verdoppelt hätten. Gleichwohl hat sich in der Zwischenzeit auch die Verschlüsselungstechnik verbessert; insofern kann der aktuellen Schilderung von einer Frist von bis zu fünf Monaten durchaus gefolgt werden.

[965] Persönliches Gespräch mit Frank Sieren.

[966] Vgl. Global Voices Advocacy (30.4.2010).

[967] Vgl. Shirk (2008): S. 93.

[968] Vgl. Berkman Center (2010a): S. 2.

[969] Vgl. ebd., 4.

[970] Vgl. im Folgenden: Global Voices Advocacy (29.8.2010).

[971] Vgl. Kissel (2007): S. 264.

ten.[972] Darüber hinaus bieten mehrere Internetportale kostenlose E-Mail-Listen an, mit denen sie Internetnutzer in kontrollierten Staaten wie China regelmäßig an neu entstandene und daher nur selten blockierte Seiten verweisen, die ihrerseits über aktuelle und wirkungsvolle Umgehungstechniken und -programme berichten.[973] Der vom Nutzer ausgewählte Proxy-Server muss in den Verbindungseinstellungen des Computers eingetragen werden.[974] Darüber hinaus empfehlen die an der University of Cambridge forschenden Informatiker Steven Murdoch und Ross Anderson in jedem Fall einen verschlüsselten Proxy in Kombination mit einem verschlüsselten Übertragungsprotokoll, da diese Daten von den chinesischen Filtern nicht ausgelesen werden können.[975] Unverschlüsselte Daten stellen für den Nutzer ein Sicherheitsrisiko dar, da diese zu ihm zurückverfolgt werden können.[976] Daneben kann es auch notwendig sein, den *Port* zur Datenübermittlung von einem möglicherweise blockierten Standardport zu einem unbekannten und daher nicht blockierten Port zu ändern.[977] Die Verwendung von Proxy-Servern stellt für chinesische Internetnutzer in der Summe also einen sehr effizienten Weg dar, die chinesische Internetzensur wirkungsvoll zu umgehen. Allerdings wird auch davon berichtet, dass der Zugang über Proxy-Server im Zusammenhang mit politischen Großereignissen wie etwa der Plenarsitzung des NVK deutlich schwieriger ist.[978] Und da China nachweisbar mehrere Internetseiten blockiert, die Anleitungen zur Benutzung von Proxy-Servern beinhalten,[979] wird deutlich, warum die bereits beschriebene persönliche Wissensvermittlung unter Freunden so bedeutsam ist.[980] Als besonders sicher gelten Proxy-Server von ausländischen Internetseiten, die in Landessprachen wie z.B. Deutsch oder Französisch geschrieben sind und daher nur von deutlich weniger Chinesen verstanden werden können als etwa englischsprachige Angebote.[981]

---

[972] Vgl. Berkman Center (2010a): S. 5.

[973] Das Internetportal http://www.peacefire.org (abgerufen am 22.9.2010) versendet beispielsweise einen E-Mail-Newsletter im Abstand von drei bis vier Tagen.

[974] Eine detaillierte Anleitung zur Einrichtung eines Proxy-Servers liefert das von *Reporter Ohne Grenzen* herausgegebene „Handbuch für Blogger und Cyber-Dissidenten", vgl. Zuckerman (2008): S. 48.

[975] Vgl. Murdoch/Anderson (2008): S. 68.

[976] Vgl. Villeneuve (2008): S. 64.

[977] Vgl. ebd., 66.

[978] Persönliches Gespräch mit Kristin Kupfer.

[979] Vgl. Deibert/Rohozinski (2008): S. 134.

[980] Vgl. OpenNet Initiative (30.4.2010).

[981] Persönliches Gespräch mit Kristin Kupfer.

4.2.2.2 VPN-Clients

Die Verwendung eines VPN-Clients[982] ist eine zweite Option, um die chinesischen Internetfilter zu umgehen. VPN-Clients wurden ursprünglich dazu entwickelt, um ein geschlossenes Netzwerk von außerhalb anwählen zu können. Von technischer Perspektive aus bestehen nur geringe Unterschiede zwischen der Verwendung eines Proxy-Servers und eines VPN-Clients: Der VPN-Client erstellt ein eigenes privates Netzwerk, das mit Hilfe einer Verschlüsselung für Dritte nicht einsehbar ist, und tunnelt die Daten durch das öffentliche Internet.[983] Die am weitesten verbreitete VPN-Konstruktion ist *Site-to-Site*, bei dem VPN-Gateways die Übertragung der verschlüsselten Datenkanäle zwischen den angeschlossenen Netzwerken übernehmen.[984] Beim zweiten Modell, dem *Remote Access*, ist der einzige Unterschied, dass es sich um einzelne Clients handelt und nicht um ganze Netzwerke, die sich beim VPN anmelden.[985] Diese Technik ist für die Umgehung der chinesischen Internetzensur relevant.

Die VPN-Software verbindet den jeweiligen chinesischen Rechner für die Internetprovider unsichtbar mit einem frei zugänglichen Netzwerk außerhalb der Volksrepublik. Der verschlüsselte Kommunikationskanal verhindert ein Eingreifen der chinesischen Backbone-Filter und ermöglicht es, ausländische Internetseiten ohne Einschränkungen anzusteuern.[986] Eines der in China am weitesten verbreiteten VPN-Programme ist die Software *DynaWeb*, die gemeinsam von chinesischen und amerikanischen Ingenieuren in den Vereinigten Staaten entwickelt wurde und die nach Angaben von Trina Kissel von etwa 100.000 chinesischen Internetnutzern täglich genutzt wird.[987] Aufgrund der geringen Kosten von etwa 40 US-Dollar pro Jahr[988] ist die Verwendung eines VPN-Clients für chinesische Internetnutzer ausgesprochen attraktiv. Insgesamt gibt es mehr als 100 VPN-Angebote,[989] doch dürfte die Dunkelziffer unbekannter Dienste weitaus höher sein.

In einem weiteren Kontext nutzten beide Techniken – Proxy und VPN – einen Kompromiss der politischen Führung im Hinblick auf den Umgang mit verschlüsselten Datenpaketen: Da vor allem internationale Konzerne mit Dependancen in China darauf angewiesen sind, über Datenverschlüsselung mit dem ausländischen Firmennetzwerk zu kommunizieren (etwa um sichere E-Mails zu verschicken oder interne Daten zu übermitteln)[990], lässt die chinesische Regierung alle

---

[982] VPN steht für *Virtual Private Network.*
[983] Vgl. Plötner/Wendzel (2007): S. 237.
[984] Vgl. ebd., S. 238.
[985] Vgl. ebd., S. 239.
[986] Vgl. Berkman Center (2010a): S. 2f. ; Bandurski (2008): S. 68.
[987] Vgl. Kissel (2007): S. 264.
[988] Vgl. Bandurski (2008): S. 68.
[989] Vgl. Berkman Center (2010a): S. 6f..
[990] Vgl. Deutsche Bank Research (2010c).

verschlüsselten und damit für die Filter nicht einsehbaren Daten grundsätzlich passieren.[991] Es wäre nach Aussage des Journalisten David Bandurski ein Leichtes, die chinesischen Backbones darauf zu programmieren, verschlüsselte Datenpakete grundsätzlich zu blockieren.[992] Allerdings wären die politischen Kosten aufgrund der Nachfrage ausländischer Firmen nach sicherer Verschlüsselungstechnik so groß, dass der ökonomische Schaden den politischen Gewinn deutlich übersteigen würde. Mit wachsenden ausländischen Direktinvestitionen und der zunehmenden Etablierung ausländischer Konzerne in China steigen die politischen Kosten für einen solchen Schritt kontinuierlich. Insofern ist davon auszugehen, dass die Umgehung der Filtersysteme durch Verschlüsselungstechnik sich dauerhaft als effizientes Instrument zur Ausschaltung der Zensur erweisen wird. Prägnant hat es der australische Politikwissenschaftler Jason Lacharite bereits im Jahr 2002 formuliert: „Several recent experiences confirm that censorship technologies simply cannot counterbalance the impact of anti-blocking programs or even the bored hacker – their effectiveness is now measured in days, not in months."[993] Um mit der Entwicklung neuer Umgehungstechniken mitzuhalten, argumentiert er, müsste die politische Führung in China ihr aufwendiges Filtersystem regelmäßig komplett umstellen – eine Option, die allein aus finanziellen Gründen kaum machbar erscheint.[994]

4.2.2.3 Tunneling

Eng verwandt mit den bereits beschriebenen Umgehungstechniken ist die Methode des *Tunneling*. Der konstruierte „Tunnel", von dem in der Bezeichnung der Technik die Rede ist, besteht in der Verschachtelung mehrerer Übertragungsprotokolle. Während die chinesische Internetzensur vor allem auf der Basis der standardisierten TCP/IP-Protokollfamilie stattfindet, kann etwa mit Hilfe eines weniger bekannten Protokolls ein Server außerhalb der Volksrepublik angesteuert werden.[995] Als äußeres Protokoll dient beispielsweise das *Internet Control Message Protocol* (IMCP), das im Normalfall eingesetzt wird, um über mögliche Datenübertragungsfehler im netzwerk – also Störungen des Routings oder der Datenpakete – zu berichten.[996] Dazu tritt eine Reihe weiterer Tunnelprotokolle, allen voran das *IPIP*-Protokoll, bei dem IP-Pakete innerhalb von anderen IP-Paketen getunnelt werden, sowie das *General Routing Encapsulation Protocol* (GRE) und die auf der Datagramm-

---

[991] Vgl. Bandurski (2008): S. 68.
[992] Vgl. ebd.
[993] Lacharite (2002): S. 341.
[994] Vgl. Lacharite (2002): S. 341.
[995] Vgl. Berkman Center (2010a): S. 3.
[996] Vgl. Wolfgarten (2006).

schicht zwei ansetzenden Standards *Point-to-Point-Tunneling Protocol* (PPTP) und *Layer 2 Tunnelng Protocol* (L2TP).[997] Greift das Tunnelprotokoll bereits, wie die modernen warianten PPTP und L2TP auf der zweiten Schicht des Datagramms, so werden die Daten aller nachfolgenden Schichten in das Tunnelprotokoll eingekapselt.[998]

Während diese Tunnelprotokolle die unzensierte Verbindung zwischen dem Computer und dem zensurfreien Server im Ausland herstellen, können darin beispielsweise blockierte Internetseiten über das reguläre TCP/IP-Protokoll übertragen werden. Ferner können die Daten zusätzlich über die Verschlüsselungsprotokolle *Secure Shell* (SSH) und *Secure Socket Layer* (SSL) kodiert werden, was die Sicherheit abermals erhöht.[999] Da diese Datenpakete über einen vorher definierten *Port* übertragen werden, der in der Regel vom Standardport abweicht, wird die Technik des Tunneling auch als *Portweiterleitung* beschrieben.[1000] In der Regel übernimmt eine kostenpflichtige Software die Aufgabe, den Tunnel zu konstruieren; allerdings sind viele kommerzielle Angebote bereits bekannt und werden daher in China gezielt blockiert. Dazu tritt die Notwendigkeit, auf den Rechnern ein Computerprogramm zu installieren – das macht eine Anwendung auf öffentlichen Computern fast unmöglich, da dort das Herunterladen von Drittsoftware in der Regel technisch unterbunden wird.[1001]

Vor allem bei der Verwendung verschlüsselter Tunnelprotokolle ist diese Art der Zensurumgehung aber als sicher zu bewerten.[1002] Allerdings ist die Verwendung des Tunneling ausgesprochen anspruchsvoll und daher für viele chinesische Internetnutzer mit Grundkenntnissen der Internetübertragungstechnik kaum ohne fremde Hilfe einzurichten.[1003]

4.2.2.4 Circumventor-Seiten

Eine deutlich einfachere und weniger anspruchsvolle Technik zur Umgehung der Zensur besteht in der Verwendung von sogenannten „Circumventor"-Seiten.[1004] Diese Internetseiten werden im Webbrowser aufgerufen wie jede andere Internetseite auch, daher sind keine technischen Modifikationen des Computers erforderlich. Die Seiten bestehen normalerweise aus einem Eingabefenster, in das die Besu-

---

[997] Vgl . Plötner/Wendzel (2007): S. 241.
[998] Vgl. ebd., 240.
[999] Vgl. Wolfgarten (2006).
[1000] Vgl. Villeneuve (2008): S. 67.
[1001] Vgl. ebd., 68.
[1002] Vgl. Wolfgarten (2006).
[1003] Vgl. Villeneuve (2008): S. 68; Wolfgarten (2006).
[1004] Vgl. im Folgenden: Villeneuve (2008): S. 59. Ein vom Autor genanntes Beispiel ist das Angebot von *http://www.unipeak.com.*

cher die jeweilige Internetadresse derjenigen Seite eintragen können, die sie ansteu-
ern möchten. Im Rahmen der Circumventor-Seite wird dann der Inhalt der eigentlich blockierten Seite angezeigt. Allerdings haben Circumventor-Seiten den Nachteil, dass *erstens* beliebte Seiten schnell von den Zensurbehörden bemerkt und indiziert werden und dass *zweitens* auch bei unbekannteren Angeboten die Geschwindigkeit der Datenübertragung oftmals sehr gering ist. Manche Angebote sind kostenlos, andere sind mit Kosten von etwa 80 US-Dollar pro Jahr aber relativ teu-
er.[1005]

4.2.2.5   Bilder statt Text

Internetseiten bestehen vor allem aus Text. Nachrichtenportale machen sich diese
Logik zunutze: Sie sind beispielsweise darauf angewiesen, dass ihre Inhalte im Internet gefunden werden, folglich setzen sie primär Text ein, damit die Internetnutzer bei der Suche nach einem Thema auf ihre Seite gelangen. Andersherum gilt:
Internetzensur ist Textzensur. Während Nachrichtenportale Bilder und Grafik-
Animationen nur spärlich einsetzen, weil nur relativ wenige Internetnutzer ohne
Text den Weg zu ihnen finden, besteht in der Verwendung von Bilddateien eine
noch relativ neue und wenig erforschte Methode, die gängigen Textfilter zu umgehen.
    Ein Vorreiter auf diesem Gebiet ist das Schweizer Projekt *Picidae*, das sich vor
allem als Kunstprojekt versteht.[1006] Dennoch hat es eine zutiefst politische Dimension. Mehrere Server, die vor allem in Europa positioniert sind, machen sich den
grafischen Effekt wie folgt zunutze: Ruft ein Internetnutzer etwa in China die Seite
www.picidae.net auf, kann er dort in einem Suchfenster die URL der gewünschten
Internetseite eingeben. Insofern funktioniert die Seite grundsätzlich wie die bereits
beschriebenen Circumventor-Seiten. Allerdings ist die Logik eine andere: *Picidae*
erstellt auf dem europäischen Server ein Abbild der gesuchten Internetseite als
Bilddatei – einen sogenannten *Screenshot* – und zeigt diesen dem Internetnutzer an.
Dadurch können die Schlagwortfilter der chinesischen Firewall den Inhalt weder
erkennen noch herausfiltern. Nach eigenen Angaben soll die Seite auch innerhalb
Chinas funktionieren, wie die Initiatoren in einem Gastbeitrag für *Reporter Ohne
Grenzen* berichten.[1007] Da die zentralen Server der Seite innerhalb Chinas bereits
indiziert sind, bietet das Projekt via E-Mail externe Proxy-Server an, mit deren

---

[1005] Beispiel für eine kostenlose Anwendung ist etwa die Internetseite *http://www.the-cloak.com* (abgerufen am 22.9.2010); das Angebot von *http://www.anonymizer.com* wurde mit einem jährlichen Abonne-
ment-Preis von annähernd 80 US-Dollar beworben (abgerufen am 22.9.2010).
[1006] Vgl. im Folgenden Picidae (2008): S. 37f.
[1007] Vgl. ebd.

Hilfe eine weitere Nutzung möglich ist.[1008] Zudem ist es beispielsweise nicht möglich, Zugangsdaten zu passwortgeschützten Internetseiten einzugeben. Auch muss die Ziel-URL der gewünschten Seite bekannt sein, da es nicht möglich ist, Hyperlinks anzuwählen. Damit bietet die Verwendung von Bilddateien zwar einen zusätzlichen Kanal zur Umgehung der chinesischen Zensur, aufgrund des geringen Komforts und der relativ großen Effizienz der bereits beschriebenen Verschlüsselungstechniken ist es aber wenig wahrscheinlich, dass sich grafikbasierte Umgehungstechniken dauerhaft als Alternativen etablieren werden.

4.2.2.6 P2P-Netzwerke

Neben Verschlüsselungstechnik mittels Proxy und VPN sowie neben Circumventor-Seiten ermöglichen Peer-to-Peer-Netzwerke (P2P) es, Daten an der „Großen Firewall" vorbeizuschleusen. P2P-Netzwerke wurden bereits im Zusammenhang mit Internetaktivismus durch Überseechinesen als Instrumente charakterisiert, mit deren Hilfe regierungskritische Informationen an chinesische Internetnutzer weitergeleitet werden. Doch auch eine umgekehrte Nutzung von P2P-Netzwerken ist möglich. Das bekannteste Beispiel der vergangenen Jahre ist das Programm *Triangle Boy*, das im April 2001 auf den Markt kam und das insbesondere für chinesische Internetnutzer entwickelt wurde, um blockierte ausländische Webseiten zu öffnen.[1009] Allerdings wurde der Datenfluss ausschließlich über die Server des Herstellers *Safeweb* abgewickelt, und so war es den chinesischen Behörden alsbald möglich, die IP-Adressen der entsprechenden Server zu sperren. In der Folge sank die Zahl der chinesischen Nutzer von *Triangle Boy* binnen weniger Monate um 80 Prozent.[1010] Es wird daher argumentiert, dass Umgehungssoftware wie die bereits beschriebenen Programme zunehmend die Funktion von P2P-Netzwerken übernimmt.[1011]

Den anderen chinesischen P2P-Netzwerken gelang es aber, ihren Datenstrom zumindest so zu verteilen, dass ein fortdauernder Betrieb möglich ist. *Freenet China* wurde ebenfalls im Jahr 2001 entwickelt und alsbald innerhalb Chinas blockiert; allerdings kursieren unter chinesischen Internetdissidenten diverse Zugriffsmöglichkeiten via E-Mail.[1012] Der Kern der Nutzer wird auf wenige tausend Mitglieder geschätzt; allerdings wird das Programm Berichten zufolge sehr intensiv zum Aus-

---

[1008] Im Diskussionsforum zum *Picidae*-Projekt berichtete eine Nutzerin aus Peking am 24. August 2009, dass die Seite blockiert sei. Ein Projektmitarbeiter teilte ihr zwei Tage später mit, dass er ihr alternative Zugangsdaten für China per E-Mail habe zukommen lassen, vgl. Picidae (2010).
[1009] Vgl. Chase/Mulvenon (2002): S. 68.
[1010] Vgl. ebd., 69.
[1011] Vgl. Chase/Mulvenon/Hachigian (2006): S. 85.
[1012] Vgl. ebd., 80.

tausch politisch sensibler Dokumente und regierungskritischer Kommentare ge-
nutzt.[1013] Der Vorteil von P2P-Technik liegt in der relativ großen Anonymität der
Nutzer, da P2P-Netzwerke – wie der Name bereits verdeutlicht – eine
Direktverbindung zwischen zwei Computern herstellen, um Daten auszutauschen.
Nur der Verbindungsaufbau wird von einem oder mehreren zentralen Servern aus
koordiniert, die eigentliche Datenübertragung ist aber dezentral.[1014] Über diesen
Kommunikationskanal können auch Internetseiten aufgerufen werden, die
eigentlich gesperrt sind. Nach Auskunft eines chinesischen Internetnutzers seien
im damals bereits weitgehend blockierten Netzwerk *Triangle Boy* an einem Tag bis
zu 110.000 gesperrte Internetseiten aufgerufen worden.[1015] Eine Befragung weiterer
Internetnutzer zeigte, dass blockierte chinesischsprachige Nachrichtenseiten
deutlich beliebter waren als beispielsweise das Herunterladen von verbotenen
Schriften und Dokumenten.[1016] Allerdings wurde auch bereits deutlich, dass P2P
nicht ausschließlich zur Umgehung politischer Zensur genutzt wird und stattdessen
vor allem im kommerziellen Bereich Anwendung findet. Ein Beleg dafür ist das mit
bis zu 300.000 täglichen Zugriffen sehr erfolgreiche chinesische P2P-Netzwerk
Dynaweb, das vor allem zum Austausch von Unterhaltungsangeboten wie Musik-
und Videodateien konzipiert wurde.[1017] Allerdings ist es im Rahmen gewisser
Grenzen natürlich auch über die großen kommerziellen Plattformen möglich,
politisch sensible Inhalte auszutauschen und damit auch vereinzelte Internetseiten
aufzurufen, die über einen regulären Zugang nicht erreichbar wären.

4.2.3   *Sprachliche und kommunikative Umgehungsstrategien*

Die beschriebenen technischen Umgehungsstrategien haben sich zwar als ausgesprochen wirksam erwiesen, allerdings ist für ihre Beherrschung gleichsam ein umfassendes Wissen um die korrekte Konfiguration der einzelnen Instrumente erforderlich. Diese Komplexität mindert die Effektivität dieser Techniken, da sie nur
von einem kleinen Teil der chinesischen Internetnutzer verwendet werden können.
Zu diesen technischen Methoden tritt eine Vielzahl kommunikativer Umgehung-
techniken. Sie setzen nur eine durchschnittliche technische Versiertheit voraus und
sind daher grundsätzlich für einen wesentlich größeren Personenkreis nutzbar. Der
folgende Satz bringt das auf den Punkt: „Keine demokratische Bewegung in der

---

[1013] Vgl. Chase/Mulvenon/Hachigian (2006): S. 80.

[1014] Vgl. ebd., 85.

[1015] Vgl. ebd., 87.

[1016] Vgl. ebd., 87f. Von den Autoren genannte Beispiele für gesperrte Nachrichtenseiten sind
http://www.chinesenewsnet.com (heute *http://www.dwnews.com*) und *http://www.wenxuecity.com*.

[1017] Vgl. Chase/Mulvenon/Hachigian (2006): S. 81.

Geschichte der Menschheit ist jemals unterbrochen worden, nur weil das Wort
‚Demokratie' nicht ausgesprochen werden durfte", zitieren Jack Goldsmith und
Tim Wu einen chinesischen Blogger.[1018] Denn der kreative Einsatz von Sprache
ermöglicht es in gewissen Grenzen, die Zensur zu umgehen – indem das diskutier-
te Thema nicht als solches offensichtlich erscheint. So sei es üblich, argumentieren
Goldsmith und Wu, dass in bekannten chinesischen Chaträumen beispielsweise
intensiv über Kohl und Karotten debattiert werde, während eigentlich Demokratie
und Mehrparteiensystem gemeint seien.[1019] Freilich sind die wenigsten sprachlichen
Umformungen derart einfach zu durchschauen, wie es im Beispiel der Fall ist.
Denn es liegt auf der Hand, dass sich viele sprachliche Konventionen in bestimmten sozialen Sphären herausbilden und daher keine allgemeine sprachliche Norm
für linguistische Internetcodes existiert, die im Rahmen einer Überblicksdarstellung
referiert werden könnte. Dennoch gibt es aus der Vergangenheit einige Beispiele,
welche die sprachliche Logik bei der Verwendung neuer Codes freilegen.

　　Yang Guobin berichtet von einem der frühesten Beispiele aus dem Jahr
2009:[1020] Als Studenten der Pekinger Universität merkten, dass ihre Beiträge zu
einem Vorfall an der Universität nicht im Forum *Starkes Land* veröffentlicht worden, griffen sie zu einem Trick: Nachdem sie herausgefunden hatten, dass die von
ihnen verwendete Kurzform für die Pekinger Universität, 北大 (*bei da, kurz für
beijing daxue, Universität Peking*), die Sperre auslöste, fügten sie Satzzeichen oder arabische Ziffern zwischen den beiden Zeichen ein. Beiträge mit den Wortkombina-
tionen „北.大" oder „北2大" erschienen daraufhin im Forum – die Zensuralgorithmen erkannten die Modifikation nicht.

　　In der Folge haben sich sowohl die Filter der Regierung als auch die
sprachliche Kreativität der Internetnutzer enorm weiterentwickelt: Das umstrittene
amerikanische Internetportal *Wikileaks* veröffentlichte am 2. Mai 2009 eine Liste
mit angeblich gesperrten Begriffen bei der Suchmaschine *Baidu*.[1021] Darunter
befinden sich auch 57 Schlagwörter im Zusammenhang mit dem Tiananmen-
Zwischenfall am 4. Juni 1989, deren Vielfalt in der Beschreibung desselben
Ereignisses auf die Kreativität sprachlicher Codes schließen lässt. Unter den
gesperrten Begriffen werden neben „tiananmen" und der chinesischen
Schreibweise „天安门" unter anderem die Kurzformen „TAM" und „北京风波 "
(*beijing fengbo, Pekinger Zwischenfall*) sowie die Kurzformen für das Datum, „6.4.",
„8964", „liusi" (*Pinyin für die Zahlen 64*), „一九八九年" (*yi jiu ba jiu nian, Jahr 1989*),

---

[1018] Eigene Übersetzung, zitiert nach Goldsmith/Wu (2006): S. 103.
[1019] Vgl. Goldsmith/Wu (2006): S. 103.
[1020] Vgl. im Folgenden: Yang (2009): S. 61.
[1021] Vgl. Wikileaks (21.5.2010). Auch auf empirischem Wege konnte nachgewiesen werden, dass politisch sensible Schlüsselbegriffe zu Tiananmen, Demokratie, Menschenrechten, dem Dalai Lama und
einzelnen ausländischen Nachrichtenseiten von *Baidu* zensiert werden, vgl. Wang N. (2008): S. 74f.

„89年 " (Jahr 89) und „六4" aufgeführt. Bisweilen verwendeten Internetnutzer auch das Datum „35. Mai", um den 4. Juni zu beschreiben. Bereits nach drei bis vier Tagen war aber auch diese Umschreibung den Behörden aufgefallen und wurde blockiert.[1022] Das Beispiel verdeutlicht, welche Vielfalt an Ausdrucksmöglichkeiten die chinesischen Internetnutzer zur Benennung des Tiananmen-Massakers entwickelt haben: Sie reichen von der Umschreibung des Ereignisses in chinesischen Schriftzeichen über die Übersetzung derselben in Pinyin, die ausschließliche Verwendung von Zahlen in chinesischen Schriftzeichen oder in arabischen Ziffern bis zur Kombination mehrerer Schriftsysteme. Auch ist es möglich, einzelne oder mehrere Zeichen eines Begriffes gegen andere Zeichen auszutauschen, die aber dieselbe Aussprache haben. Durch den Einsatz dieser Homophone verliert das Wort augenscheinlich seine Bedeutung; in der Aussprache der Zeichen tritt diese aber wieder hervor.[1023]

Für andere politisch sensible Begriffe gilt dieselbe Logik wie beim Tiananmen-Beispiel. Yang Guobin verweist in diesem Zusammenhang sogar auf die Entstehung einer neuen Internetsprache, die sich als eine Kombination aus chinesischen Schriftzeichen, lateinischen Buchstaben sowie Satzzeichen und Symbolen darstellt.[1024] Allerdings liegt es auf der Hand, dass die Verständlichkeit der Zeichensysteme mit zunehmender Komplexität der immer weiter abnimmt. Bei einer sprachlichen Umcodierung bis fast zur Unkenntlichkeit ist die Botschaft aber nur für einen sehr kleinen Personenkreis überhaupt noch zugänglich. Die Achillesferse der Verwendung sprachlicher Codes ist also das Kriterium der Verbreitung.

Chinesische Internetnutzer sehen sich also einem Dilemma gegenüber: Damit der sprachliche Code verstanden wird, muss ein größerer Personenkreis seine Bedeutung kennen und verstehen. Aber mit der Größe der informierten Personen steigt das Risiko, dass der Code auch die Regierungsstellen und Parteibüros erreicht und die verwendeten Begriffe in ihrer Kombination ebenfalls indiziert werden können. Negativ formuliert, brachte es der in Harvard lehrende Jurist Bill Stuntz auf den Punkt, indem er sagte: „The secret code either won't work, or its users will be caught."[1025] Positiv gewendet, so argumentieren Ashley Esarey und Qiang Xiao, habe sich durch die Etablierung sprachlicher Codes die Meinungsfreiheit aber insbesondere in chinesischen Weblogs in einer Weise erhöht, die auch abweichende Meinungen zum Ausdruck bringt und daher die Bedeutung der KPC als Propaganda-Akteur deutlich geschwächt.[1026]

[1022] Persönliches Gespräch mit Kristin Kupfer.
[1023] Vgl. Giese (2005): S. 47. Vor allem beim Begriff *Falun Gong*, der aus drei chinesischen Schriftzeichen besteht, wird ein Austausch einzelner Zeichen häufig praktiziert, bestätigt im persönlichen Gespräch mit Kristin Kupfer.
[1024] Vgl. Yang (2009): S. 61.
[1025] Zitiert nach Goldsmith/Wu (2006): S. 103.
[1026] Vgl. Esarey/Xiao (2008): S. 770f.

Mit der Charakterisierung des Internets als dezentrales Kommunikationsmedium hat sich die Überzeugung durchgesetzt, dass sich die Möglichkeit, sprachliche Codes zu entwickeln und zu verwenden, exponentiell erhöht hat.[1027] In diesem Sinne tragen sprachliche Modifikationen dazu bei, den öffentlichen Diskurs im Internet zumindest schrittweise zu liberalisieren. Diese Feststellung ist umso bedeutender, als die Ausdehnung der kommunikativen Grenzen innerhalb des Systems stattfindet und nicht außerhalb angesiedelt ist, wie es bei der technischen Umgehung der Zensur der Fall war.

Die Vielfalt der Kommunikationskanäle im Internet trägt ebenfalls in starkem Maße zur Umgehung der gängigen Zensurinstrumente der „Great Firewall" bei. Es wurde bereits deutlich, dass vor allem die Kommunikation über *E-Mail* bei regierungskritischen Internetnutzern kaum ersetzbar ist. Abgesehen von wenigen Beispielen, in denen die Betreiber der E-Mail-Plattformen wie etwa *Yahoo* persönliche Daten von Dissidenten an die Behörden weiterleiteten, hat sich die E-Mail als Schlüsseltechnik erwiesen: Nicht nur erlaubt der digitale Brief die Übermittlung regierungskritischer Dokumente, die im öffentlichen Internet alsbald gelöscht würden; auch zirkulieren über E-Mail-Postfächer beispielsweise zahlreiche Anleitungen, wie die technischen Instrumente zur Zensurumgehung korrekt eingestellt werden müssen.[1028] Damit ist die E-Mail das kommunikative Rückgrat chinesischer Internetdissidenten. Es verwundert daher, dass sich die Anstrengungen von Partei und Regierung in der Vergangenheit nicht deutlich stärker auf die Kontrolle des E-Mail-Verkehrs innerhalb Chinas konzentriert haben.

Dabei werden E-Mails in China durchaus zensiert: Nach Jonathan Zittrain und Benjamin Edelman erreichen die elektronischen Briefe ihren Adressaten vor allem dann nicht, wenn dessen Adresse aus einer Domain besteht, die gesperrt ist.[1029] Eine Filterung von E-Mails auf der Ebene der Backbone-Netze vermochten die Forscher der *OpenNet Initiative* in ihrer Untersuchung aus dem Jahr 2005 nicht nachzuweisen; stattdessen werde die Zensur vor allem bei den einzelnen chinesischen E-Mail-Anbietern praktiziert, argumentierten sie. Mehrere von den Forschern zu Testzwecken verschickte Nachrichten mit politisch brisanten Begriffen wurden vom System blockiert.[1030] Allerdings sind nur die chinesischen E-Mail-Dienstleister zu derlei Kontrollen verpflichtet, für ausländische Mail-Programme gilt die chinesische Zensur natürlich nicht.[1031] Da nach Zittrain und Edelman keine E-Mail-Zensur auf Backbone-Ebene stattfindet, ist es folgerichtig, dass die Mehrheit der E-Mails ihre Empfänger ungeachtet des Inhalts der

---

[1027] Vgl. Esarey/Xiao (2008): S. 753.

[1028] Persönliches Gespräch mit Kristin Kupfer.

[1029] Vgl. Zittrain/Edelman (2002).

[1030] Vgl. ONI (2005): S. 46.

[1031] Eine Ausnahme besteht in ausländischen Konzernen mit einer Niederlassung in China, die in der Regel – wie *Yahoo* es tat – eine Selbstverpflichtungserklärung gegenüber der Regierung unterzeichnen.

Nachrichten erreicht. Zusätzlich bieten viele E-Mail-Dienstleister mehrere Verschlüsselungstechniken an. Da verschlüsselte Daten die „Große Firewall" relativ mühelos passieren können, gelten verschlüsselte E-Mails zu Recht als relativ sichere Kommunikationskanäle.[1032]

Darüber hinaus haben die Angebote des Web 2.0 die Palette der möglichen Kommunikationsmittel um ein Vielfaches erweitert. Zwar zeigte die Untersuchung, dass die gängigen Programme vielfach mit einer Sperrliste blockierter Schlüsselwörter verbunden sind,[1033] doch ermöglicht es die Verwendung neuer sprachlicher Codes, die Zensur wirkungsvoll zu umgehen.

Auch die Kurzmitteilung, die zwischen zwei Mobiltelefonen verschickt wird, spielte bislang eine wesentliche Rolle bei der Verbreitung von verbotenen Informationen. Neben der Informationsverbreitung über das Internet war es auch die SMS, mit der sich im Jahr 2003 Millionen Chinesen gegenseitig vor der SARS-Epidemie warnten oder in Xinjiang 2009 Protestkundgebungen organisierten.[1034] Allerdings wurde bereits im Laufe des Jahres 2009 bekannt, dass die drei großen chinesischen Mobilfunkbetreiber auch zunehmend Kurzmitteilungen auf sensible Schlagwörter durchleuchten und bei positivem Ergebnis aussortieren. Zwar bezogen sich die als „gelbe Inhalte" bezeichneten Schlagwörter vor allem auf pornografische Texte doch äußerten Menschenrechtsorganisationen zunehmend die Sorge, dass eine politische Zensur in Zukunft als wahrscheinlich gilt.[1035] Da der chinesische Mobilfunkmarkt, anders als der Internetsektor, kaum von einer zunehmenden Dezentralisierung gekennzeichnet ist, ist eine Liberalisierung im Bereich der SMS-Kommunikation auch nicht in gleichem Maße zu erwarten. Es ist stattdessen wahrscheinlich, dass mobil nutzbare Instant-Messaging-Anwendungen die klassische Kurzmitteilung in ihrer Funktion als Kommunikationsinstrument ersetzen werden.

Die bislang skizzierten Umgehungsstrategien durch die Wahl geeigneter Kommunikationskanäle bezogen sich vor allem auf den Informationsaustausch zwischen zwei Personen. Stehen hingegen kollektive Akteure im Fokus der Betrachtung, verbindet sich die Frage nach einem geeigneten Kommunikationskanal mit der Wahl einer geeigneten Organisationsform. Ein Beispiel organisationeller Umgehung der chinesischen Zensur skizzierte die zwischenzeitlich inhaftierte Bloggerin und Studentin Liu Di nach ihrer Freilassung im Dezember 2003:

[1032] Vgl. Pierrat (2008): S. 71f.

[1033] Wie beispielsweise das IM-Netzwerk *QQ*, vgl. ONI (2005): S. 47.

[1034] Vgl. Freedom House (2009a): S. 41; Amnesty International (2010): S. 12.

[1035] Vgl. Freedom House (2009a): S. 7; Deibert/Palfrey/Rohozinski/Zittrain (Hrsg.) (2010): S. 466. Siehe auch Goldenstein (2007): S. 87; Xinhua (24.1.2010).

„We opened a secret forum in Xici and gave it an insuspicious name, ‚Good friends come and play.' Because the forum serial number is 71138, we also called it Forum 71138. Our purpose was to discuss what we could do for the progress of China. We decided to meet at 8pm every Friday in the chatroom of the secret forum."[1036]

Neue Geräte zur Informationsübertragung haben die Möglichkeiten einer kommunikativen Zensurumgehung abermals vergrößert. So berichtete Frank Sieren beispielsweise, dass das Lesen westlicher Nachrichtenmedien auf dem E-Book-Lesegerät *Kindle* problemlos möglich sei.[1037] Das Beispiel zeigt, wie träge die chinesische Zensur auf neue technische Entwicklungen reagiert.

[1036] Zitiert nach Yang (2009): S. 61f.
[1037] Persönliches Gespräch mit Frank Sieren.

5. Fazit und Ausblick
Das Internet chinesischer Prägung

5.1 Die politische Führung steht vor einem Kontrolldilemma

Ist das chinesische Internet angesichts des umfassenden Zensur- und Kontrollsystems in der Lage, die ihm vielfach zugeschriebenen Funktionen einer Zusammenführung gesellschaftlicher Akteure, der politischen Themensetzung und des Aufbaus politischen Drucks auf Partei und Regierung zu erfüllen? Diese drei Funktionen wurden als Indikatoren für eine zunehmende innenpolitische Liberalisierung herangezogen, wobei Liberalisierung in diesem Zusammenhang grundsätzlich als die zunehmende Fähigkeit gesellschaftlicher Akteure definiert wurde, im öffentlichen Raum einen freien – d.h. nicht durch thematische Restriktionen eingegrenzten – Diskurs über politische Themen zu führen.

Erstens geht es also darum, die Voraussetzungen für eine gesellschaftliche Liberalisierung durch das Internet abzuwägen: Lieferte die Darstellung des Internets als politisches Partizipationsmedium ausreichende Hinweise darauf, dass eine den Liberalismus fördernde diskursive Praxis im chinesischen Internet überhaupt in ausreichendem Maße stattfindet?

In einem *zweiten* Schritt sollen diese zusammengefassten Ergebnisse, die das Internet als politisch-sozialen Raum kennzeichnen, als abhängige Variable betrachtet werden, wobei das System zur Zensur und Kontrolle des chinesischen Internets als unabhängige Variable gilt. Inwieweit wirkt sich die Zensur also auf das zuvor beschriebene liberalisierende Potenzial des Internets aus?

Die Diskussion der Schwachstellen des Kontrollregimes führt in Kombination mit einer Trendverlängerung im Hinblick auf das weitere Wachstum des chinesischen Internetsektors *drittens* zu einer Schlussfolgerung, die mit dem Begriff des *Kontrolldilemmas* verbunden ist. Dabei geht es um die Grenzen der Kontrollierbarkeit des Internets und die daraus resultierenden Rückwirkungen auf den gesellschaftlichen und politischen Einfluss des Mediums. Die Brisanz dieses Dilemmas wird vor allem in der Betrachtung der Zusammenhänge zwischen der Kontrolle des Internets und der Erzeugung politischer Legitimität für die KPC deutlich.

Das Internet ist in China primär ein Unterhaltungsmedium. Unpolitisch sind seine Nutzer damit gleichwohl nicht. Zwar sind Unterhaltungsangebote wie etwa Musik, Videos und Spiele bei ihnen ausgesprochen beliebt und haben die klassische Informationssuche innerhalb der vergangenen Jahre an der Spitze der am meisten genutzten Internetanwendungen verdrängt. Doch gaben im Juni 2010 immer noch mehr als drei von vier chinesischen Internetnutzern an, im Netz Nachrichten zu lesen und Suchmaschinen zur Informationsrecherche zu verwenden. Und mehr als jeder zweite bestätigte, regelmäßig Weblogs zu lesen.[1038]

Darüber hinaus hat sich das Internet in China als Kommunikationsmedium etabliert. Der Nachrichtenaustausch via Instant Messaging ist unter chinesischen Internetnutzern bereits heute die viertbeliebteste Anwendung; die Verwendung sozialer Netzwerke folgt auf Platz neun. Die damit einhergehende zunehmende Vernetzung chinesischer Bürger führt zu einer zunehmenden Herausbildung einer Internetöffentlichkeit. Sie untergräbt, um mit William Kornhauser zu argumentieren, die von der KPC angestrebte „Atomisierung" ihrer Bürger.[1039] Das ist wichtig, weil die Bedeutung regimekritischer Bewegungen im Internet mit zunehmender Zahl der vernetzten Nutzer steigt. Gleichzeitig sinkt der Einfluss der Partei als meinungsbildender Instanz, da sie ihre Vorherrschaft in diesem Bereich einbüßt. Zwar wurde deutlich, dass politische Informationen innerhalb dieser internetbasierten Kommunikationsstrukturen im „Normalmodus" im Vergleich zu Unterhaltungsangeboten keine herausragende Bedeutung haben; im „Krisenmodus"[1040] aber – wie etwa dem eingangs skizzierten SARS-Fall – führt Vernetzung zu einer raschen Verbreitung bestimmter Informationen, sobald für die Nutzer die klassischen Nachrichtenfaktoren der Relevanz und der Nähe gelten.

Damit kann nachvollziehbar argumentiert werden, dass das chinesische Internet in seiner gegenwärtigen Grundstruktur durchaus ein Nährboden für politische Partizipation sein kann. Die Untersuchung des Internets als politisches Partizipationsmedium zeigte, dass sich im Internet jene individuellen und kollektiven Akteure, die nicht formell institutionalisiert sind, als besonders schlagkräftig erwiesen haben. Dazu gehören vor allem chinesische Menschenrechtsaktivisten, politische Dissidenten und zahlreiche Nutzer, die dem Phänomen des Ad-hoc-Aktivismus zuzurechnen sind. Neben den Aktivisten, die sich innerhalb der Volksrepublik befinden, tragen auch politisch engagierte Überseechinesen zu einer Verstärkung politischer Partizipation in China bei. Vieles spricht dafür, dass der von Yang

---

[1038] Vgl. CNNIC (2010a).

[1039] Kornhauser, zitiert nach Zheng (2008): S. 91.

[1040] Die Unterscheidung zwischen Normal- und Krisenmodus geht zurück auf Heilmann (2004): S. 42f.: „Während Entscheidungen in Phasen der Routinepolitik durch ausgedehnte Verfahren der Kompromissfindung gekennzeichnet sind, tritt in akuten und stabilitätsbedrohenden Krisensituationen ein Ausnahmemodus der Willensbildung in Kraft, der von einer Zentralisierung, Ideologisierung und Dekretierung politischer Entscheidungen geprägt ist."

Guobin im Hinblick auf das Internet verwendete Begriff der „Kommunikationsrevolution"[1041] durchaus angemessen ist: Ohne Zweifel senkt das Internet die Transaktionskosten für politisch engagierte und regierungskritische Chinesen, die sich mithilfe des Cyberspace gesellschaftlich organisieren und deutlich effizienter kommunizieren können. Beispiele wie die Verbreitung der SARS-Krankheit 2003, der „BMW-Zwischenfall" im selben Jahr oder die Proteste über die Ausweisung Feng Zhenghus im Herbst 2009 zeigten, dass das Internet in China besonders bei einer intensiven und dezentralen politischen Partizipation der Internetnutzer imstande ist, staatliche verhängte Informationsblockaden zu durchbrechen und politische Entscheidungen einer Überprüfung zu unterziehen.

In welchem Ausmaß lassen diese Befunde auf den grundsätzlichen Prozess gesellschaftlicher Liberalisierung schließen? Eine Überprüfung aller drei Indikatoren ermöglicht eine Festlegung.

- *Vernetzung gesellschaftlicher Akteure:* Das Internet erfüllt in China vor allem die Funktion eines Kommunikationsmediums. Die Untersuchung zeigte, dass die chinesischen Internetnutzer neue Kommunikationstechniken des Web 2.0 schnell adaptiert haben und diese im Alltag intensiv nutzen. Damit erfüllt das Internet in China das erste Kriterium politischer Liberalisierung, die Vernetzung gesellschaftlicher Akteure, ohne Abstriche. Es schafft mit der Konstruktion eines dichten Kommunikationsnetzes überhaupt erst die Grundlage für einen intensiven und unmittelbaren Informationsaustausch.

- *Agenda-Setting:* Ein geteiltes Bild ergibt sich im Hinblick auf das zweite Kriterium, die politische Themensetzung durch den Diskurs im Internet. Da das Internet aufgrund seiner Dezentralität nur schwer zu vermessen ist, existieren noch keine umfassenden empirischen Studien über seine Fähigkeit zum politischen Agenda-Setting. Ein möglicher Ansatz muss also ein exemplarischer sein: Der SARS-Fall 2003 zeigte besonders deutlich, dass die brisante Information über die Verbreitung der Lungenkrankheit entgegen der Informationssperre über das Internet verbreitet wurde und damit überhaupt erst die öffentliche politische Agenda erreichte. Erst nachdem ein signifikanter Teil der Bevölkerung primär aus dem Internet über die SARS-Krankheit erfahren hatte, nahmen Regierungsvertreter in Peking dazu Stellung. Die Fallstudie ist damit ein Beleg dafür, dass das Internet in China grundsätzlich die Fähigkeit besitzt, von der Regierung als geheim eingestufte Themen zum Gegenstand der öffentlichen politischen Agenda zu machen. Es muss allerdings kritisch hinterfragt werden, ob der SARS-Fall exemplarisch für weitere Prozesse des *Agenda-Setting* ist oder nicht. Der „BMW-Fall" aus dem Jahr

---

[1041] Eigene Übersetzung nach Yang (2009): S. 213.

2003 zeigte ebenfalls, dass eine im Internet aufbrandende Welle der Empörung zu einer Thematisierung durch politische Akteure führte: Aufgrund des
vor allem im Internet geäußerten Protests gegen die Aussetzung des Urteils
überprüfte ein anderes Gericht die Entscheidung. Zwar kann argumentiert
werden, dass die Information über die SARS-Krankheit so schnell verbreitet
wurde, weil die Epidemie eine akute Gefährdung für die Bevölkerung dar-
stellte. Die Nähe der Internetnutzer zu der Information war also besonders
groß. Beim „BMW-Fall" war eine solche Nähe hingegen nicht gegeben, der
Fall löste aufgrund der perzipierten Ungerechtigkeit des Justizsystems Empörung aus. Ähnliches gilt auch für den Fall des 2009 in Shenzhen entlasse-
nen KPC-Mitarbeiters, dessen Fehlverhalten erst durch das Internet öffentlich wurde. Die vermuteten Motive für die Verbreitung der Informationen
waren für die chinesischen Internetnutzer also in beiden Fällen unterschiedliche. Es wäre allerdings ein Fehlschluss, auf dieser Grundlage von einem
umfassenden Beitrag des Internets zum chinesischen Agenda-Setting auszugehen. Ein solches wird nach wie vor primär von der KPC durch die Kontrolle der Massenmedien erreicht. Die Untersuchung machte deutlich, dass
es der Propaganda-Abteilung der KPC gelingt, den Informationsfluss bei
traditionellen Massenmedien zu kontrollieren. Diese Fähigkeit von Partei
und Regierung zur Kontrolle der öffentlichen Meinung sollte nicht unterschätzt werden. Dennoch zeigen die genannten Beispiele, dass dem Internet
zumindest das Potenzial zur politischen Themensetzung durchaus zu eigen
ist. Dessen Entfaltung hängt von der weiteren Entwicklung des chinesischen
Internetsektors ab.

- *Aufbau politischen Drucks:* Abermals liefert der SARS-Fall eine Grundlage, die
  für den Einfluss des Internets spricht. Der gesellschaftliche Druck, der sich
  im Zuge der Ausbreitung der Krankheit aufbaute, wurde von der politischen
  Führung durch ein Sicherheitsventil auf ein ungefährliches Maß reduziert:
  Mit der Entlassung des Gesundheitsministers und des Pekinger Oberbürgermeisters reagierte die politische Führung auf die scharfe Kritik der chinesischen Bürger an ihrem Informationsmanagement. Allerdings gilt auch in
  diesem Beispiel eine Einschränkung zulasten des Einflusses des Internets.
  Es ist unwahrscheinlich anzunehmen, dass der gesellschaftliche Druck allein
  durch das Internet erzeugt wurde. Ohne Zweifel trug das Netz in einem wesentlichen Teil dazu bei. Hilfreich ist zudem die Differenzierung Zheng
  Yongnians, der das Internet vor allem als Transmissionsriemen bereits bestehender sozialer Bewegungen charakterisierte.[1042] Eine Loslösung des Ein-
  flussfaktors Internet von anderen sozialen Faktoren ist, wie bereits in der

---

[1042] Vgl. Zheng (2008): S. 41.

Einführung konstatiert wurde, aus methodischer Perspektive kaum möglich. Insofern bestünde eine ausgewogene Schlussfolgerung in der Festlegung, das Internet als ein wesentliches Instrument der Bevölkerung einzuordnen, um Druck auf Partei und Regierung aufzubauen. Das dritte Kriterium wird damit partiell erfüllt.

Die Analyse zeigte, dass die Kriterien gesellschaftlicher Liberalisierung durch das Internet zum Teil erfüllt wurden. Damit wurde auf der Grundlage der betrachteten Fälle der Nachweis erbracht, dass das Internet nicht nur theoretisch aufgrund seiner Nutzerstruktur das Potenzial besitzt, zu einer gesellschaftlichen Liberalisierung beizutragen. Auch machte die Diskussion der Fallstudien deutlich, dass das Potenzial bereits heute in Teilen und noch auf niedrigem Niveau zu einer zunehmenden Liberalisierung beiträgt. Der denkbare Prozess einer politischen Liberalisierung durch das Internet wäre demnach auch als ein dezentraler Ablauf zu kennzeichnen. Die Argumentation legte offen, dass das Potenzial des Internets vor allem in einer kontinuierlichen und thematisch variablen Infragestellung des politischen Systems deutlich wird und nicht im Rahmen einer umfassenden politischen Zielsetzung. Vor allem im Lokalen und bei Ad-hoc-Aktionen entfaltet das Internet seine größte soziale Sprengkraft.

Das Internet wurde zu Beginn dieser Arbeit unter anderem durch seine Dezentralität und durch seine Unmittelbarkeit gekennzeichnet. Das Zusammenspiel beider Faktoren ist der Grund, warum es von Partei und Regierung nur mit großem technischen und organisationellen Aufwand kontrolliert werden kann. Die Untersuchung der chinesischen Zensurbemühungen legte die einzelnen Instrumente des Kontrollregimes offen, dessen Effektivität sich vor allem aus dem Zusammenspiel mehrerer Kontroll- und Zensurebenen ergibt. Der Dezentralität des Internets begegnet die Regierung also mit einer Dezentralität der Zensur: Die politische Führung kontrolliert den Zugang zum Internet, sie sucht das Surfverhalten ihrer Internetnutzer zu überwachen und sie zensiert sowohl über ein zentrales Filtersystem als auch durch die konkrete Sperrung einzelner Internetseiten. Indem die privatwirtschaftlichen Anbieter von Online-Inhalten zur Einhaltung der Zensurbestimmungen verpflichtet werden, setzen Partei und Regierung bei diesen zwischengeschalteten Akteuren starke Anreize zur Selbstzensur. Diese werden im Rahmen sozialer Einflussfaktoren wie beispielsweise durch die öffentliche Verurteilung von Webdissidenten bei den einzelnen Nutzern reproduziert.

Doch trotz dieses aufwendigen Kontrollapparats hat sich die tatsächliche Effizienz des Zensursystems als unerwartet niedrig erwiesen. Den zentralen Filteralgorithmen gelingt es nicht, alle Seiten zu einem als kritisch eingestuften Thema zu verbannen. Und das von der Regierung als Reaktion auf den stetig steigenden Datenfluss schrittweise verfolgte Prinzip der Dezentralisierung von Zensur und Kontrolle durch Dritte wird nur lückenhaft ausgeführt. Diese systemimmanenten Defizite sind ohne Zweifel die größte Bedrohung für die politische Führung, da sie die Durchschlagskraft der Zensursystems von innen heraus schwächen. Der Anteil derjenigen, die die Zensur zudem aktiv umgehen, wurde auf maximal 25 Millionen Nutzer geschätzt. Sie fordern die Regierung abermals heraus, denn die Untersuchung zeigte, dass eine effiziente Zensurumgehung für technisch versierte Nutzer weder mit großem Aufwand noch mit großen Kosten verbunden ist. Mithilfe technischer Instrumente ist eine Umgehung der Zensur von beinahe jedem Ort möglich, und selbst innerhalb der chinesischen Internetportale oder im Rahmen zensierter Weblog-Plattformen ist es durch die Verwendung alternativer sprachlicher Codes möglich, über sensible und eigentlich zensierte Themen zu debattieren.

Das bedeutet, dass das chinesische Zensursystem das liberalisierende Potenzial des Internets zwar durchaus negativ beeinflusst und seine Entfaltung bremst – eine umfassende Kontrolle und eine damit verbundene Niederschlagung aller liberalisierenden Elemente des Netzes können daraus aber nicht abgeleitet werden. Zwar erschwert es das Zensursystem mit seiner Mehrebenenkonstruktion den chinesischen Internetnutzern, kritische Meinungen zu artikulieren. Davon – wie auch vom Bemühen, Anreize zur Selbstzensur zu setzen – sind vor allem die gelegentlichen und technisch wenig versierten Internetnutzer betroffen. Je größer aber die technische Kompetenz der chinesischen Internetnutzer wird, desto weiter verbreitet sich auch das Wissen um die Umgehungsmöglichkeiten der Zensur. Die chinesische Internetzensur schränkt den Umfang der Liberalisierungsmöglichkeiten also durchaus ein, es ist aber nicht in der Lage, subversive Akteure und regimekritische Diskutanten daran zu hindern, ihre politische Meinung zu artikulieren, zu teilen und sich mit anderen Nutzern auszutauschen.

Die bisherige Entwicklung des Kontrollregimes zeigte, dass die Dezentralisierung von Zensur und Kontrolle bereits als Reaktion auf den stetig gestiegenen Datenfluss, der von einer immer größer werdenden Zahl chinesischer Internetnutzer produziert wird, einzuordnen ist. Auf die negativen Folgen dieser notwendigen Dezentralisierung für die Effizienz des Zensursystems insgesamt ist bereits hingewiesen worden. Mit einer weiterhin zunehmenden Zahl chinesischer Internetnutzer und dem damit einhergehenden Wachstum des chinesischen Internetsektors sieht sich die politische Führung einem Kontrolldilemma gegenüber. Das Dilemma ergibt sich aus einem unüberbrückbaren Gegensatz: *Erstens* aus der ökonomischen Notwendigkeit, die Verbreitung des Internets zugunsten ausländischer Direktinvestitionen und eines weiterhin stabilen Wirtschaftswachstums zu fördern, und *zweitens* aus den damit verbundenen negativen gesellschaftlichen Folgen für die KPC. Denn im Hinblick auf die zukünftige Effizienz des chinesischen Zensursystems ist das weitere Wachstum des chinesischen Internetsektors der bedeutendste Einflussfaktor. Je mehr Internetnutzer sich im Internet austauschen und je mehr Informationen im Netz verbreitet werden, desto größer werden die beschriebenen Löcher des Zensursystems, und desto weniger gelingt es Partei und Regierung, das Netz zu kontrollieren. Darüber hinaus zeigte die Untersuchung am Berkman Center der Universität Harvard, dass es der chinesischen Regierung zuweilen nicht gelingt, Umgehungswerkzeuge wirksam zu sperren.[1043]

Aktuell haben 32 Prozent der chinesischen Bevölkerung Zugang zum Internet. In den vergangenen Jahren wuchs dieser Anteil jeweils binnen eines Jahres um etwa sechs Prozentpunkte. Geht man im Rahmen einer neutralen Prognose von einem linearen Wachstum aus, so würde Chinas Internetpartizipationsrate bereits im November 2014 dem derzeitigen EU-Durchschnitt von knapp 60 Prozent entsprechen; und um April 2018 hätte die Volksrepublik die gleiche Beteiligungsquote wie die Bundesrepublik Deutschland erreicht (derzeit etwa 80 Prozent). Aufgrund der stark ausgeprägten regionalen Disparitäten innerhalb Chinas erscheint es zwar wahrscheinlich, dass diese neutrale Prognose nach unten korrigiert werden muss und die entsprechenden Teilnahmequoten erst einige Jahre später erreicht werden. Ein weiteres deutliches Wachstum des chinesischen Internetsektors wird aber von keinem Forschungsinstitut ernsthaft in Zweifel gezogen. Untersuchungen gehen ferner davon aus, dass die chinesische Bevölkerung in den nächsten Jahren vor allem in den Städten – in denen das Internet überproportional weit verbreitet ist – am stärksten wachsen wird. Die Entwicklung ist eine Folge aus der, verglichen mit europäischen Standards, noch geringen Urbanisierungsquote Chinas. Das Forschungsinstitut der Deutschen Bank hat beispielsweise berechnet, dass die chinesischen Großstädte, in denen heute etwa bereits 530 Millionen bzw. 40 Prozent aller Chinesen leben, bis zum Jahr 2030 weitere 350 Millionen Einwohner aufnehmen werden.[1044] Ein zusätzlicher Anstieg der Beteiligungsquote am Internet wäre eine wahrscheinliche Folge dieser Entwicklung. Auf der Grundlage des aktuell existierenden Zensursystems sinken damit die Fähigkeiten von Partei und Regierung, das Internet zu kontrollieren und missliebige Inhalte zu zensieren mit zunehmender Größe des chinesischen Internetsektors.

Viele Beobachter teilen diese Einschätzung. Susan Shirk argumentiert, dass sich die Führung bewusst sei, dass sie die Verbreitung von Informationen nicht länger kontrollieren könne und auf die Nachrichten reagieren müsse, um politisch zu überleben.[1045] Michael Chase und James Mulvenon erkennen darin ein „modernes Paradoxon", das für die politische Führung darin besteht, die gegenläufigen Kräfte von notwendiger ökonomischer Offenheit und Kontrolle in Einklang bringen zu müssen.[1046] Zheng Yongnian sieht im Internet deshalb einen „insurmountable threat"[1047] für die chinesische Regierung; ähnlich wie Kieron O'Hara, für den das Aufkommen des Internets in autoritären Staaten grundsätzlich mit einer Un-

---

[1043] Vgl. Berkman Center (2010a): S. 10.
[1044] Vgl. Deutsche Bank Research (2008).
[1045] Vgl. Shirk (2008): S.103.
[1046] Vgl. Chase/Mulvenon (2002): S. 45f.
[1047] Zheng (2008): S. 79.

terminierung ihrer Legitimitätsgrundlage verbunden ist – weil es naturgemäß dezentral und liberal ist.[1048]

Weitere Faktoren treten hinzu: Der eine besteht in der weiteren Veränderung des Internets selbst. Das Netz erfindet sich in regelmäßigen Abständen neu; viele sehen das Internet nach seiner Entwicklung vom einfachen Netz zum Web 2.0 nun in der Übergangsphase zu einem *Web 3.0*. Damit verbunden ist unter anderem eine fortschreitende Dezentralisierung der Daten, die bereits mit der Einführung des sogenannten „Cloud-Computing" zu beobachten ist. „Cloud Computing" bedeutet, dass Daten und Programme nicht mehr lokal auf den Festplatten der Computer gespeichert werden, sondern auf Servern, die über das Internet und eine Kombination aus Benutzername und Passwort angewählt werden. Damit sind die Daten an jedem Ort verfügbar. Ferner wird sich das Internet immer mehr zum semantischen Netz[1049] wandeln, in dem Inhalte durch Verschlagwortung durch Computeralgorithmen – und nicht mehr durch menschliche Interaktion allein – miteinander verbunden werden. Während das soziale Internet seine Nutzer miteinander verbindet, werden im semantischen Internet inhaltliche Verknüpfungen in den Vordergrund treten. Ein bekanntes Beispiel einer einfachen semantischen Anwendung, die vor allem in Weblogs häufig genutzt wird, ist die „Tag-Wolke" (von engl. *tag*, Anhänger). Diese illustriert zum Beispiel die Häufigkeit von Schlüsselbegriffen, die im Weblog auftreten, indem sie häufig verwendete Begriffe größer darstellt als seltener auftauchende.

Der andere Entwicklungsfaktor besteht in politischen Spannungen innerhalb des politischen Führungszirkels. Wie die *OpenNet Initiative* berichtet, kritisierten mehrere ältere Parteikader – darunter der frühere Sekretär Mao Zedongs, Li Rui – in einem offenen Brief die intensive Steuerung der öffentlichen Meinung durch die Regierung. Die *ONI* zitiert die Unterzeichner mit den Worten, das „Kernziel" bestehe in einer „Abschaffung des (Internet-)Zensursystems zugunsten eines Systems juristischer Verantwortung"; ferner sollten Internetkontrolleure „nicht wahllos Online-Kommentare löschen, es sei denn, sie beinhalteten wirkliche Staatsgeheimnisse".[1050] Diese Entwicklung geht einher mit der bereits referierten Beobachtung einer zunehmenden Fragmentierung der politischen Führungszirkel der KPC. Beide Faktoren verschärfen den Konflikt der KPC im Zusammenhang mit dem Kontrolldilemma – zusätzlich zu den Defiziten, die auf den vergangenen Seiten bereits herausgearbeitet wurden.

[1048] Vgl. O'Hara (2009): S. 134.
[1049] Vgl. allgemein Booz Allen Hamilton (2010): S. 7.
[1050] Eigene Übersetzung, zitiert nach ONI Blog (16.10.2010).

Zwei Folgen des Dilemma-Szenarios sind für die KPC von besonderer Bedeutung:

- *Der Diskurs wird liberaler.* Zunächst führt eine stetig sinkende politische Kontrollierbarkeit des Internets dazu, dass sich die Grenzen der Meinungsfreiheit für chinesische Internetnutzer weiterhin ausdehnen. Diese graduelle Transformation bewirkt, dass ein Austausch im Rahmen gesellschaftlicher Debatten über immer mehr Themenfelder möglich wird, wobei die politische Brisanz des Themas nach wie vor über den Grad der Freiheit entscheiden wird. Es ist zu erwarten, dass Kernfragen der politischen Stabilität wie etwa die Ereignisse auf dem Tiananmen-Platz 1989, die Taiwanfrage oder der Umgang mit ethnischen Minderheiten auch weiterhin von strikter Kontrolle gekennzeichnet sind. Stellt man sich das politische Themenspektrum als eine Anordnung konzentrischer Kreise vor, deren Mitte die genannten Tabu-Themen sind und deren Randthemen relativ frei diskutiert werden können, so bewegt sich die „rote Linie" der nicht öffentlich debattierbaren Themen sukzessive nach innen. Offen bleibt, ob, wann und unter welchen Bedingungen sich dieser Trend auf die zentralen Tabu-Themen wie „die drei großen T"[1051] – Tibet, Taiwan, Tiananmen – ausweitet.

- *Das Legitimitätsfundament der KPC wird marode.* Wenn die Mängel des Zensursystems entgegen dem politischen Willen der KPC dazu führen, dass Themen nun relativ frei debattiert werden können, die zuvor noch innerhalb der „roten Linie" zu verorten waren, dann sind die Folgen für das Legitimitätsfundament der Partei gravierend. Das für chinesische Internetnutzer offensichtliche Unvermögen der politischen Führung, den öffentlichen Austausch ursprünglich indizierter Themen noch kontrollieren bzw. verhindern zu können, unterminiert die Legitimität des Herrschaftssystems der KPC. Der öffentliche Eindruck von Ohnmacht durfte in der Geschichte der Volksrepublik zu keinem Zeitpunkt entstehen: Aus diesem Grund schlug die Regierung den Studentenaufstand von 1989 mit militärischen Mitteln nieder; aus diesem Grund verhaftete und verurteilte sie in der Folge Regimekritiker, die ihre Herrschaft öffentlich infrage stellten. Schlüge ihr einmal gefasster Entschluss, die strikte Kontrolle der öffentlichen Meinung ohne Abstriche auch auf das Internet anzuwenden, fehl, so würde dieser Umstand den vielfach beschriebenen Verfallsprozess der KPC abermals beschleunigen.

Yang Guobin hat in Anlehnung an den britischen Theoretiker Raymond Williams den Begriff der „inoffiziellen Demokratie"[1052] verwendet, die im Kern als ein

---

[1051] Die Zeit (2008).
[1052] Eigene Übersetzung, vgl. Yang (2009): S. 221.

Szenario zu begreifen ist, in dem eine zunehmende innenpolitische Liberalisierung ohne die für eine „offizielle Demokratie" notwendige strukturelle Veränderung des politischen Systems auftritt. Damit orientiert er sich an dem zu Beginn dieser Arbeit in Anlehnung an O'Donnell und Schmitter herausgearbeiteten Konzept der Liberalisierung, das mithilfe des Abgrenzungskriteriums des strukturellen Wandels vom Konzept der Demokratisierung differenziert wurde.

Einige Autoren gehen aber sogar so weit, einen solchen durch das Internet beschleunigten, strukturellen Wandel des politischen Systems und damit eine Demokratisierung Chinas anzunehmen: Während Tai Zixue argumentiert, dass eine Demokratisierung gerade deshalb erhofft wird, weil das Internet in der Lage sei, das Informationsmonopol der chinesischen Regierung zu brechen,[1053] ist für Zheng Yongnian eine Demokratisierung dann vorstellbar, wenn die bereits konstatierten Anzeichen einer Liberalisierung durch das Internet sich akkumulieren und in institutionalisierter Form verstärkt würden. Eine solche Organisationsform würde die Kosten einer Kontrolle des Internets abermals erhöhen, so dass ein struktureller Wandel mit zunehmender Institutionalisierung immer wahrscheinlicher würde.[1054]

Beide Szenarien – Liberalisierung bzw. Demokratisierung – implizieren für die KPC aber dieselbe zentrale Frage: Welche Optionen hat die Partei, um diese hier als Folge des Kontrolldilemmas beschriebenen Entwicklungen zu verhindern? Es gibt mehrere Möglichkeiten, wie der folgende Abschnitt zeigt.

5.2 Policy-Optionen: Mögliche Gegenmaßnahmen der Regierung

Insgesamt drei Szenarien lassen sich aus den bisherigen Erkenntnissen über Zensur und Zensurumgehung ableiten. Auf der einen Seite kann die politische Führung effizientere Filtertechnik installieren und die bestehenden Zensurressourcen somit unauffällig ausbauen. Die Umsetzung dieser Option wäre im Normalmodus des politischen Systems denkbar. Im Gegensatz dazu kann die Regierung auch die Zugangsbeschränkungen zum Internet verschärfen, wenn sich der dort geäußerte Protest verschärft. Damit wäre das zweite Szenario an der Grenze vom Normal- zum Krisenmodus zu verorten. Und schließlich hat Peking die Möglichkeit, das Internet in Teilen des Landes oder in ganz Festlandchina abzuschalten. Diese Op-

---

[1053] Vgl. Tai (2006): S. 181. Matthew Hindman (2009): S. 3 bemerkt zu recht, dass diese Hypothese auf der normativen Festsetzung beruht, dass das Internet prinzipiell „gut" sei. Diese für ihn einseitige Auslegung des Internets ist einer der Gründe, warum er die Herausbildung einer digitalen Demokratie als „Mythos" bezeichnet. Ähnlich argumentiert auch Beth Simone Noveck (2000), wenn sie von eektronischer Kommunikation und elektronischer Demokratie als „paradoxical partners" spricht.
[1054] Vgl. Zheng (2008): S. 100.

tion wäre als *ultima ratio* der KPC nur im akuten Krisenmodus denkbar. In den folgenden Abschnitten sollen die jeweiligen Rahmenbedingungen für diese drei Szenarien dargestellt sowie der Versuch unternommen werden, die Transaktionskosten der jeweiligen Optionen für die politische Führung näherungsweise zu bestimmen.

5.2.1   Installation effizienterer Filtertechnik

Wenn die Ursache für das beschriebene Kontrolldilemma in der sinkenden Fähigkeit der politischen Führung besteht, die Kommunikation im Internet zu kontrollieren, so bestünde in der Installation effizienterer Filtertechnik ein erster Ansatz, das Dilemma im Sinne von Partei und Regierung zu lösen. Eine Steigerung der Filtereffizienz ist in drei Bereichen denkbar: *Erstens* kann eine Intensivierung der Zensur auf der Ebene der einzelnen Internetnutzer selbst angestrebt werden, *zweitens* sind im Bereich der zentralen Filterung des Datenverkehrs technische Anpassungen möglich, und *drittens* existiert ein weiteres Steigerungspotenzial bei mobilen Datenübertragungsdiensten.

Mit ihrem Versuch, den Zensuraufwand im Rahmen des gescheiterten Modellprojekts *Grüner Damm* durch eine verpflichtend zu installierende Filtersoftware auf die Internetnutzer zu verteilen, hat die Regierung bereits offenbart, dass sie die dezentrale Funktionslogik des Internets erkannt hat. Die Untersuchung im Rahmen einer Fallstudie zeigte, dass das Projekt *Grüner Damm* vor allem aufgrund technischer Fehler im Quellcode der Software und zweitens vor dem Hintergrund erwarteter industriepolitischer Weigerungen seitens der amerikanischen Computerhersteller gescheitert ist. Allerdings berichteten mehrere Organisationen bereits von einem Nachfolgeprogramm *Blauer Schild*, das bereits auf den Servern einzelner Internetprovider getestet werde. Die Fehler im Code der Software ließen sich durch eine technische Nachbesserung alsbald ausgleichen; allerdings ist die Umsetzung eines möglichen Nachfolgeprojekts nach wie vor von zahlreichen Faktoren der Unsicherheit gekennzeichnet. Die erste Variable besteht in der Frage, in welchem Umfang die für den chinesischen Markt bedeutenden amerikanischen Computerhersteller auf eine entsprechende gesetzliche Regelung reagieren würden. Vieles spricht aber dafür, dass ausländische Unternehmen zu weitreichenden Konzessionen bereit sein könnten, würde ihnen damit der Zugang zum weltweit größten Markt für Computer und Informationstechnik erhalten bleiben. Die Fälle *Google*, *Yahoo* und *Microsoft* haben bereits belegt, dass ausländische Unternehmen Marktanteile in Schlüsselmärkten im Zweifelsfall höher gewichten als die Kodizes ihrer jeweiligen *corporate responsibility*.

Das größere Problem besteht für Partei und Regierung aber in der Frage, wie sie die Umsetzung ihrer Richtlinie zur Verwendung einer individuellen Filtersoftware sicherstellen können. In der Regel ist es möglich, das vorinstallierte Betriebssystem und damit auch alle vorinstallierten Programme zu löschen. Damit wäre die Verbindlichkeit der Filtersoftware alsbald ausgehebelt. Darüber hinaus ermöglicht ein Austausch der Festplatte denselben Effekt. Deshalb ist eine stringente Umsetzung eines solchen Zensurinstruments selbst vor dem Hintergrund einer Kooperation seitens der Computerhersteller als ausgesprochen kritisch zu bewerten. Dabei wurde die Frage, wie und auf wessen Kosten die notwendige Umrüstung bereits ausgelieferter und in Betrieb genommener Geräte vorgenommen werden kann, noch gar nicht berücksichtigt. Die verpflichtende Installation einer Filtersoftware ist also nur bei Computern im öffentlichen Raum denkbar, da die einzelnen Benutzer auf diesen Geräten in der Regel keine Administrator-Rechte zur Veränderung der Rechner haben. Ein weiterer Versuch, die einzelnen Privatnutzer zum Einsatz einer Filtersoftware zu verpflichten, wird mit großer Wahrscheinlichkeit abermals scheitern.

Eine Option, die auf die zentrale Struktur des chinesischen Internets zielt, besteht in der intensiveren Durchleuchtung des Datenverkehrs. Im Abschnitt über die Funktionsweise der chinesischen Schlagwortfilter, die an den zentralen Backbone-Netzwerken ansetzen, wurde deutlich, dass die Zensur mittels Schlagwörtern vermutlich nur den Kopf der Datenpakete untersucht, aber nicht den Inhalt. Der Versuch, neben den Köpfen auch die *Bodies* der Datenpakete zu durchleuchten, wird mit der Technik der *Deep Packet Inspection* (DPI) beschrieben. Es ist unklar, ob China bereits DPI einsetzt. In einer Expertise für *Global Voices Advocacy* geht Ben Wagner davon aus, dass die Schlagwortfilter der chinesischen „Großen Firewall" mit DPI-Technik verknüpft sind.[1055] Wagner argumentiert, dass allein der Einsatz von DPI das Phänomen erklären könne, dass die chinesischen Schlagwortfilter an allen Backbone-Netzwerken die Verbindung auf identische Weise mittels *TCP-Reset* blockieren, wenn sie ein indiziertes Schlagwort ermitteln. Allerdings ist auch denkbar, dass die Filter nur den *Header* des Datenpakets untersuchen, in dem sich unter anderem die URL der aufgerufenen Seite befindet. Es gilt als gesichert, dass die Schlagwortfilter zumindest auf die Begriffe in der URL reagieren; eine tiefere Untersuchung der Datenpakete kann daraus aber nicht mit Sicherheit gefolgert werden. Für diese vorsichtige Einschätzung spricht auch die Untersuchung der *Open-Net Initiative*, deren Autoren sich nicht auf die Tiefe der Daten-Untersuchung festlegen mochten.[1056] Insofern bestünde in der Einführung von DPI innerhalb der sechs chinesischen Backbone-Netzwerke eine Methode, die Intensität der inhaltli-

---

[1055] Vgl. im Folgenden: Wagner (2009).
[1056] Vgl. Deibert/Palfrey/Rohozinski/Zittrain (Hrsg.) (2010): S. 467. Wörtlich heißt es: „Reset filtering using TCP is based on inspecting the content of IP packets for keywords that would trigger blocking, either in the header or the content of the message."

chen Filterung deutlich zu erhöhen. Würde der Inhalt jedes Datenpakets durch die Filtersysteme geprüft werden, wären Partei und Regierung in der Lage, auch diejenigen Internetseiten innerhalb und außerhalb Chinas zu erkennen, die sich unverdächtiger URLs oder Seitentitel bedienen und dabei regierungskritische Informationen bereitstellen oder den Austausch über Inhalte ermöglichen, welche die politische Regierung als subversiv verurteilen würde. Insofern wäre DPI in der Lage, das konstatierte Liberalisierungspotenzial des Internets erheblich einzuschränken. Technische und sprachliche Umgehungstaktiken müssten deutlich anspruchsvoller gestaltet sein, um weiterhin nicht von den automatischen Filtern blockiert zu werden. Allerdings wären verschlüsselte Datenpakete nach wie vor nicht von einer Durchleuchtung betroffen. Denn wie im Zusammenhang mit den technischen Umgehungsstrategien gezeigt wurde, lässt China verschlüsselte Daten passieren. Eine Änderung dieser Praxis würde bei den in China operierenden internationalen Unternehmen erhebliche Proteste auslösen, da diese nicht mehr vertraulich mit ihren Geschäftsstellen in der Volksrepublik kommunizieren könnten. Insofern ist davon auszugehen, dass die Regierung mit Rücksicht auf das ökonomische Klima auch weiterhin die Verschlüsselung von Datenpaketen akzeptieren wird. Damit würde die Grenze des DPI-Einflusses auch weiterhin bestehen.

Unklar ist allerdings, welcher organisatorische und finanzielle Aufwand mit der Einführung von flächendeckender DPI in China verbunden ist. Dieser ist grundsätzlich als relativ hoch zu veranschlagen, weil die rechenintensive DPI-Filterung die Geschwindigkeit des Internetzugangs zunächst stark reduziert. Gemäß dem an der niederländischen Technischen Universität Delft forschenden Informatiker Ralf Bendrath sind die leistungsfähigsten DPI-Router in der Lage, ein Datenvolumen von etwa 80 Gigabit pro Sekunde ohne Geschwindigkeitsverluste zu durchleuchten.[1057] Das Datenvolumen zwischen China und ausländischen Netzwerken lag aber zum 30. Juni 2010 bereits bei etwa 975 Gigabit pro Sekunde und überstieg die Filterkapazitäten der DPI-Router damit etwa um den Faktor 12. Insofern würde sich eine ausführliche DPI-Filterung innerhalb Chinas derzeit noch deutlich auf die Geschwindigkeit des Internets auswirken. Insofern ist zu erwarten, dass der flächendeckende Einsatz von DPI nur unter einem erheblichen organisationellen Aufwand einer Erneuerung der Netzwerkrouter denkbar erscheint.

Der SARS-Fall zeigte, dass auch die SMS zusätzlich zum Internet dazu genutzt wird, sensible und von der Regierung unerwünschte Informationen zu verbreiten. Insofern besteht in einer verstärkten Zensur von SMS-Nachrichten eine weitere Option, die technische Effizienz des Filtersystems in einem strategisch bedeutsamen Maß zu erhöhen. Es wurde bereits deutlich, dass eine Durchleuchtung von SMS-Nachrichten bereits von chinesischen

---

[1057] Vgl. Bendrath (2009): S. 14.

Mobilfunkbetreibern praktiziert wird.[1058] Im Januar 2010 bestätigte auch die
Nachrichtenagentur *Xinhua* die automatische Durchleuchtung von
Textnachrichten, bezog diese aber ausschließlich auf pornografische und werbende
Inhalte.[1059] Ausgehend von der Annahme, dass die technische Infrastruktur für
eine umfassende SMS-Filterung damit bereits gegeben ist, wäre es für Partei und
Regierung ein Leichtes, die Filter auch auf weitere politische Schlüsselbegriffe zu
programmieren. Wenngleich die politische Führung diesen Vorwurf durch die
staatliche Nachrichtenagentur dementieren ließ, ist eine derartige Praxis in Zukunft
sehr wahrscheinlich. Damit wird es für Chinesen in immer engeren Grenzen
möglich sein, regierungskritische oder als verboten markierte Informationen via
SMS zu verbreiten. Gleichwohl ist mit der weiteren Entwicklung der mobilen
Datenübertragung wie beispielsweise der Einführung von 3G-Funknetzen in China
auch die Erwartung verbunden, dass mobile Instant-Messaging-Dienste immer
häufiger genutzt werden. Diese Techniken könnten die SMS alsbald ersetzen. Eine
Zensur der IM-Nachrichten wäre damit natürlich gleichsam verbunden, denn es
wäre zu erwarten, dass die Hersteller von IM-Software die Filterregeln in ihren
Computerprodukte auch auf eine Mobilversion anwenden müssen. Gleichwohl ist
in diesem Fall denkbar, dass diese von Drittanbietern verwalteten Filterlisten
weniger aktuell und akkurat sind als die staatlich gesteuerten Filteralgorithmen, die
im Rahmen der SMS-Zensur Anwendung finden.
  Mit der Einführung effizienterer Filtertechnik kann es Partei und Regierung
gelingen, den Informationsfluss im Internet deutlich intensiver zu kontrollieren
und derzeit noch bestehende Löcher in der „Großen Firewall" zu schließen. Sie
könnte damit das Liberalisierungspotenzial des Internets merklich einschränken,
ohne dabei aber größere politische Kosten fürchten zu müssen. Gleichwohl werden sie regimekritische Äußerungen nicht gänzlich unterdrücken können. Denn die
Analyse der möglichen technischen Policy-Optionen zeigte, dass mit der Einführung neuer Technik auch gleichzeitig das Aufkommen neuer Löcher verbunden ist.
Technik erzwingt also Gegentechnik. Die Spielräume für Regimegegner und Dissidenten würden durch die neuen Zensurinstrumente zunächst kleiner – aber gänzlich schließen könnte sie die Regierung dennoch nicht.

[1058] Vgl. Freedom House (2009a): S. 7; Deibert/Palfrey/Rohozinski/Zittrain (Hrsg.) (2010): S. 466.
Siehe auch Goldenstein (2007): S. 87.
[1059] Vgl. Xinhua (24.1.2010).

5.2.2 *Verschärfung der Zugangsbeschränkungen*

Während die technischen Policy-Optionen noch dem „Normalmodus" des politischen Prozesses in der Volksrepublik China zuzurechnen sind, so ist ein zweiter möglicher Ansatz – die Verschärfung von Zugangsbeschränkungen zum Internet – bereits an der Grenze zum „Krisenmodus" zu verorten. Denn ein Maßnahmenkatalog, der auf Zugangsbeschränkungen abzielt, käme insbesondere dann für die politische Führung in Betracht, wenn die Verbreitung systemgefährdender Informationen oder die Herausforderung der KPC durch kritische Debatten über ihren Herrschaftsanspruch ein Ausmaß erreichen würde, das die Parteiführung als akute Bedrohung einordnet.

Verglichen mit einer technischen Verfeinerung der Zensur, führen Maßnahmen zur Beschränkung des Internetzugangs zu einer effektiveren Kontrolle des Internetsektors, da sie bereits eine Ebene früher ansetzen. Mit den derzeit bereits praktizierten Instrumenten der Zugangskontrolle – vor allem einer polizeilichen Registrierung der Nutzer bei den Behörden – haben Partei und Regierung eine Grundlage geschaffen, um weiterführende Restriktionen und Repressalien gegen chinesische Internetnutzer zu erlassen. Um einer bestimmten Gruppe chinesischer Nutzer den Zugang zum Internet zu entziehen, damit diese sich nicht länger an den zuvor als subversiv eingestuften Kommunikationsprozessen und politischen Debatten beteiligen können, wäre eine Unterbrechung des individuellen Internetzugangs zunächst ein mögliches Instrument der Regierung. Je nach dem Grad der Zentralisierung von Nutzerdaten wäre es der politischen Führung auf dieser Grundlage ebenfalls möglich, den Betroffenen auch den Zugang in Internetcafés zu verwehren, indem beispielsweise die Ausweisnummern mit einer Datenbank abgeglichen werden müssen. Und auch die Registrierung neuer Accounts in sozialen Netzwerken oder neuer Weblogs wäre zumindest bei den chinesischen Angeboten nicht mehr möglich, zumindest nicht unter dem eigenen Klarnamen. Eine solch drastische Maßnahme würde sich erwartungsgemäß auf eine Personengruppe erstrecken, für die die chinesische Regierung eine Beteiligung an subversiven Aktivitäten im Internet als wahrscheinlich erachtet. Aufgrund der Pflicht zur polizeilichen Registrierung könnten sogar Sperrungen nach bestimmten sozialen Kriterien wie etwa Alter, Geschlecht, Wohnort, Beruf und Einkommen differenziert werden und auf diese Art – ähnlich der polizeilichen Rasterfahndung – beispielsweise allen männlichen Studenten einer bestimmten Universität den Internetzugang verwehren, wenn die Regierung davon ausgeht, dass diese Gruppe sich maßgeblich an regimekritischen Internetaktionen beteiligt.

Ein solches Szenario mag heute noch als krude Utopie kritisiert werden; auszuschließen ist ein derartiges Vorgehen der Regierung aber keinesfalls. Die öffentlichen und mit harten Strafen verbundenen Verurteilungen von Webdissidenten zeigten beispielsweise, dass die Regierung ihren Gegnern mit einer Härte begegnet,

die unter westlichen Beobachtern aus normativer Perspektive als menschenverach-
tend kritisiert wird. Dazu kommt, dass es sich bei den skizzierten Restriktionen des
Internetzugangs im Vergleich dazu noch eher um den Einsatz von weichere Elemente der Kontrolle handelt. Allerdings liegen die Grenzen einer dergestalt ange-
wandten Zugangskontrolle auch deutlich vor Augen: Die Unterbrechung des privaten Internetzugangs schließt die Nutzung eines fremden Privatcomputers natürlich
nicht aus; und die bereits beschriebenen Lücken in der Ausführung der Zugangskontrolle in Internetcafés lassen es als wahrscheinlich erachten, dass dort ebenfalls
ein Zugang zum Internet möglich ist. Eine zumindest theoretische Lösung dieses
Problems bestünde darin, die Kriterien für eine Inhaftierung regierungskritischer
Internetnutzer weiter abzusenken; allerdings stellt sich angesichts der Willkür der
staatlichen Inhaftierungspraxis die Frage, ob eine abermalige Absenkung der juristischen Schranken überhaupt noch möglich ist. Eine solche Überlegung seitens der
Regierung müsste auch den internationalen Druck berücksichtigen, der sich im
Zuge eines zu verabschiedenden Gesetzes unweigerlich aufbaut. Besonders deut-
lich wird dieser Umstand in der Debatte um die Inhaftierungen Liu Xiaobos und
Ai Weiweis.

Wenngleich schärfere Restriktionen bei der Kontrolle des Zugangs zum Internet zum vorhersehbaren Instrumentarium der Regierung im „Krisenmodus" gehören, so zeigte die Untersuchung doch, dass ein effektiver Ausschluss einzelner
Nutzer oder gar größerer gesellschaftlicher Gruppen kaum möglich scheint. Eine
„Verwirkung des Rechts auf einen Internetzugang", wie derlei Maßnahmen bezeichnet werden müssten, zielen zwar grundsätzlich auf die bisherigen Löcher des
Zensursystems; gleichwohl sind sie für die Regierung abermals nicht geeignet, um
kritische Debatten im Netz zu verhindern. Allein in der höchst kritikwürdigen Praxis einer zunehmenden Inhaftierung regimekritischer Blogger bestünde ein Instrumentarium, das einen wirkungsvollen Ausschluss vom Internet garantieren könnte.
Allerdings wäre ein solches Verfahren *erstens* mit finanziellen Kosten für die Regierung verbunden, *zweitens* ließe sich eine dergestalt ausgearbeitete Regelung allein aus
Kapazitätsgründen nicht auf größere gesellschaftliche Gruppen anwenden und
drittens zeigte das Beispiel der inhaftierten Bloggerin Liu Di, dass die Internetgemeinschaft in derlei Fällen alsbald digitale Gegenwehr verübt. Betrachtet man die
chinesische Regierung als rational handelnden Akteur, würde sie nach einer Abwägung von Kosten und Nutzen wohl kaum eine solche Entscheidung treffen.

5.2.3 Abschalten des Internets

Findet aufgrund innenpolitischer Spannungen ein kompletter Übergang zum „Krisenmodus" statt, bestünde im Abschalten des Internets eine mögliche Option, die es Partei und Regierung ermöglicht, sich die Kontrolle über den Internetsektor ohne Einschränkungen zu sichern. Als typischen Auslöser für einen allgemeinen „Krisenmodus" nennt Sebastian Heilmann unter anderem überregionale Unruhen wie die studentische Protestbewegung 1989 oder die *Falun-Gong*-Proteste zehn Jahre später.[1060] In der Tat ist das Abschalten des Internets bereits im Rahmen eines politischen Modellversuchs praktiziert worden, wie die folgende Fallstudie zeigt:

Anfang Juli 2009 kam es in Ürümqi, der Hauptstadt der autonomen Region Xinjiang, zu heftigen Ausschreitungen zwischen den dort lebenden Uiguren, die eine ethnische Minderheit in der Volksrepublik darstellen,[1061] und in der Region angesiedelten Han-Chinesen. Nach Darstellung der Menschenrechtsorganisation *Amnesty International* lag die Ursache für die Ausschreitungen in einem Zwischenfall zwischen Uiguren und Han-Chinesen, der sich etwa 3000 Kilometer weiter südlich, in einer Fabrik in der Stadt Shaoguan (Provinz Guangdong), ereignet haben soll.[1062] In Ürümqi kam es am 5. Juli 2009 in der Folge zu einer ersten Demonstration; organisiert wurde sie nach Angaben von *Amnesty International* vor allem über den Instant-Messaging-Dienst *QQ* und via SMS.[1063] Aus der Protestkundgebung entwickelte sich am späten Nachmittag alsbald eine Straßensperre; am Abend nahm die Intensität der gewalttätigen Ausschreitungen zu. Vor allem in Ürümqi lebende Han-Chinesen waren das Ziel der Demonstranten, Dutzende Häuser und Geschäfte wurden in Brand gesteckt. Am 18. Juli gab die chinesische Regierung bekannt, dass im Zuge der Unruhen 197 Menschen getötet worden seien; davon waren 134 Han-Chinesen. Vertreter der Uiguren kritisierten die Zahlen der Regierung als falsch; der Präsident des Weltuigurenkongresses sprach etwa von allein 400 in Ürümqi getöteten Uiguren.[1064]

Noch in der Nacht vom 5. auf den 6. Juli 2009 sind sämtliche Internet- und Mobilfunkverbindungen in der autonomen Region Xinjiang unterbrochen worden.[1065] Es war das erste Mal, dass die Regierung als Reaktion auf innenpolitische Spannungen das Internet in einem größeren geografischen Bereich komplett abschaltete. Dieser Schritt ist *erstens* eine Reaktion auf die Tatsache, dass die Organisation der Proteste maßgeblich über das Internet und die Mobiltelefone

---

[1060] Vgl. Heilmann (2004): S. 43.

[1061] Vgl. ausführlich Dabringhaus (2009): S. 109f.

[1062] Vgl. im Folgenden: Amnesty International (2010): S. 11f..

[1063] Vgl. Amnesty International (2010): S. 12.

[1064] Vgl. ebd., 20. Vgl. darüber hinaus FAZ.NET (7.7.2009).

[1065] Vgl. Global Voices Advocacy (13.10.2010); Amnesty International (2010): S. 16; China Daily Online (10.7.2009).

abgewickelt wurde; *zweitens* zeigt der drastische Schritt eines totalen „Blackouts", dass die Regierung die Ausschreitungen als ernste Gefahr für ihr Legitimitätsfundament betrachtet hat. Chinesische Beobachter berichten von „empörten" Reaktionen nicht nur der in Xinjiang lebenden Chinesen und dort insbesondere der Geschäftsleute und Unternehmer.[1066] In dieser Zeit waren nur wenige Computer, etwa in Hotels und in Banken, mit dem Internet verbunden; und nur mit einem entsprechenden Nachweis durften diese Rechner überhaupt benutzt werden.[1067] Da das komplette Internet abgeschaltet wurde, boten auch die gängigen Techniken zur Zensurumgehung keine Lösung; allein in der Benutzung von 56k-Kabelmodems bestand eine Möglichkeit, mit geringer Übertragungsgeschwindigkeit auf das Internet zuzugreifen.[1068] Ein Internetnutzer aus Xinjiang sagte der Organisation *Global Voices Advocacy*, dass der Zugang via Kabelmodem nur so lange möglich gewesen sei, bis die Regierung die Zugangsnummer entdeckte. Zwischen August und Dezember 2009 hätten die Internetnutzer die Zugangsnummer mindest dreimal wechseln oder auf kostspielige Satelliten-Verbindungen ausweichen müssen.[1069] Ende Januar 2010, ein halbes Jahr nach den Ausschreitungen, waren SMS-Nachrichtendienste in Xinjiang wieder verfügbar, allerdings begrenzt auf 20 Nachrichten pro Telefon und Tag. Wenige Tage später waren auch wieder internationale Telefongespräche aus und nach Xinjiang möglich.[1070] Allerdings berichtet *Amnesty International*, dass Auslandstelefonate durchgehend von den Behörden mitgehört würden, was einen freien Meinungs- und Informationsaustausch für die Bewohner der Region Xinjiang unmöglich mache.[1071] Im Februar 2010 waren der Empfang und der Versand von E-Mails in der Region wieder möglich, und erst am 14. Mai 2010, zehn Monate nach den Ausschreitungen, wurde das Internet vollständig freigegeben, nachdem vorher immer nur einzelne Internetseiten sukzessive wieder erreichbar waren.[1072]

Die *zentrale Frage* lautet, ob das Abschalten des Internets auch in anderen Provinzen für die politische Führung eine wählbare Option sein kann, um sich die Kontrolle über das Geschehen und den damit verbundenen Informationsfluss zu sichern. In diesem Zusammenhang ist es wichtig, auf die Logik der *policy experimentation* innerhalb der Volksrepublik hinzuweisen. Sebastian Heilmann prägte den

---

[1066] Persönliche Gespräche mit Frank Sieren und Kristin Kupfer.
[1067] Persönliches Gespräch mit Kristin Kupfer.
[1068] Vgl. Global Voices Advocacy (13.10.2010).
[1069] Vgl. ebd.
[1070] Vgl. ROG Blog (29.1.2010); Amnesty International (2010): S. 16.
[1071] Vgl. Amnesty International (2010): S. 16.
[1072] Vgl. ebd.

Begriff eines „lernenden autoritären Systems"[1073], dessen Funktionslogik er wie folgt präzisiert:

> „Zunächst werden lokale ‚Experimentierpunkte' oder ‚Experimentierzonen' eingerichtet. Unter diesen Pilotprojekten werden, zweitens, erfolgreiche ‚Modellexperimente' identifiziert und vom Punkt in die Fläche ausgeweitet, um zu testen, inwieweit sich die neuen Politik-Optionen verallgemeinern lassen oder zu modifizieren sind. Erst nach Abschluss einer in den meisten Fällen jahrelangen Erprobung in der administrativen Praxis folgt, drittens, die nationale Gesetzgebung."

Die Einführung von Dorfwahlen als demokratisches Element gilt neben der Einrichtung von Sonderwirtschaftszonen als eines der bekanntesten Beispiele für politische Experimente in China.[1074] Die Fallstudie der Ausschreitungen in Xinjiang zeigte, dass das Abschalten des Internets ebenfalls als ein solcher Modellversuch gewertet werden kann. Und in der Tat ist es der Pekinger Regierung damit gelungen, den Rest der Volksrepublik sowie die ausländischen Medien von weiteren Informationen über die Folgen der Unruhen in Xinjiang fernzuhalten.

Ist dieses System auch auf andere Regionen übertragbar? Gegen dieses Szenario spricht die Tatsache, dass die ökonomischen Folgen eines Abschaltens des Internets in anderen Provinzen deutlich gravierender wären als im Falle Xinjiangs. Es wurde bereits mehrfach deutlich, dass das Internet in China als wichtiger Faktor für wirtschaftliches Wachstum gilt und daher auch von der Regierung mit Infrastrukturprogrammen gefördert wird.[1075] Zwischen 1997 und 2010 förderte die Volksrepublik das Internet nach eigenen Angaben mit Strukturprogrammen, deren Volumen mehr als vier Billionen Yuan umfasste; bis zum Jahr 2015 möchte die Regierung darüber hinaus erreicht haben, dass 45 Prozent aller Chinesen ans Internet angeschlossen sind.[1076]

Die Region Xinjiang trug im Jahr 2008 nach Angaben des chinesischen Statistikministeriums zu 1,4 Prozent zum chinesischen Bruttoinlandsprodukt (BIP) bei.[1077] Der Anteil der regierungsunmittelbaren Hauptstadt Peking betrug im Vergleich dazu 3,47 Prozent, der Beitrag des Finanzstandortes Shanghai lag bei 4,57 Prozent und der Anteil der Provinz Guangdong bei 11,87 Prozent. [1078] Damit wäre ein Abschalten des Internets in den südostchinesischen Küstenprovinzen – deren Beiträge zum BIP aufgrund ihrer geostrategischen Position und aufgrund der in ihnen eingerichteten Sonderwirtschaftszonen überproportional groß sind – mit erheblichen negativen wirtschaftlichen Folgen verbunden. Ein Einschnitt in die

---

[1073] Vgl. Heilmann (2008) sowie Manor (2009).
[1074] Vgl. O'Brien/Li (2010b) sowie Zhong/Chen (2010).
[1075] Vgl. Xinhua (17.6.2010).
[1076] Xinhua (8.6.2010b/c) sowie Xinhua (17.5.2010).
[1077] Basierend auf den Angaben des China Statistical Yearbook (2009).
[1078] Ebd.

Kommunikationsinfrastruktur würde die dort ansässigen Industrie- und Dienstleistungsunternehmen hart treffen. Es ist vor diesem Hintergrund ausgesprochen unwahrscheinlich, dass sich die politische Führung zu einem solchen Schritt entschließen könnte.

Unsicher ist die Lage dagegen im Falle innenpolitischer Spannungen in der Hauptstadt Peking. Diese trägt zwar auch signifikant zur chinesischen Wirtschaftskraft bei, allerdings ist Peking als Hauptstadt der Volksrepublik vor allem ein politisches Zentrum und weniger ein ökonomisches. Im Falle abermaliger Ausschreitungen oder Demonstrationen wie etwa im Rahmen der Demokratiebewegung 1989 wäre ein vergleichbares Vorgehen wie in Xinjiang also wahrscheinlicher.

Es kommt ein Zweites hinzu. Auch die Frage nach der Ursache für ein mögliches Abschalten des Internets betrifft die Abwägung der Szenarien. Bezieht man das Abschalten nur auf ethnische Konflikte als Auslöser des „Krisenmodus" und damit des Internetblackouts, so wäre ein vergleichbares Szenario neben Xinjiang nur in der autonomen Region Tibet und in der Inneren Mongolei denkbar. Beide autonome Regionen sind durch eine starke Konzentration ethnischer Minderheiten – Tibeter bzw. Mongolen und Mandschu – gekennzeichnet. Während die Innere Mongolei mit einem Beitrag von 2,56 Prozent zum chinesischen BIP des Jahres 2008 relativ stark ist, fallen die Regionen Xinjiang (1,4 Prozent) und Tibet (0,13 Prozent) deutlich ab. Dazu kommt, dass alle drei Provinzen ihre wirtschaftliche Leistung überproportional aus der Landwirtschaft beziehen: Während der primäre Sektor in China 2008 im Durchschnitt 6,5 Prozent zum BIP beitrug, waren es 11,7 Prozent in der Inneren Mongolei, 15,3 Prozent in Tibet und 16,4 Prozent in Xinjiang. Damit wird deutlich, dass das Abschalten des Internets in Regionen mit großen ethnischen Minderheiten aufgrund der geringeren ökonomischen Folgen grundsätzlich eher denkbar ist als in anderen Provinzen, die stärker von Industrie und Dienstleistungen und damit auch von der Kommunikation über das Internet abhängig sind.

Welche Ereignisse könnten darüber hinaus geeignet sein, den „Krisenmodus" auszulösen und damit auch die Option des Internetblackouts ins Spiel zu bringen? Sebastian Heilmann nennt überregionale Unruhen als gravierendsten Auslöser, gefolgt von Grundsatzkonflikten innerhalb der KPC, politischen Skandalen, außenpolitischen Spannungsfällen, ökonomischen Krisen, Naturkatastrophen und „externen Schocks".[1079] Grundsätzlich könnten alle zuvor genannten Auslöser die Ursache für gesellschaftliche Bewegungen innerhalb Chinas sein, die Partei und Regierung dazu bewegen könnten, das Internet abzuschalten. Allerdings gilt für alle denkbaren Szenarien die oben genannte Einschränkung: Die Entscheidung für oder gegen einen Blackout des Internets kann im Interesse der KPC nur im Zusammenhang mit einer ökonomischen Folgenabschätzung getroffen werden. In

---

[1079] Vgl. Heilmann (2004): S. 43.

dieser Abwägung besteht für die KPC ein weiteres Dilemma in Gestalt eines Ziel-konflikts. So muss sie im innenpolitischen Spannungsfall zwischen den Zielen der wirtschaftlichen Stabilität und der Kontrolle der öffentlichen Meinung abwägen. Entscheidet sich die politische Führung aus Rücksicht auf die in China ansässigen Unternehmen gegen ein Abschalten des Internets in einer Provinz oder im gesamten Land, so kann damit ein gravierender Kontrollverlust im Hinblick auf die politische Debatte in China verbunden sein. Entscheiden sich Partei und Regierung hingegen für einen Blackout des Internets, so besteht die Gefahr, dass die damit verbundene ökonomische Krise die chinesische Volkswirtschaft insbesondere in den Bereichen des Exports und der ausländischen Direktinvestitionen schwächt und damit eine andere wichtige Ressource für innenpolitische Stabilität untermi-niert.

Es ist derzeit davon auszugehen, dass ein umfassendes Abschalten des Inter-nets und anderer Telekommunikationskanäle innerhalb der nächsten Jahre aus-schließlich in wirtschaftsschwachen Regionen denkbar ist. Im Rahmen der durch die arabische Revolution angestoßenen Proteste in chinesischen Großstädten im Frühjahr 2011 hätte sich die Regierung durchaus auch für ein Abschalten des In-ternets in den betroffenen südöstlichen Provinzen entscheiden können, nachdem bekannt wurde, dass sich die Demonstranten vor allem online organisierten. Peking entschied sich aber dagegen. Möglich wäre ein abermaliger Blackout-Test hingegen in Xinjiang oder in Tibet, da dort das Risiko ethnischer Ausschreitungen überpro-portional groß ist. Ein Modellversuch in einer ökonomisch bedeutsamen südost-chinesischen Küstenprovinz erscheint vor diesem Hintergrund in absehbarer Zeit als unwahrscheinlich, ebenso wie ein Internetblackout in Festlandchina insgesamt. Die Hauptstadt Peking gilt abermals als mögliche Ausnahme. Aufgrund der starken Präsenz ausländischer Journalisten und internationaler Organisationen ist die Hauptstadt allerdings besonders gut vernetzt, und ein Internetblackout im Stadtge-biet Pekings wäre wenig wirksam, da die Informationen über den Auslöser des „Krisenmodus" sich alsbald über andere Kanäle ausbreiten würden. Denn die Ab-riegelung einer gesamten Region ist nur dann politisch sinnvoll, wenn die Sperre nicht umgangen werden kann. Nur in Xinjiang war diese Kondition gegeben, in Tibet wäre sie es ebenfalls.

5.3 Ausblick

Das Internet in China bleibt nur schwer kontrollierbar. In absehbarer Zukunft erscheint eine Weiterentwicklung der Filtertechnik durch die politische Führung in Peking als sehr wahrscheinlich. Die politischen Kosten etwa der Einführung von *Deep Packet Inspection* sind für sie relativ gering, gemessen am erwarteten Nutzen. Allerdings führt jede Entwicklung neuer Zensurtechniken auch gleichzeitig zur Herausbildung neuer Umgehungstechniken. Aber auch die mögliche Einführung von strikteren Zugangsbeschränkungen bis hin zum Abschalten des Internets haben sich nur in engen Grenzen als gangbare Optionen erwiesen. Im Kern hat die chinesische Regierung keine effektive Handhabe gegen den freien und nicht selten regierungskritischen Meinungsaustausch im Internet. In den meisten Fällen sind die Transaktionskosten der möglichen Instrumente zu hoch, als dass die KPC nach einer realistischen Abwägung zu ihnen greifen könnte. Dazu kommt: Je größer der chinesische Internetsektor wird, desto größer werden bei gleichbleibender Effizienz der gewählten Maßnahmen auch die politischen Kosten seiner Kontrolle. Darin liegt ein bedeutender strategischer Nachteil für die politische Führung: Die Zeit spielt gegen sie und für diejenigen Internetnutzer, die sich in ihrem Medium frei informieren und austauschen wollen. Das Kontrolldilemma, vor das sich die Regierung zunehmend gestellt sieht, setzt die politische Führung immer stärker unter Druck. Wie also könnte das Internet chinesischer Prägung in Zukunft aussehen? Wie könnte die KPC das Dilemma zu ihren Gunsten auflösen?

Die Analyse zeigte, dass der Weg verstärkter Zensur und Kontrolle für die KPC auf Dauer wenig erfolgversprechend erscheint. Die KPC nimmt ein großes Risiko in Kauf, wenn sie ihn dennoch geht: Denn notwendigerweise würde ihr und den chinesischen Internetnutzern aufgrund systemimmanenter Defizite des Kontrollsystems zunehmend vor Augen geführt, dass die Partei den chinesischen Internetsektor immer weniger kontrollieren kann. Die negativen Folgen einer solchen Wahrnehmung auf die Herrschaft der KPC wären gravierend, denn die öffentliche Demonstration von Gestaltungskraft und von politischer Souveränität trägt wesentlich zum Legitimitätsfundament der KPC bei.

Deshalb wäre es eine für die KPC gangbare Option, mittelfristig auf eine umfassende Zensur des chinesischen Internets zu verzichten. Dabei geht es nicht um einen grenzenlosen Kontrollverzicht – eine solche Forderung wäre unrealistisch und vermessen angesichts der Tatsache, dass das Internet auch in westlichen Demokratien im Rahmen der Grenzen der jeweiligen Strafgesetzgebung zensiert werden kann und wird. Die Verbreitung von kinderpornografischen oder gewaltverherrlichenden Inhalten muss auch in China weiterhin unterbunden werden. Eine Lockerung der politischen Zensur hingegen würde das Kontrolldilemma der KPC in Teilen auflösen – wenngleich um den Preis, dass sie damit die Meinungsführerschaft in China endgültig abträte. Zwei Zugänge zu diesem Szenario, ein historischer und ein theoretischer, helfen, das Konzept zu verdeutlichen und zu begründen.

Die historische Perspektive stützt sich auf die Beobachtungen David Shambaughs, der die KPC mit der gescheiterten KPSU verglich und zu dem Ergebnis kam, dass der Erfolg der KPC vor allem auf ihrer Fähigkeit zur Anpassung („adaptation")[1080] beruhte. Dies vermochte die KPSU für ihn nicht zu leisten, und in der Tat ist die Modernisierung der chinesischen Volkswirtschaft ab 1978 ohne ein vergleichbares Beispiel in der Sowjetunion zu dieser Zeit. In dieser Reform-Ära[1081] unter Deng Xiaoping sicherte sich die KPC mit wirtschaftlicher Prosperität ein neues Fundament politischer Legitimität, indem sie gleichzeitig auf ein älteres und deutlich ineffizienteres Modell verzichtete. Ein solcher Paradigmenwechsel ist in den kommenden Dekaden auch im Bereich der Internetpolitik denkbar. Denn das Konzept der Kontrolle der öffentlichen Meinung basiert ebenso wie die sozialistische Planwirtschaft, die in den ersten Jahren der Volksrepublik existierte, auf einem gedanklichen Konstrukt und nicht auf einer materiellen Notwendigkeit. Westliche Demokratien beweisen, dass sie auch ohne eine planvolle Lenkung der Medien Unterstützung zu generieren imstande sind. Mit zunehmender Entwicklung und Ausdifferenzierung des chinesischen Internetsektors wird dieses konstruierte Fundament zunehmend inkompatibel mit den aktuellen politischen und administrativen Herausforderungen, denen sich Partei und Regierung konfrontiert sehen. Insofern wäre ein weitgehender Verzicht auf die Zensur des Internets kein gänzlich neuer Vorgang.

Mit dieser historischen Argumentation lässt sich auch das theoretische Konzept von Guillermo O'Donnell und Philippe Schmitter verbinden. Als diese ihr Konzept eines „liberalisierten Autoritarismus" beschrieben, argumentierten sie, dass auch autoritäre Regierungen ein Interesse daran haben, Elemente der Liberalisierung zu fördern, um dadurch bestehenden gesellschaftlichen Druck auszugleichen und weiterhin an der Macht zu bleiben.[1082] Insofern ist eine Liberalisierung Chinas über den Umweg einer Liberalisierung des Internets unter bestimmten Voraussetzungen gegeben. Diese bestehen, zusammengefasst, *erstens* im Auftreten weiterer innenpolitischer Spannungsfälle, die einen Krisenmodus auslösen und damit zunächst eine striktere Kontrolle des Internets erfordern würden. Erst unter dieser Bedingung offenbart sich das Kontrolldilemma besonders deutlich. *Zweitens* muss der von der KPC wahrgenommene Handlungsdruck angesichts dieser Dilemmasituation ausreichend groß sein, um eine Entscheidung zugunsten der Meinungsfreiheit und zulasten der politischen Tradition der Kontrolle zu ermöglichen.

[1080] Vgl. Shambaugh (2008): S. 5.
[1081] Vgl. ausführlich Naughtons Darstellung des chinesischen „growing out of the plan", vgl. Naughton (2007): S. 92f.
[1082] O'Donnell/Schmitter (1989), zitiert nach Zheng (2008): S. 88.

Anhang

Tabelle 3: *Regionale Verteilung – Internetnutzung in den chinesischen Provinzen* 2008[1083]

Provinz	Internetnutzer (Mio.)	Anteil der Bevölkerung mit Zugang zum Internet (Prozent)
Peking	9,8	60
Tianjin	4,9	43,5
Hebei	13,3	19,2
Shanxi	8,2	24,1
Innere Mongolei	3,9	16
Liaoning	11,4	26,5
Jilin	5,2	19
Heilongjiang	6,2	16,2
Shanghai	11,1	59,7
Jiangsu	20,8	27,3
Zhejiang	21,8	41,7
Anhui	7,2	11,8
Fujian	13,8	38,5
Jianxi	6,1	14
Shandong	19,8	21,2
Henan	12,8	13,7
Hubei	10,5	18,4
Hunan	10	15,7
Guangdong	45,5	48,2
Guangxi	7,3	15,4
Hainan	2,2	25,6
Chongqing	5,9	21,2
Sichuan	11	13,6
Guizhou	4,3	11,5

[1083] Der Begriff „Provinzen" bezieht sich auch auf regierungsunmittelbare Städte und autonome Regionen.

Yunnan	5,5	12,1
Tibet	0,5	16,4
Shaanxi	7,9	21,1
Gansu	3,3	12,5
Qinghai	1,3	23,6
Ningxia	1	16,6
Xinjiang	6,3	27,1
	Gesamt: 298,8	Durchschnitt: 22,6

Tabelle 4: Chinesische Backbone-Netze (Stand: 30.6.2010)

Netzwerk	Internationale Bandbreite (Mbps)	Anteil an der gesamten int. Bandbreite (Prozent)
China Telecom	616703	62
China Unicom	330599	33
China Mobile Internet	30559	3
CSTNet	10422	1
CERTNet	9932	1
China International Economy and Trade Net	2	0,0002

Abbildung 11: Chinesische Internetnutzer nach Geschlecht (2000 bis 2010)

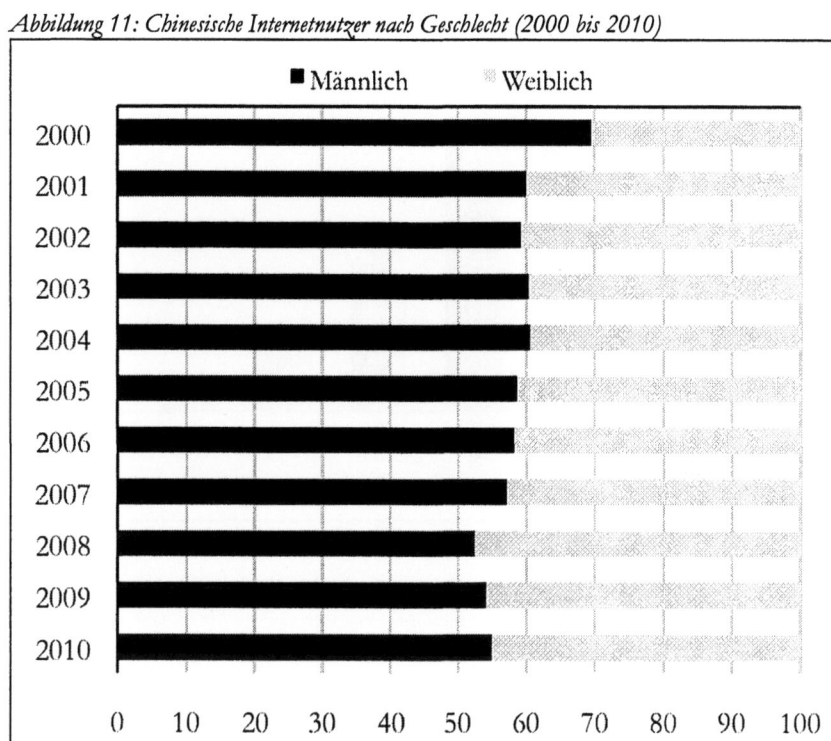

Eigene Darstellung/Quelle: CNNIC 2005...2010a

Abbildung 12: Verteilung der Altersgruppen (2007-2010)

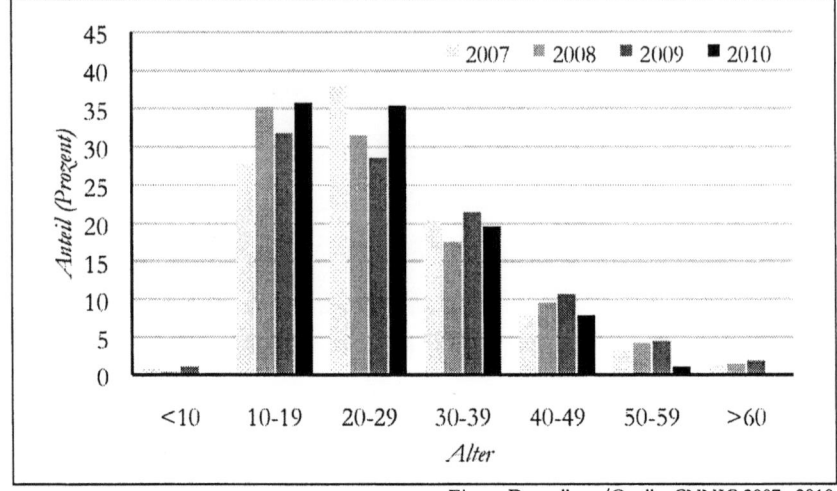

Eigene Darstellung/Quelle: CNNIC 2007...2010a

Abbildung 13: Internetnutzung (Stunden pro Woche)

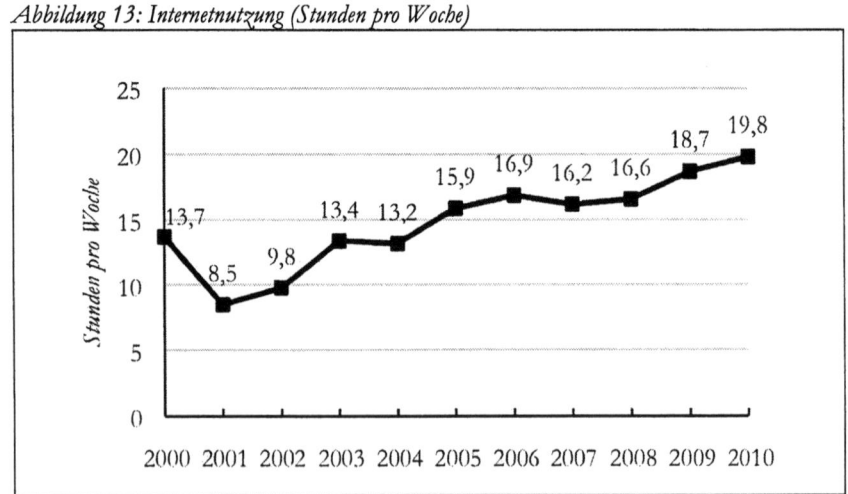

Eigene Darstellung/Quelle: CNNIC 2000...2010a

Abbildung 14: Nutzung von Online-Nachrichten

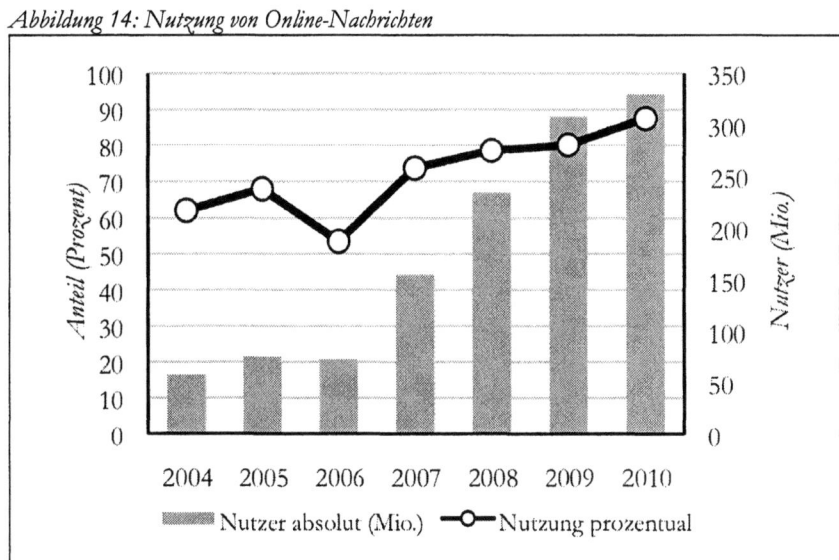

Eigene Darstellung/Quelle: CNNIC 2004...2010a

Abbildung 15: Nutzung von Suchmaschinen

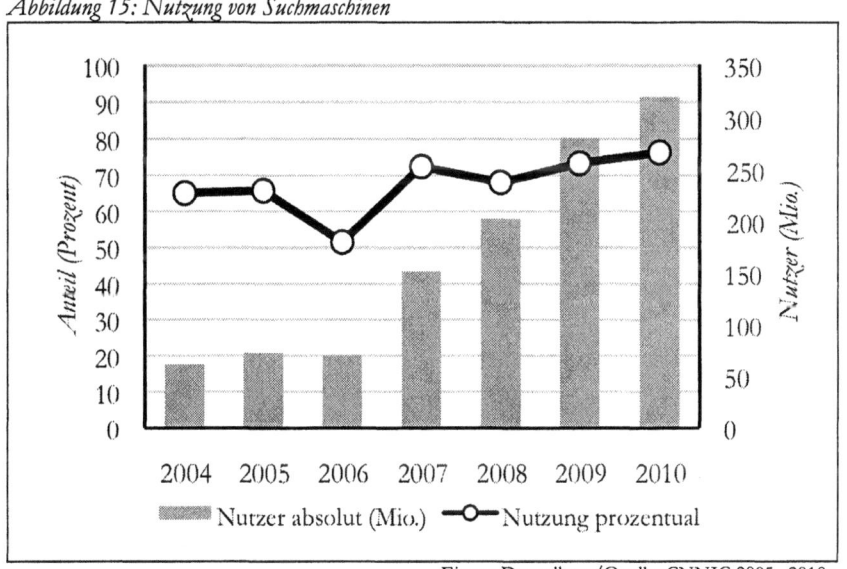

Eigene Darstellung/Quelle: CNNIC 2005...2010a

Abbildung 16: Nutzung von E-Mails

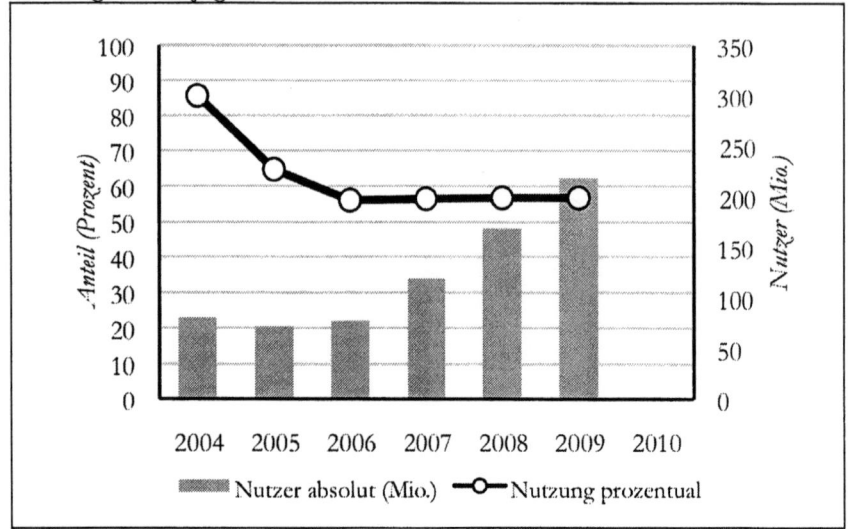

Eigene Darstellung/Quelle: CNNIC 2004/2010a

Abbildung 17: Nutzung von Instant-Messaging

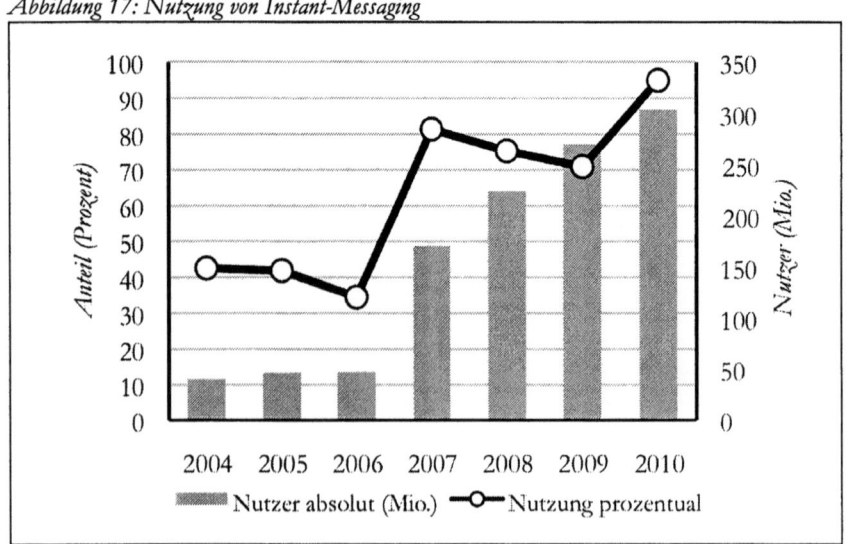

Eigene Darstellung/Quelle: CNNIC 1997...2010a

Abbildung 18: Nutzung von Weblogs

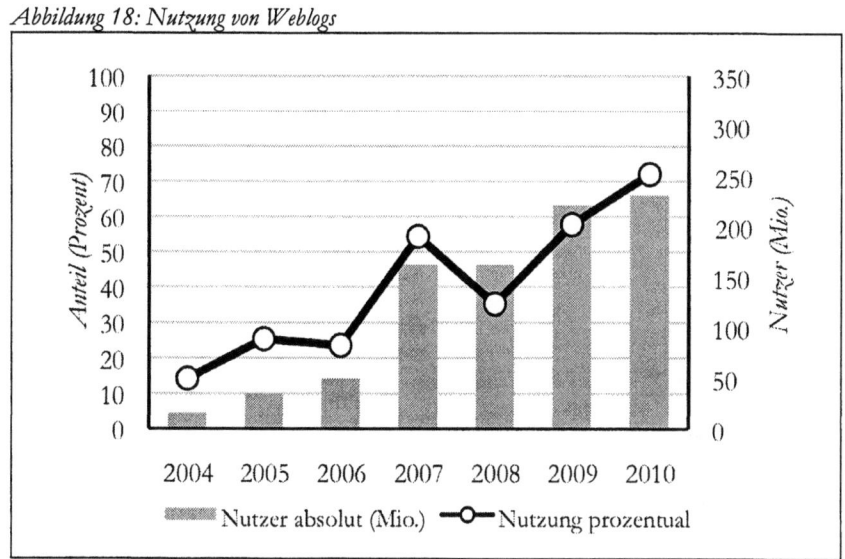

Eigene Darstellung/Quelle: CNNIC 2004...2010a

Abbildung 19: Nutzung von Internetforen

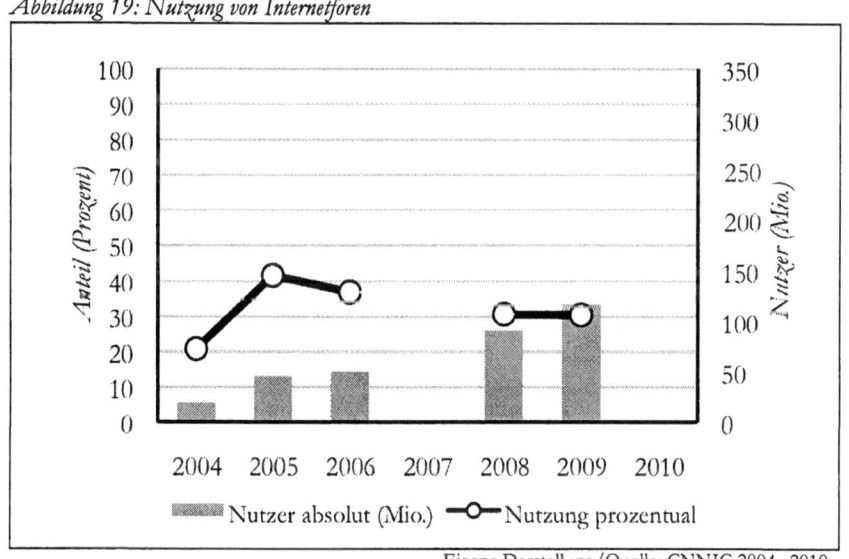

Eigene Darstellung/Quelle: CNNIC 2004...2010a

Abbildung 20: Teilnahme am Internet

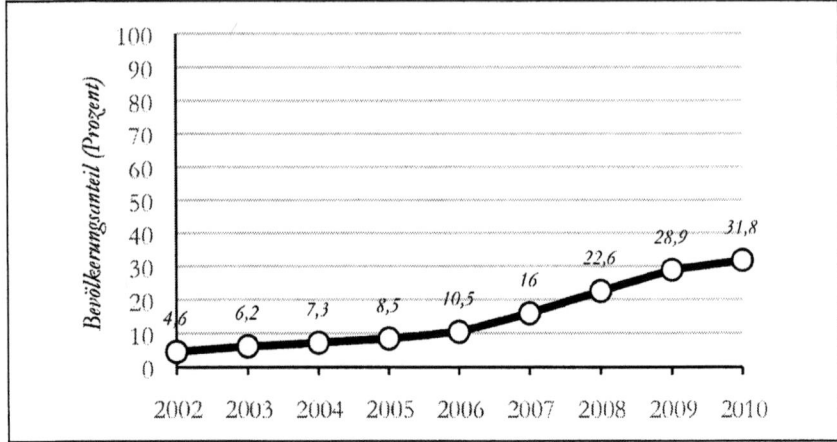

Eigene Darstellung/Quelle: CNNIC 2002...2010a

Abbildung 21: Zugangstechniken

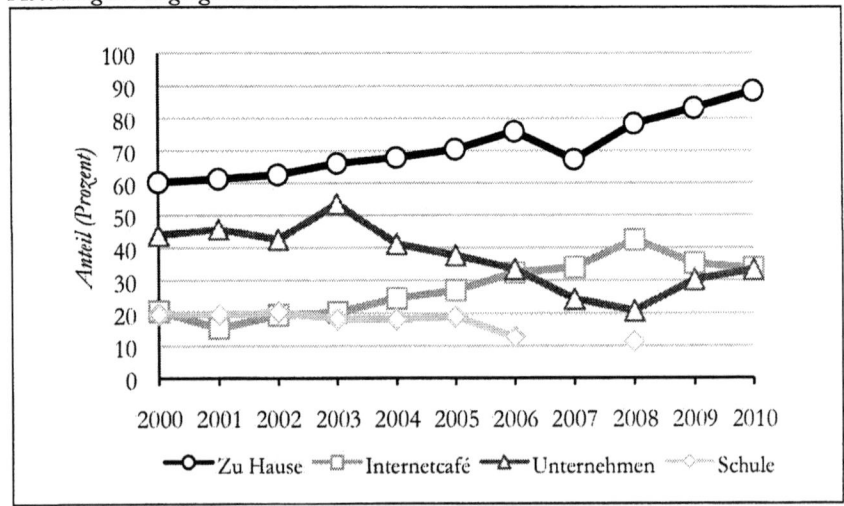

Eigene Darstellung/Quelle: CNNIC 2000...2010a

Abbildung 22: IPv4-Adressen

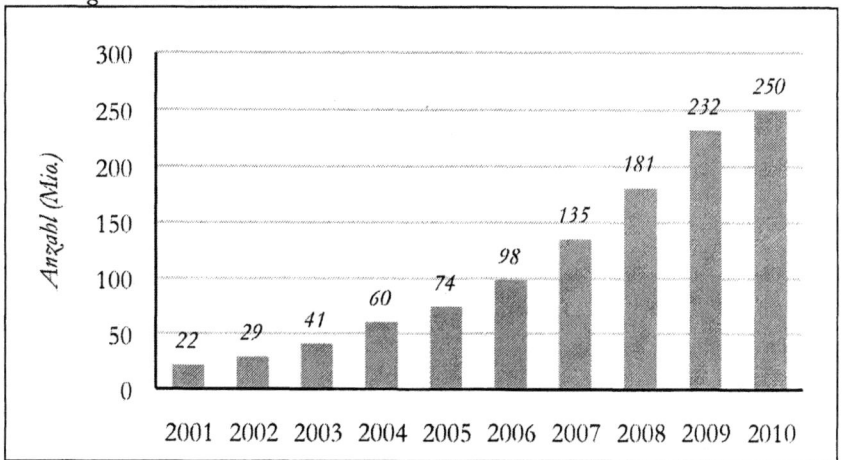

Eigene Darstellung/Quelle: CNNIC 2002...2010a

Abbildung 23: In China registrierte Domains

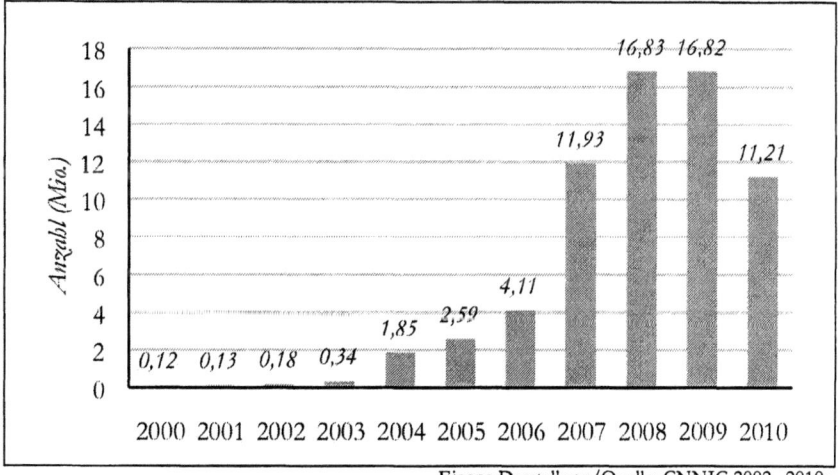

Eigene Darstellung/Quelle: CNNIC 2002...2010a

Abbildung 24: Computeranschlüsse in China

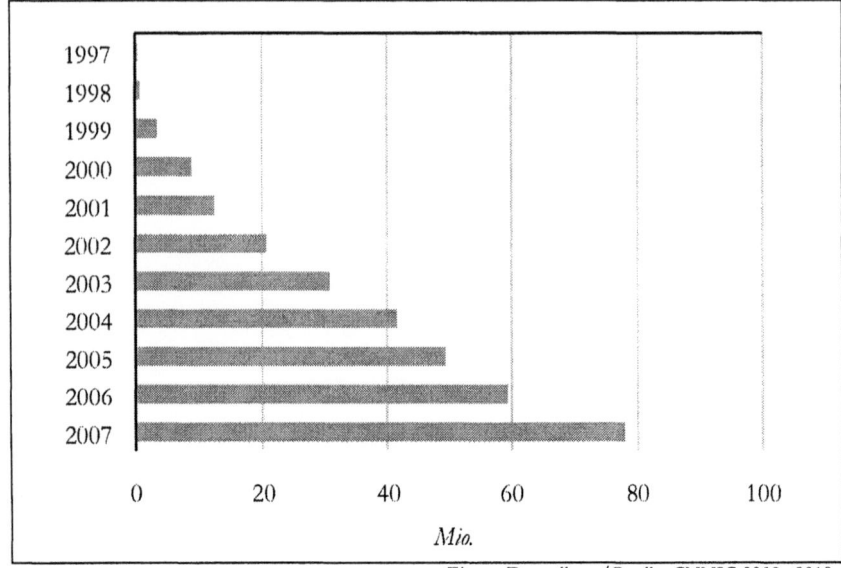

Eigene Darstellung/Quelle: CNNIC 2002...2010a

Abbildung 25: Stadt-Land-Gefälle chinesischer Internetnutzer

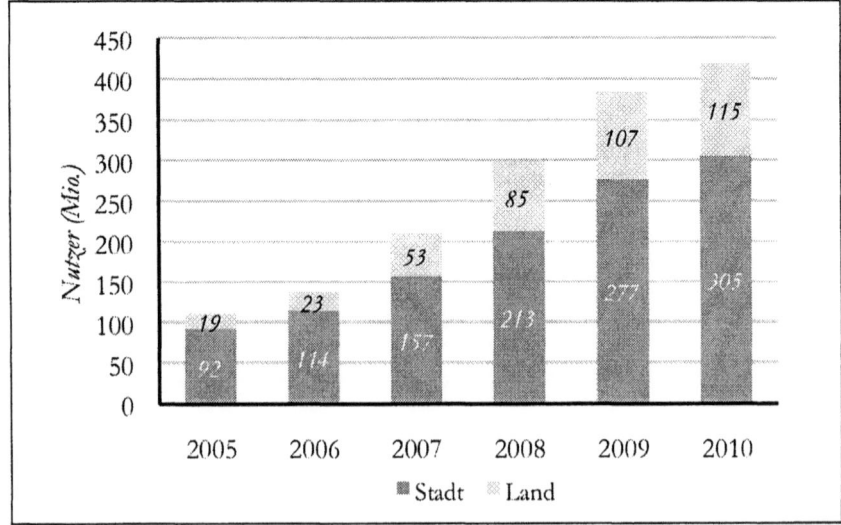

Eigene Darstellung/Quelle: CNNIC 2002...2010a

Abbildung 26: Regionale Disparitäten nach Provinzen

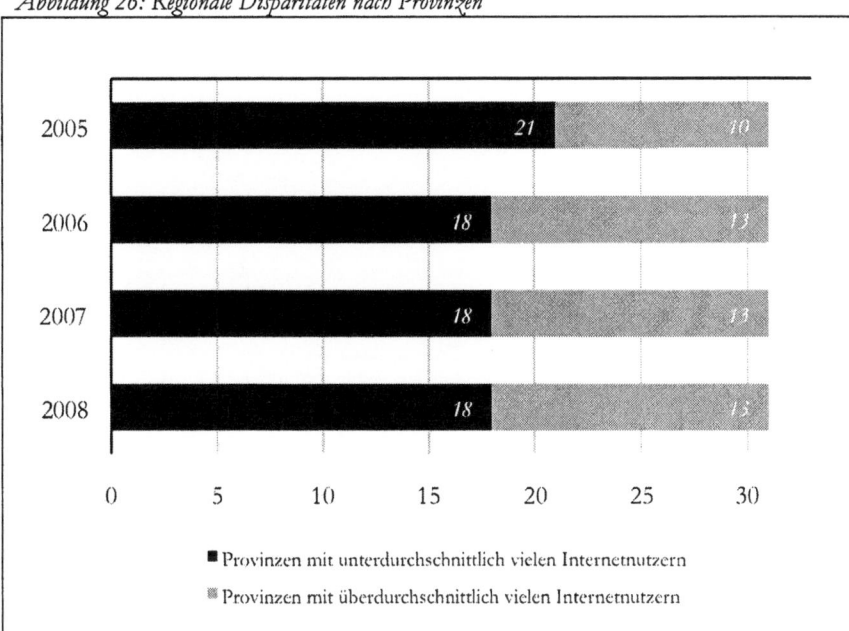

Eigene Darstellung/Quelle: CNNIC 2002...2010a

Abbildung 27: Google.cn-Ergebnisliste für die Suche nach der Organisation
„Amnesty International" (Peking, 21.3.2010)

Abbildung 28: Browser-Fehlermeldung beim Öffnen der Internetseite der Organisation „Amnesty International" (Peking, 21.3.2010)

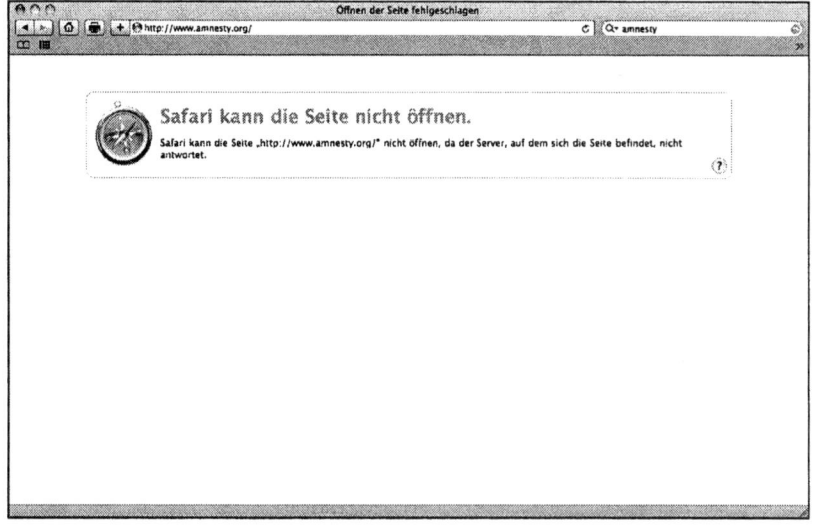

Literaturverzeichnis

Primärquellen

China Internet Network Information Center (CNNIC)
- (2010a): 26th Statistical Report on the Internet Development in China, Juli 2010.
- (2010b): 25th Statistical Report on the Internet Development in China, Januar 2010.
- (2009): 23rd Statistical Report on the Internet Development in China, Januar 2009.
- (2008): 21st Statistical Report on the Internet Development in China, Januar 2008.
- (2007): 19th Statistical Report on the Internet Development in China, Januar 2007.
- (2006a): 17th Statistical Report on the Internet Development in China, Januar 2006.
- (2006b): China Blog Research Report.
- (2005): 15th Statistical Report on the Internet Development in China, Januar 2005.
- (2004): 13th Statistical Report on the Internet Development in China, Januar 2004.
- (2003): 11th Statistical Report on the Internet Development in China, Januar 2003.
- (2002): 9th Statistical Report on the Internet Development in China, Januar 2002.
- (2001): 7th Statistical Report on the Internet Development in China, Januar 2001.
- (2000): 5th Statistical Report on the Internet Development in China, Januar 2000.
- (1999): 3rd Statistical Report on the Internet Development in China, Januar 1999.
- (1998): 2nd Statistical Report on the Internet Development in China, Juli 1998.
- (1997): 1st Statistical Report on the Internet Development in China, Oktober 1997.

China Statistical Yearbook (2009). Erreichbar im Internet unter www.stats.gov.cn/tjsj/ndsj/2009/indexeh.htm (abgerufen am 30.9.2010).

Facebook Blog (21.7.2010): 500 Million Stories.

Google Inc.
- (28.6.2010): Google Blog: An update on China.
- (22.3.2010): Google Blog: A new approach to China. An update.
- (12.1.2010): Google Blog: A new approach to China.

Guo, Liang/Chinesische Akademie für Sozialwissenschaften
- (2007): Surveying Internet Usage and its Impact in Seven Chinese Cities. Publikation des Forschungszentrums für soziale Entwicklung an der Chinesischen Akademie der Sozialwissenschaften, Peking.
- (2005): Surveying Internet Usage and Impact in Five Chinese Cities. Publikation des Forschungszentrums für soziale Entwicklung an der Chinesischen Akademie der Sozialwissenschaften, Peking.
- (2003a): Surveying Internet Usage and Impact in Twelve Chinese Cities. Publikation des Forschungszentrums für soziale Entwicklung an der Chinesischen Akademie der Sozialwissenschaften, Peking.

— (2003b): Approaching the Internet in Small Chinese Cities. Publikation des Forschungszentrums für soziale Entwicklung an der Chinesischen Akademie der Sozialwissenschaften, Peking.

Picidae (2010): Gästebuch auf picidae.net.

United States Department of State (12.1.2010): Hillary Rodham Clinton: Statement on Google Operations in China.

Tencent (2010): About Tencent. http://www.tencent.com/en-us/at/abouttencent.shtml (abgerufen am 7.5.2011)

Weltbank (2010): Chinesisches Bruttoinlandsprodukt nach Kaufkraftparitäten 1980-2009. Eigene Internet-Datenabfrage vom 14. Oktober 2010 (http://data.worldbank.org/country/china).

Wikileaks (21.5.2010): China: censorship keywords, policies and blacklists for leading search engine Baidu, 2006-2009.
http://www.wikileaks.ch/wiki/China:_censorship_keywords,_policies_and_blacklists_for_l eading_search_engine_Baidu,_2006-2009 (abgerufen am 7. Mai 2011)

Xinhua

— (23.7.2010): Baidu shines at Google's expense.
— (20.7.2010): China's mobile phone users top 800 mln.
— (16.7.2010): Green Dam supplier refutes ‚closure' rumors.
— (11.7.2010): China confirms Google's operation license renewed.
— (17.6.2010): China to send computers to rural west to promote Internet use.
— (8.6.2010a): China has 45,000 government Internet portals: white paper.
— (8.6.2010b): China to make Internet accessible to 45% of population in next 5 years: White Paper.
— (8.6.2010c): China invests 4,3 trillion yuan in Internet infrastructure construction over past 13 years.
— (8.6.2010d): Chinese government creates conditions for poeple to supervise itself: white paper.
— (20.5.2010): China's 3G users exceed 20 million within one year.
— (17.5.2010): China to quicken pace of telecommunications development: minister.
— (8.4.2010): China targets 150 mln 3G users by 2011.
— (1.4.2010a): Google's China partner says re-evaluation not out of political pressure.
— (1.4.2010b): Looking ahead after Google's partial withdrawal from China's Internet market.
— (25.3.2010): China warns 48 websites to clean up porn contents, or face shutdown.
— (23.3.2010a): China says Google issue will not affect China-U.S. ties.
— (23.3.2010b): China says Google breaks promise, totally wrong to stop censoring.
— (21.3.2010): Google, don't politicalize yourself.
— (25.1.2010): Accusations of Chinese government's participation in cyber attack „groundless": ministry
— (24.1.2010a): Internet safety, order.
— (24.1.2010b): Filter „no threat" to users' privacy.
— (24.1.2010c): China says Internet regulation legitimate and reasonable.
— (23.1.2010): Commentary: Don't impose double standards on „Internet freedom".
— (22.1.2010): China urges U.S. to stop accusations on so-called Internet freedom.
— (21.1.2010): China says Google case should not be linked to ties with U.S.
— (20.1.2010): China's Baidu sues U.S. company over cyber-attack.
— (19.1.2010a): China says Google „no exception" to law.

—— (19.1.2010b): Google gained on Baidu in China's search market.

—— (14.1.2010a): Chinese official says Internet security a global problem.

—— (14.1.2010b): China stands firm on Internet security amid Google drama.

—— (12.1.2010): Baidu suffers sudden cyber-attack, expert warns of DNS security

—— (13.8.2009): Installation of internet filtering software not compulsory: minister.

—— (30.6.2009): China postpones mandatory installation of controversial filtering software.

—— (27.6.2009): Reactions mixed over plan to filter Net access in China.

—— (10.6.2009): China says pre-installed web filter not „spyware".

—— (18.12.2008): Web site ordered to pay damages to China's first „virtual lynching" victim.

—— (5.11.2008): Investigation: Sacked China official was drunk, not child molester.

—— (3.11.2008): Official in Shenzhen sacked over public drunken behavior.

—— (4.7.2008): „Human flesh search engine": an Internet lynching?

—— (16.3.2003): Wen Jiabao approved as China's new premier.

—— (15.3.2003): Hu Jintao elected Chinese president.

Sekundärliteratur

Monografien

Abels, Sigrun (2006): Medien, Markt und politische Kontrolle in der Volksrepublik China. Eine
    Untersuchung zur Rolle der Medien seit Beginn der Reformära (1979-2005) unter besonde-
    rer Berücksichtigung des Hörfunks. Diss., Ruhr-Universität Bochum.
Brown, Archie (2009): The Rise and Fall of Communism. Oxford.
Bussemer, Thymian (2008): Propaganda. Konzepte und Theorien. Wiesbaden.
Cao, Peixin (2010): Media Incidents. Power Negotiation on Mass Media in Time of China's
    Social Transition. Konstanz. Zugl. Diss., Universität Mainz.
Chang, Won Ho (1989): Mass Media in China. The History and the Future. Iowa State University
    Press, Ames.
Chase, Michael/James Mulvenon (2002): You've got Dissent! Chinese Dissident Use of the
    Internet and Beijing's Counter-Strategies. Santa Monica.
Curtin, Michael (2007): Playing to the World's Biggest Audience. The Globalization of Chinese
    Film and TV. Berkeley.
Dabringhaus, Sabine (2009): Geschichte Chinas im 20. Jahrhundert. München.
De Burgh, Hugo (2003): The Chinese Journalist. Mediating information in the world's most
    populous country. London/New York.
Downs, Anthony (1968): Ökonomische Theorie der Demokratie. Tübingen.
Fewsmith, Joseph (2008a): China since Tiananmen. Cambridge.
Fung, Anthony (2008): Global Capital, local Culture. Transnational Media Corporations in China.
    Washington/New York.
Gilley, Bruce (2004): China's Democratic Future. How It Will Happen and Where It Will Lead. New
    York.
Gehring, Uwe/Cornelia Weins (2004): Grundkurs Statistik für Politologen. Wiesbaden.
Goldenstein, Jan (2007): Das Internet in der Volksrepublik China. Regionale Ausprägungen eines
    globalen Mediums. Saarbrücken.
Goldsmith, Jack/Tim Wu (2006): Who Controls the Internet? Illusions of a Borderless World.
    Oxford.
Habermas, Jürgen (1990): Strukturwandel der Öffentlichkeit. Untersuchungen zu einer Kategorie
    der bürgerlichen Gesellschaft. Frankfurt am Main.
Harwit, Eric (2008): China's Telecommunications Revolution. Oxford.
Heilmann, Sebastian (2004): Das politische System der Volksrepublik China. Wiesbaden.
He, Baogang (1996): The Democratization of China. London/New York.
He, Qinglian (2008): The Fog of Censorship. Media Control in China. New York.
—— (2007): State Secrets: China's Legal Labyrinth. New York.
—— (2006): China in der Modernisierungsfalle. Bonn.
—— (2004): Media Control in China. New York.
Heberer, Thomas/Gunter Schubert (2008): Politische Partizipation und Regimelegitimität in der
    VR China, Band I: Der urbane Raum. Wiesbaden.
Hindman, Matthew (2009): The Myth of Digital Democracy. Princeton
Hong, Junhao (1998): The Internationalization of Television in China. The Evolution of
    Ideology, Society, and Media Since the Reform. Westport/London.
Latham, Kevin (2007): Pop Culture China. Media, Arts and Lifestyle. Santa Barbara.

Leaning, Marcus (2009): The Internet, Power and Society: Rethinking the Power of the Internet to change Lives. Oxford.

Lessig, Lawrence (2006): Code. Version 2.0. New York.

Li, Hongyan (2005): Media Change in China. China's Media in the Process of Globalization. Schriften zur Medienwissenschaft, Band 10. Hamburg.

Lieberthal, Kenneth (2004): Governing China. From Revolution through Reform. New York.

Lienemann, Gerhard/Dirk Larisch (2011): TCP/IP. Grundlagen und Praxis. Hamburg.

Lull, James (1991): China Turned On. Television, Reform, and Resistance. London/New York.

Naughton, Barry (2007): The Chinese Economy. Transitions and Growth. Cambridge.

O'Donnell, Guillermo/Philippe Schmitter (1989): Transitions from Authoritarian Rule: Tentative Conclusions about Uncertain Democracies. Baltimore.

Petley, Julian (2009): Censorship. Oxford.

Plötner, Johannes/Steffen Wendzel (2007): Netzwerk-Sicherheit. Bonn.

Popper, Karl (1971): Logik der Forschung. Tübringen.

Qiu, Zhenhai (1997): Anders denken, anders schreiben. Manipulative Taktiken und politische Denkmuster in der deutschen und chinesischen Presseberichterstattung. Tübingen.

Rogg, Arne (2003): Demokratie und Internet. Der Einfluss von computervermittelter Kommunikation auf Macht, Repräsentation, Legitimation und Öffentlichkeit. Opladen.

Saich, Tony (2004): Governance and Politics of China. New York.

Scheufele, Bertram (2003): Frames - Framing - Framing-Effekte. Theoretische und methodische Grundlegung des Framing-Ansatzes sowie empirische Befunde zur Nachrichtenproduktion. Wiesbaden.

Schmidt, Manfred G. (2004): Wörterbuch zur Politik. Stuttgart.

Shambaugh, David (2008): China's Communist Party. Atrophy and Adaption. Berkeley.

Shirk, Susan (2008): China. Fragile Superpower. Oxford.

Saco, Diana (2002): Cybering Democracy. Public Sphere and the Internet. Minneapolis.

So, Sherman/J. Christopher Westland (2010): Red Wired. China's Internet Revolution. London.

Sparks, Colin (2007): Globalization, Development and the Mass Media. London.

Tai, Zixue (2006): The Internet in China. Cyberspace and Civil Society. New York.

Tang, Wenfang (2005): Public Opinion and Political Change in China. Stanford.

Vittinghoff, Natascha (2002): Die Anfänge des Journalismus in China (1860-1911). Wiesbaden.

Volland, Nicolai (2003): The Control of the Media in the People's Republic of China. Unv. Diss., Universität Heidelberg.

Wang, Jing (2008): Brand New China. Advertising, Media, and Commercial Culture. Cambridge/London.

Wang, Xiaoru (2009): Behind the Great Firewall: The Internet and Democratization in China. Diss., University of Michigan.

Weber, Max (1922): Wirtschaft und Gesellschaft. Tübingen.

Zhang, Xiantao (2007): The Origins of the modern Chinese Press. The influence of the Protestant missionary press in late Qing China. London/New York.

Yang, Guobin (2009): The Power of the Internet in China. Citizen Activism Online. New York.

Zhao, Jinqiu (2008): The Internt and Rural Development in China: The Socio-Structural Paradigm. Aus der Reihe „Europäische Hochschulschriften", Reihe XL (Kommunikationswissenschaft und Publizistik), Band 97. Bern.

Zhao, Yuezhi (2008): Communication in China. Political Economy, Power, and Conflict. Lanham.
—— (1998): Media, Market and Democracy in China. Between the Party Line and the Bottom Line. Urbana/Chicago.
Zheng, Yongnian (2008): Technological Empowerment. The Internet, State and Society in China. Stanford.
—— (2004): Globalization and State Transformation in China. Cambridge University Press.
Zhou, Yonming (2006): Historicizing Online Politics. Telegraphy, the Internet, and Political Participation in China. Stanford.
Zittrain, Jonathan (2008): The Future of the Internet – and how to stop it. New Haven/London.

Aufsätze

Abels, Sigrun (2004): Das Mediensystem der VR China, in: Internationales Handbuch Medien 2004/2005, herausgegeben vom Hans-Bredow-Institut für Medienforschung an der Universität Hamburg. Nomos-Verlagsgesellschaft, Baden-Baden, S. 828-859.
Akhavan-Majid, Roya (2004): Mass Media Reform in China. Toward a new analytical Framework, in: Gazette. The international Journal for Communication Studies, Band 66, Heft 6, S. 553-565.
Bandurski, David (2008): China's Guerrilla War for the Web, in: Far Eastern Economic Review, Band 171, Nr. 6, 2008, S. 41-44.
—— (2007): Pulling the Strings of China's Internet, in: Far Eastern Economic Review, Band 170, Nr. 10, 2007, S. 18-21.
Barnett, Robert (2010): Tibet, in: William A. Joseph (Hrsg.): Politics in China. An Introduction. Oxford, S. 315-335.
Bendrath, Ralf (2009): Global Technology Trends and National Regulation: Explaining Variation in the Governance of Deep Packet Inspection.
Bergman, Michael (2001): The Deep Web: Surfacing Hidden Value. http://quod.lib.umich.edu/cgi/t/text/text-idx?c=jep;view=text;rgn=main;idno=3336451.0007.104 (abgerufen am 7. Mai 2011)
Bovingdon, Gardner (2010): Xinjiang, in: William A. Joseph (Hrsg.): Politics in China. An Introduction. Oxford, S. 336-354.
Bray, John (2000): Tibet, democracy and the Internet Bazar, in: Peter Ferdinand (Hrsg.): The Internet, Democracy and Democratization. Abingdon, S. 157-173.
Brauckmann, Patrick (2009): Der US-Präsidentschaftswahlkampf. Winning the Web War, in: Manuel Merz/Stefan Rhein (Hrsg.): Wahlkampf im Internet. Handbuch für die politische Online-Kampagne. Münster, S. 167-188.
Brandenburg, Heinz (2006): Pathologies of the virtual public sphere, in: Sarah Oates/Diana Owen/Rachel Gibson (Hrsg.): The Internet and Politics. Citizens, voters and activists. London, S. 207-222.
Brown, Kerry (2007): Changed by China - The Internet in China, in: The World Today, Band 63, Nr. 4, 2007, London, S.12-13.
Cecere Vito (2004): Online-Wahlkampf 2002: Neue Maßstäbe für politische Kommunikation im Internet, in: Alexander Siedschlag/Alexander Bilgeri (Hrsg.): Kursbuch Internet und Politik 2003. Politische Kommunikation im Netz. Wiesbaden. S. 49-58.

Cederman, Lars-Erik/Andreas Wimmer/Brian Min (2010): Why do ethnic Groups rebel? New Data and Analysis, in: World Politics, Vol. 62, Nr. 1, Januar 2010, S. 87-119.

Chase, Michael/James Mulvenon/Nina Hachigian (2006): Comrade to comrade networks: the social and political implications of peer-to-peer-networks in China, in: Jens Damm/Simona Thomas (Hrsg.): Chinese Cyberspaces. Technological changes and political effects. New York, S. 64-101.

Chung, Jae Ho/Hongyi Lai/Ming Xia (2010): Mounting challenges to governance in China. Surveing collective protestors, religious sects and criminal organizations, in: Zheng Yongni-an/Lu Yiyi/Lynn White (Hrsg.): Politics of Modern China. Critical Issues in Modern Politics, Band III. London, S. 169-197.

Chung, Jongpil (2008): Comparing Online Activities in China and South Korea: The Internet and the Political Regime, in: Asian Survey, Band 48, Nr. 5, 2008, S. 727-751.

Clarke, Barbie (2009): Early Adolscents' use of Social Networking Sites to Maintain Friendship and Explore Identity: Implications for Policy, in: Policy & Internet, Vol. 1, Nr. 1, S. 55-89.

Damm, Jens (2006): China's e-policy: examples of local e-government in Guangdong and Fujian, in: Jens Damm/Simona Thomas (Hrsg.): Chinese Cyberspaces. Technological changes and political effects. New York, S. 102-131.

— (2003): Zensur im chinesischen Internet: ein unmögliches Unterfangen?, in: Bernhard Führer (Hrsg.): Zensur. Text und Autorität in China in Geschichte und Gegenwart. Wiesbaden, S. 222-238.

Damm, Jens/Simona Thomas (2006): Chinese cyberspaces: technological changes and political effects, in: Dies. (Hrsg.): Chinese Cyberspaces. Technological changes and political effects. New York, S. 1-11.

Davison, Robert/Douglas Vogel/Roger Harris (2005): The E-Transformation of Western China, in: Communications of the ACM, April 2005, Band 48, Nr. 4, S. 62-66.

Deibert, Ronald/Rafal Rohozinski (2010): Beyond Denial: Introducing Next-Generation Information Access Controls, in: Deibert, Roanld/John Palfrey/Rafal Rohozinski/Jonathan Zittrain (Hrsg.) (2010): Access Controlled. The Shaping of Power, Rights, and Rule in Cyberspace. Cambridge, S.3-14.

— (2008): Good for Liberty, Bad for Security? Global Civil Society and the securitization of the Internet, in: Deibert, Roanld/John Palfrey/Rafal Rohozinski/Jonathan Zittrain (Hrsg.): Access Denied. The Practice and Policy of Global Internet Filtering. Cambridge, S. 123-150.

Deibert, Ronald/John Palfrey/Rafal Rohozinski/Jonathan Zittrain (Hrsg.) (2010): Country Profile: China, in: Dies. (Hrsg.): Access Controlled. The Shaping of Power, Rights, and Rule in Cyberspace. Cambridge, S. 449-487.

— Deibert, Ronald/John Palfrey/Rafal Rohozinski/Jonathan Zittrain (Hrsg.) (2008)· Country Summary: China (including Hong Kong), in: Dies. (Hrsg.): Access Denied. The Practice and Policy of Global Internet Filtering. Cambridge, S. 263-271.

Deva, Surya (2007): Corporate Complicity in Internet censorship in China: Who cares for the Global Compact or the Global Freedom Act, in: The George Washington International Law Review, Band 39, Nr. 2, S. 255-319.

Ding, Sheng (2008): Digital Diaspora and National Image Building: A New Perspective in Chinese Diaspora Study in the Age of China's Rise, in: Pacific Affairs, Band 80, Nr. 4, 2008, S. 627-648.

Downing, John/Cao Yong (2004): Global media corporations and the People's Republic of China, in: Media Development, Band 51, Heft 4, S. 18-26.

Edney, Kingsley (2008): The 2008 Beijing Olympic Torch Relay: Chinese and Western
    Narratives, in: China aktuell, Ausgabe 2/2008, S. 111-125.
Esarey, Ashley/Xiao Qiang (2008): Political Expression in the Chinese Blogosphere: Below the
    Radar, in: Asian Survey, Band 48, Nr. 5, 2008, S. 752-772.
Esarey, Ashley (2007): Cornering the Market: State Strategies for Controlling China's Commercial
    Media, in: Dali Yang (Hrsg.): Discontended Miracle. Growth, Conflict, and Institutional Ad-
    aptions in China. Hackensack, S. 1-47.
Fallows, James (2010a): Google. How to save the news, in: The Atlantic, Ausgabe Juni 2010,
    S. 45-56.
—— (2010b): Cyberwarriors, in: The Atlantic, Ausgabe März 2010, S. 58-63.
—— (2008): „The Connection has been reset", in: The Atlantic, Ausgabe März 2008, S. 64-69.
Faris, Robert/Nart Villeneuve (2008): Measuring Global Internet Filtering, in: Ronald Deibert/John
    Palfrey/Rafal Rohozinski/Jonathan Zittrain (Hrsg.): Access Denied. The Practice and Poli-
    cy of Global Internet Filtering. Cambridge, S.5-28.
Farrer, James (2007): Chinas Sexbloggerinnen und der dialogische Charakter des
    sexualpolitischen Diskurses im Internet, in: China aktuell, Band 36, Nr. 4, 2007, Hamburg, S.
    10-45.
Fen, Lin (2010): A Survey Report on Chinese Journalists in China, in: The China Quarterly, Nr.
    202, Juni 2010, S. 421-434.
Fenske, Hans (2007): Staatsformen im Zeitalter der Revolutionen, in: Alexander Gallus/Eckhard Jesse
    (Hrsg.): Staatsformen von der Antike bis zur Gegenwart. Köln, S. 153-185.
Fewsmith, Joseph (2010): Institution Building and Democratization in China, in: Yongnian
    Zheng/Yiyi Lu/Lynn White (Hrsg.): Politics of Modern China. Critical Issues in Modern
    Politics, Band IV. London, S. 271-292.
—— (2008b): Staying in Power. What Does the Chinese Communist Party Have to
    Do?, in: Li Cheng (Hrsg.): China's Changing Political Landscape. Prospects for Democracy.
    Washington, S. 212-228.
Fischer, Doris (2001): Rückzug des Staates aus dem chinesischen Mediensektor? Neue
    institutionelle Arrangements am Beispiel des Zeitungsmarktes, in: Asien, Nr. 80, Juli 2001,
    Hamburg, S. 5-24.
Fong, Michelle (2009): Digital Divide between Urban and Rural regions in China, in: The
    Electronic Journal on Information Systems in Developing Countries, Band 36, Nr. 6, S. 1-
    12.
Freeman, Duncan (2010): Will China Google for freedom? The Chinese, the internet and free speech.
    Brussels Institute of Contemporary China Studies, Asia Paper Vol. 5 (3). 2
Gallagher, Mary (2010): „Reform and Openness". Why China's economic reforms have delayed
    democracy, in: Yongnian Zheng/Yiyi Lu/Lynn White (Hrsg.): Politics of Modern China.
    Critical Issues in Modern Politics, Band IV. London, S. 318-349.
Giese, Karsten/Constanze Müller (2007): Ethisch-moralische Grenzen öffentlicher
    Kommunikation – vernachlässigte Dimension im Diskurs um Internetzensur in China, in:
    China aktuell, Band 36, Nr. 4, 2007, Hamburg, S. 74-95.
Giese, Karsten (2005): Freier Diskurs oder perfekter Überwachungsstaat? Identitiy Work im
    chinesischen Internet, in: China aktuell, 34. Jahrgang, Heft 1/2005, Hamburg, S. 35-51.
Gilley, Bruce (2010): Deng Xiaoping and His Successors (1976 to the present), in: William A. Joseph
    (Hrsg.): Politics in China: An Introduction. Oxford, S. 103-227.

Greene, Scott (2009): Double-Endged Sword. Internet proliferation, Information Control and the Domestic legitimacy of the Chinese Communist Party.

Guo, Gang (2010): Organizational Involvement and Political Participation in China, in: Zheng Yongnian/Lu Yiyi/Lynn White (Hrsg.): Politics of Modern China. Critical Issues in Modern Politics, Band IV. London, S. 223-246.

Guo, Xunhua/Chen Guoqing (2005): Internet Diffusion in Chinese Companies, in: Communications of the ACM, April 2005, Band 48, Nr. 4, S. 54-58.

Guo, Zhenzhi/Wu Mei (2009): Dancing thumbs. Mobile telephony in contemporary China, in: Zhang Xiaoling/Zheng Yongnian (Hrsg.): China's Information and Communications Technology Revolution. Social changes and state responses. London, S. 34-51.

Gurak, Laura/John Logie (2003): Internet protests, from Text to Web, in: Martha McCaughey/Michael Ayers (Hrsg.): Cyberactivism. Online Activism in Theory and Practice. New York, S. 25-46.

Harwit, Eric/Duncan Clark (2006): Government policy and political control over China's Internet, in: Jens Damm/Simona Thomas (Hrsg.): Chinese Cyberspaces. Technological changes and political effects. New York, S. 12-41.

He, Qingliang (2004): Media Control in China, in: Human Rights in China (Hrsg.): China Rights Forum, Nr. 4, 2004.

Heilmann, Sebastian (2008): Die Volksrepublik China als lernendes autoritäres System. Experimentierende Staatstätigkeit und wirtschaftliche Modernisierung, in: Ders. (Hrsg.): China Analysis, Nr. 63. Trier.

Heshmati, Almas/Yang Wanshang (2006): Contribution of ICT to the chinese Economic Growth. Seoul National University.

Heuser, Annette (2009): Neue Formen des Regierens. Networked Governance wird künftig über die Wettbewerbsfähigkeit von Staaten entscheiden, in: Internationale Politik, Juli/August 2009, S. 26-31.

Holbig, Heike (2007): Demokratie chinesischer Prägung – Der XVII. Parteitag der Kommunistischen Partei Chinas, in: China aktuell, Nr. 6/2007, Hamburg, S. 32-53. 2
— (2003): Chinas neue Regierung. Zur Sicherung politischer Legitimität nach dem X. Nationalen Volkskongress, in: China aktuell, März 2003, S. 313-324. 2

Holbig, Heike/Bruce Gilley (2010): In Search of Legitimacy in Post-revolutionary China: Bringing Ideology and Governance back in. GIGA Working Paper Nr. 127, März 2010. 2

Huang, Jingua/Yang Xuerui (2009): Influences of the Mobile Phone for Internet Connectivity in China, in: Media Asia, Band 36, Nr. 4, 2009, Singapur, S. 210-215.

Hughes, Christopher (2010): Google and the Great Firewall, in: Survival. Global Politics and Strategy, Ausgabe April/Mai 2010, S. 19-26.

Hung, Chin-Fu (2003): Public Discourse and „Virtual" Political participation in the PRC: The Impact of the Internet, in: Issues and Studies, Band 34, Nr. 4, 2003, S. 1-32.

Jia, Minna (2005): Impact of Internet on Chinese Authoritarian Rule During SARS and Falun Gong Incidents.

Jing, Jun (2010): Environmental protests in rural China, in: Yongnian Zheng/Yiyi Lu/Lynn White (Hrsg.): Politics of Modern China. Critical Issues in Modern Politics, Band III. London, S. 198-215.

Kissel, Trina (2007): License to Blog: Internet Regulation in the People's Republic of China, in: Indiana International and Comparative Law Review, Nr. 17, 2007, S. 229-268.

Kivlehan-Wise, Maryanne (2008): China's media in an age of capitalist transition, in: Christopher McNally (Hrsg.): China's Emergent Political Economy. Capitalism in the dragon's lair. New York, S. 127-145.

Kolonko, Petra (2002): Spielerischer Wandel? Menschenrechte und Olympia 2008 in China, in: Internationale Politik, Februar 2002, S. 31-32.

Lacharite, Jason (2002): Electronic Decentralisation in China: A Critical Analysis of Internet Filtering Policies in the People's Republic of China, in: Australian Journal of Political Science, Vol. 37, Nr. 2, S. 333-346.

Lagerkvist, Johan (2008): Online Journalism in China: Constrained by Politics, Spirited by Public Nationalism, in: Chris Paterson/David Domingo (Hrsg.): Making Online News. The Ethnography of News Media Production, New York, S. 127-142.

—— (2006): In the crossfire of demands: Chinese news portals between propaganda and the public, in: Jens Damm/Simona Thomas (Hrsg.): Chinese Cyberspaces. Technological changes and political effects. New York, S. 42-63.

Lebert, Joanne (2003): Wiring Human Rights Activism: Amnesty International and the Challenges of Information and Communication Technologies, in: Martha McCaughey/Michael Ayers (Hrsg.): Cyberactivism. Online Activism in Theory and Practice. New York, S. 209-232.

Lu, Yiyi (2010): The Autonomy of Chinese NGOs. A new perspective, in: Zheng Yongnian/Lu Yiyi/Lynn White (Hrsg.): Politics of Modern China. Critical Issues in Modern Politics, Band IV. London, S. 297-321.

MacKinnon, Rebecca (2009): China's Censorship 2.0: How companies censor bloggers, in: First Monday. Peer-reviewed Journal on the Internet, Band 14, Nr. 2, Februar 2009.

Manor, James (2009): Politics and Experimentation in India – The Contrast with China, in: Sebastian Heilmann (Hrsg.): China Analysis Nr. 74. Trier.

Martinsons, Maris (2005): Transforming China, in: Communications of the ACM, April 2005, Band 48, Nr. 4, S. 44-48.

Meng, Bingchun (2009): Regulating *e gao*. Futile efforts of recentralization, in: Zhang Xiaoling/Zheng Yongnian (Hrsg.): China's Information and Communications Technology Revolution. Social changes and state responses. London, S. 52-67.

Merz, Manuel/Stefan Rhein (Hrsg.) (2009): Wahlkampf im Internet. Handbuch für die politische Online-Kampagne. Berlin.

Murdoch, Steven/Ross Anderson (2008): Tools and Technology of Internet Filtering, in: Deibert, Roanld/John Palfrey/Rafal Rohozinski/Jonathan Zittrain (Hrsg.): Access Denied. The Practice and Policy of Global Internet Filtering. Cambridge, S. 57-72.

New York Review of Books (2009): Charta 08. Englische Übersetzung des chinesischen Originaltexts von Perry Link. http://www.nybooks.com/articles/archives/2009/jan/15/chinas-charter-08/ (abgeurfen am 7. Mai 2011).

Niedermeier, Hubertus (2008): Können interaktive Medien Öffentlichkeit herstellen? Zum Potenzial öffentlicher Kooperation im Internet, in: Christian Stegbauer/Michael Jäckel (Hrsg.): Social Software. Formen der Kooperation in computerbasierten Netzwerken. Wiesbaden, S.49-70.

O'Brien, Kevin/Lianjiang Li (2010a): Popular contention and ist impact in rural China, in: Zheng Yongnian/Lu Yiyi/Lynn White (Hrsg.): Politics of Modern China. Critical Issues in Modern Politics, Band III. London, S. 246-269.

— (2010b): Accomodating „Democracy" in a One-Party State. Introducing village elections in China, in: Zheng Yongnian/Lu Yiyi/Lynn White (Hrsg.): Politics of Modern China. Critical Issues in Modern Politics, Band IV. London, S. 3-29.

O'Hara, Kieron (2009): Web engineering in the Chinese context. „Let a hundred flowers bloom, a hundred schools of thought contend", in: Zhang Xiaoling/Zheng Yongnian (Hrsg.): China's Information and Communications Technology Revolution. Social changes and state responses. London, S. 121-135.

Owen, Diana (2006): The internet and youth civic engagement in the United States, in: Sarah Oates/Diana Owen/Rachel Gibson (Hrsg.): The Internet and Politics. Citizens, voters and activists. London, S. 20-39.

Perry, Elizabeth (2010a): Challenging the mandate of Heaven. Popular protest in modern China, in: Zheng Yongnian/Lu Yiyi/Lynn White (Hrsg.): Politics of Modern China. Critical Issues in Modern Politics, Band III. London, S. 299-319.

— (2010b): Casting a Chinese „Democracy" Movement. The roles of students, workers, and entrepreneurs, in: Zheng Yongnian/Lu Yiyi/Lynn White (Hrsg.): Politics of Modern China. Critical Issues in Modern Politics, Band IV. London, S. 377-396.

Picidae (2008): Photos to get round Censorship, in: Reporter ohne Grenzen (2008): Handbook for Bloggers and Cyberdissidents. S. 36-39.

Pierrat, Ludovic (2008): Ensuring your e-mail is truly private, in: Reporter ohne Grenzen (2008): Handbook for Bloggers and Cyberdissidents, S. 71-74.

Qiang, Christine Zhen-Wei (2007): China's Information Revolution. Managing the Economic and Social Transformation. Washington.

Quan, Jing/Hu Qing/Wang Xinan (2005): The IT is not for everyone in China, in: Communications of the ACM, April 2005, Band 48, Nr. 4, S. 69-72.

Rhein, Stefan/Manuel Merz (2009): Unbedingt und ohne Bedingungen? Zur Übertragbarkeit von Wahlkampfinstrumenten von den USA auf Deutschland, in: Manuel Merz/Stefan Rhein (Hrsg.): Wahlkampf im Internet. Handbuch für die politische Online-Kampagne, Berlin, S. 67-74.

Rigger, Shelley (2010): Taiwan, in: William A. Joseph (Hrsg.): Politics in China. An Introduction. Oxford, S. 367-382.

Sæther, Elin (2008): A New Political Role? Discursice Strategies of Critical Journalists in China, in: China aktuell, Ausgabe 4/2008, S. 51-129

Salter, Lee (2003): Democracy, New Social Movements, and the Internet: A Habermasian Analysis, in: Martha McCaughey/Michael Ayers (Hrsg.): Cyberactivism. Online Activism in Theory and Practice. New York, S. 117-144.

Scharping, Thomas (2007): Administration, Censorship and Control in the Chinese Media: The State of the Art, in: China aktuell, Band 36, Nr. 4, 2007, S. 96-118.

Schmidt, Jan (2008): Zu Form und Bestimmungsfaktoren weblogbasierter Netzwerke. Das Beispiel von twoday.net, in: Christian Stegbauer/Michael Jäckel (Hrsg.): Social Software. Formen der Kooperation in computerbasierten Netzwerken. Wiesbaden, S.71-94.

Schucher, Günter (2009): Liberalisierung in Zeiten der Instabilität: Spielräume unkonventioneller Partizipation im autoritären Regime der VR China. GIGA Working Paper Nr. 103, Juni 2009.

Shi, Ming (2005): Bist Du ein Agent der Gegenseite? Internet-Diskurse als politische Manöver, in: Sebastian Heilmann (Hrsg.): China Analysis Nr. 49. Trier.

Shue, Vivienne (2010): Legitimacy Crisis in China, in: Zheng Yongnian/Lu Yiyi/Lynn White
    (Hrsg.): Politics of Modern China. Critical Issues in Modern Politics, Band IV. London, S.
    351-375.
Smith, Christopher/Katie Himmelfarb (2008): ‚Acutally Existing' Olympism – The Beijing 2008
    Games and China's Neoliberal Project, in: China aktuell, Ausgabe 2/2008, S. 36-82
Stevenson, Christopher (2007): Breaching the Great Firewall: China's Internet Censorship and
    the Quest for Freedom of Expression in a Connected World, in: Boston College Internatio-
    nal and Comparative Law Review, Band 30, Nr. 2, 2007, S. 531-558.
Stevenson-Yang, Anne (2005): Can China Co-opt the Web?, in: Far Eastern Economic Review,
    Band 168, Nr. 9, 2005, S. 6-10.
Stockmann, Daniela (2010): Who Believes Propaganda? Media Effects during the Anti-Japanese
    Protests in Beijing, in: The China Quarterly, Nr. 202, Juni 2010, S. 269-289.
Sturz, Wolfgang (2009): Politik 2.0: Barack Obama und sein Wahlkampf im Social Web, in:
    Wissensmanagement. Das Magazin für Führungskräfte, Vol. 11, Nr. 3 (4/5/2009), S. 36-38.
Sullivan, Jonathan/Xie Lei (2009): Environmental Activism, Social Networks and the Internet,
    in: The China Quarterly, Nr. 198, 2009, London, S. 422-432.
Thomas, Simona (2006): Net business: China's potantial for a global market change, in: Jens
    Damm/Simona Thomas (Hrsg.): Chinese Cyberspaces. Technological changes and political
    effects. New York, S. 148-170.
Tipp, Annika (2008): Doing being present. Instant Messaging aus interaktionssoziologischer
    Perspektive, in: Christian Stegbauer/Michael Jäckel (Hrsg.): Social Software. Formen der
    Kooperation in computerbasierten Netzwerken. Wiesbaden, S. 175-194.
Vegh, Sandor (2003): Classifying Forms of Online Activism: The Case of Cyberprotests against
    the World Bank, in: Martha McCaughey/Michael Ayers (Hrsg.): Cyberactivism. Online Acti-
    vism in Theory and Practice. New York, S. 71-96.
Villeneuve, Nart (2008): Technical ways to get round Cesorship, in: Reporter ohne Grenzen (2008):
    Handbook for Bloggers and Cyberdissidents. S. 54-70.
Wagner, Ben (2009): Deep Packet Inspection and Internet Censorship: International
    Convergence on an ‚Integrated Technology of Control'. Publikation der Global Voices Ad-
    vocacy.
Wang, Nan (2009): Control of the Internet search engines in China – A study on Google and
    Baidu. Publikation am Institute of Technology der Unitec University Neuseeland. 2
Wang, Shaojung Sharon/Junhao Hong (2010): Discourse between the Forbidden Realm: Internet
    Surveillance and its implications on China's blogosphere, in: Telematics and Informatics, Nr.
    27/2010, S. 67-78.
Weichert, Stephan (2008): Journalismus, in: Lutz Hachmeister (Hrsg.): Grundlagen der
    Medienpolitik. Bonn, S. 182-189.
Weston, Timothy (2010): China, Professional Journalism, and Liberal Internationalism in the Era
    of the First World War, in: Pacific Affairs, Ausgabe Juni 2010, Vol. 83, Nr. 2, S. 327-348.
Williams, Christine/Girish Gulati (2009): The political impact of Facebook. Evidence from the
    2006 midterm elections and 2008 nomination contest, in: Institute for Politics, Democracy,
    and the Internet (Hrsg.): Politics and Technology Review. Washington DC, S. 11-21.
Willmann, Katrin (2006): Verschärfte Medienkontrolle oder Protektionismus?, in: China Aktuell
    5/2006, S. 83-90.
Wing Wah Ho, Loretta (2007): Gay Space im chinesichen cyberspace: Selbstzensur,
    Kommerzialisierung und Stereotype, in: China aktuell, Band 36, Nr. 4, 2007, S. 46-73.

Wolchok, Scott/Randy Yao/J. Alex Halderman (2009): Analysis of the Green Dam Censorware System. Publikation am Institut für Informatik an der Universität Michigan.

Wolfgarten, Sebastian (2006): Investigating large-scale internet content filtering. http://www.docstoc.com/docs/34421384/Investigating-large-scale-Internet-content-filtering (abgeurfen am 7. Mai 2011).

Wu, Guogang (2009): In the name of good governance. E-government, Internet porography and political censorship in China, in: Zhang Xiaoling/Zheng Yongnian (Hrsg.): China's Information and Communications Technology Revolution. Social changes and state responses. London, S. 68-85.

Wu, Yan (2007): Blurring Boundaries in a ‚Cyber-Greater China': Are Internet Bulletin Boards Constructing the Public Sphere in China?, in: Richard Butsch (Hrsg.): Media and Public Spheres. Houndsmills/New York, S. 210-222.

Xie, Bo/Paul Jaeger (2008): Older Adults and Political Participation on the Internet: A Cross-Cultural Comparison of the USA and China, in: Journal of Cross-Cultural Gerontology, Nr. 23/2008, S. 1-15.

Yang, Guobin (2009a): The Internet as a Cultural Form: Technology and the Human Condition in China, in: Knowledge, Technology & Policy, Nr. 22, 2009, S. 109-115. 2

—— (2009b): Historical imagination in the study of Chinese digital civil society, in: Zhang Xiaoling/Zheng Yongnian (Hrsg.): China's Information and Communications Technology Revolution. Social changes and state responses. London, S. 17-33.

Yu, Haiqing (2006): From Active Audience to Media Citizenship: The Case of Post-Mao China, in: Social Semiotics, Vol. 16, Nr. 2, Juni 2006, S. 303-326.

Yu, Keping (2008): Ideological Change and Incremental Democracy in Reform-Era China, in: Cheng Li (Hrsg.): China's Changing Political Landscape. Prospects for Democracy. Washington.

Zhang, Junhua (2009): Chinese intellectuals and the Internet and the formation of a new collective memory, in: Zhang Xiaoling/Zheng Yongnian (Hrsg.): China's Information and Communications Technology Revolution. Social changes and state responses. London, S. 86-102.

Zhang, Xiaoling (2009): From „foreign propaganda" to „international communication". China's promotion of soft power in the age if information and communication technologies, in: Zhang Xiaoling/Zheng Yongnian (Hrsg.): China's Information and Communications Technology Revolution. Social changes and state responses. London, S. 103-119.

Zhao, Suisheng (2005): Pragmatismus und Parolen. Gefährdet Nationalismus Chinas friedlichen Aufschwung?, in: Internationale Politik, Dezember 2005, S. 24-30.

Zheng, Yongnian (2010): Development and Democracy. Are they compatible in China?, in: Zheng Yongnian/Lu Yiyi/Lynn White (Hrsg.): Politics of Modern China. Critical Issues in Modern Politics, Band IV. London, S. 295-317.

—— (2009): The political cost of information control in China. The nation state and governance, in: Zhang Xiaoling/Zheng Yongnian (Hrsg.): China's Information and Communications Technology Revolution. Social changes and state responses. London, S. 136-155.

Zheng, Yongnian/Guoguang Wu (2010): Information technology, public space, and collective action in China, in: Yongnian Zheng/Yiyi Lu/Lynn White (Hrsg.): Politics of Modern China. Critical Issues in Modern Politics, Band III. London, S. 270-295.

Zhong, Yang/Jie Chen (2010): To Vote or Not to Vote. An analysis of peasants' participation in
    Chinese village elections, in: Zheng Yongnian/Lu Yiyi/Lynn White (Hrsg.): Politics of Mo-
    dern China. Critical Issues in Modern Politics, Band IV. London, S. 58-81.
Zhou, Xiang (2008): Cultural dimensions and framing the Internet in China: A cross-cultural
    study of Newspaper Coverage in Hong Kong, the US and the UK, in: The International
    Communication Gazette, Band 70, Nr. 2, 2008, London, S. 117-137.
Zhou, Xueguang (2010): Unorganized interests adn collective actions in communist China, in:
    Yongnian Zheng/Yiyi Lu/Lynn White (Hrsg.): Politics of Modern China. Critical Issues in
    Modern Politics, Band III. London, S. 137-167.
Zittrain, Jonathan/Benjamin Edelman (2002): Empirical Analysis of Internet Filtering in China.
    http://cyber.law.harvard.edu/filtering/china/ (abgeurfen am 7. Mai 2011).
—— (2003): Internet Filtering in China. Harvard Law School Public Law Resear Paper No. 62.
Zittrain, Jonathan/John Palfrey (2008a): Internet Filtering: The Politics and Mechanisms of
    Control, in: Deibert, Ronald/John Palfrey/Rafal Rohozinski/Jonathan Zittrain (Hrsg.): Ac-
    cess Denied. The Practice and Policy of Global Internet Filtering. Cambridge, S. 29-56.
—— (2008b): Reluctant Gatekeepers: Corporate Ethics on a Filtered Internet, in: Deibert,
    Ronald/John Palfrey/Rafal Rohozinski/Jonathan Zittrain (Hrsg.): Access Denied. The Prac-
    tice and Policy of Global Internet Filtering. Cambridge, S. 103-122.
Zuckerman, Ethan (2010): Intermediary Censorship, in: Deibert, Roanld/John Palfrey/Rafal
    Rohozinski/Jonathan Zittrain (Hrsg.) (2010): Access Controlled. The Shaping of Power,
    Rights, and Rule in Cyberspace. Cambridge, S. 71-86.
—— (2008): How to blog anonymously with Wordpress and TOR, in: Reporter ohne Grenzen
    (2008): Handbook for Bloggers and Cyberdissidents. S. 46-53.
Zweig, David (2010): China's Political Economy, in: William A. Joseph (Hrsg.): Politics in China. An
    Introduction. Oxford, S. 192-223.

Studien und Analysen

Amnesty International
—— (2010): „Justice, Justice": The July 2009 protests in Xinjiang China.
—— (2006): Undermining Freedom of Expression in China. The role of Yahoo!, Microsoft and
    Google.
Berkman Center for Internet and Society/Harvard University
—— (2010a): 2010 Circumvention Tool Usage Report.
—— (2010b): Next generation Connectivity. A review of broadband internet transitions and poli-
    cy around the world.
Booz Allen Hamilton (2010): The Road to Cyberpower. Seizing Opportunity While Managing Risk in
    the Digital Age.
Center for Democracy & Technology (2005): Spam 2005: Technology, Law and Policy.
Deutsche Bank Research
—— (2010a): China's provinces. Digging one layer deeper.
—— (2010b): Verlage im Umbruch: Digitalisierung mischt Karten neu.
—— (2010c): Sichere elektronische Kommunikation. Infrastruktur bringt ökonomische Vorteile.
—— (2008): Bis 2030 müssen Chinas Städte für mindestens 350 Mio. neue Einwohner fit werden.

Freedom House
— (2010): Freedom of the Press 2010.
— (2009a): Freedom of the Net. A Global Assessment of Internet and Digital Media.
— (2009b): Freedom of the Press – China.
KPMG (2008): Destination Digital: Opportunities in China's Media and Advertising Market.
McKinsey
— (2010): China's internet obsession. McKinsey Quarterly, Frühjahr 2010.
— (2009): How Companies are benefiting from Web 2.0: McKinsey Global Survey Results. McKinsey Quarterly, Herbst 2009.
— (2007): How Businesses are using Web 2.0: A McKinsey Global Survey. McKinsey Quarterly, Herbst 2007.
Nieman Journalism Lab (2009): The Google/China hacking case: How many news outlets do the original reporting on a big story?
OpenNet Initiative
— (2010): Bulletin: Policing Content in the Quasi-Public Sphere.
— (2009): Bulletin: China's Green Dam. The Implications of Government Control encroaching on the Home PC.
— (2007): Country Study: China (including Hong Kong).
— (2006): Bulletin 011: Analysis of China's Non-Commercial Web Site Registration Regulation.
— (2005): Internet Filtering in China in 2004-2005: A Country Study.
— (2004a): Bulletin 006: Google Search & Cache Filtering Behind China's Great Firewall.
— (2004b): Bulletin 005: Probing Chinese Search Engine Filtering.
Reporter ohne Grenzen
— (2010a): Enemies of the Internet 2010.
— (2010b): Courage! Who said the Chinese never speak out?
— (2009a): Enemies of the Internet 2009.
— (2009b): Rangliste der Pressefreiheit
— (2008a): Annual Report: Freedom of the Press worldwide.
— (2008b): Handbook for Bloggers and Cyberdissidents.
— (2007a): China. Journey to the heart of internet censorship.
— (2007b): Annual Report: Freedom of the Press worldwide.
— (2006): Annual Report: Freedom of the Press worldwide.
— (2005): Xinhua: The World's biggest Propaganda Agency. Paris.
— (2003): „Living dangerously on the Net". Censorship and surveillance of Internet forums.

Weblogs

Amnesty International (www.amnesty.org)
— (23.3.2011): China: New Generation of Internet Activists Targeted.
— (23.3.2009): China: Activist Feng Zhenghu Victim of Enforced Disappearance.
Electronic Frontier Foundation (http://www.eff.org)
— (1.2.10): Seven ,Corporations of Interest' in Selling Surveillance Tools to China.
— (9.6.2009): China's Spy in the Home.
— (2.10.2008): Chinese Skype Clients Hands Confidential Communications to Eavesdroppers.

Global Voices Advocacy (http://advocacy.globalvoicesonline.org)
— (3.11.2010): China: Blacklisting netizens.
— (21.10.2010): Hong Kong: Three activists harassed by Facebook.
— (14.10.2010): China: A million posts deleted at Baidu Tieba.
— (13.10.2010): China: When the network was cut in Xinjiang.
— (16.9.2010): China: ID data verification system.
— (29.8.2010): China: GFW Update.
— (11.8.2010): China: ISP level Gmail phishing.
— (15.7.2010): China: Cracking down on micro-blogging.
— (30.4.2010): China: Over the GFW.
— (27.4.2010): China: State security Law Amendment.
— (23.2.2010): China: Website registration system.
— (3.2.2010): China: More than 100 thousand webistes shut down.
— (22.12.2009): China: White-listing the Internet?
— (22.11.2009): China and Japan: Feng Zenghu at Narita airport.
— (14.10.2009): China: Blocking Twitter's third party applications.
— (13.9.2009): China: Blue Dam activated.
— (8.9.2009): China: Real name registration.
Heise Online (12.12.2002): Chinas Internet-Zensoren schlagen wieder zu.
Human Rights in China (www.hrichina.org)
— (29.4.2010): China Sharpens Legal Weapons for Information Control.
— (27.4.2010): Shanghai Petitioner Mounts „Expo of Judicial Injustice"
Human Rights Watch (http://www.hrw.org)
— (8.10.2010): China: Nobelpreis für Liu Xiaobo unterstreicht Missstände bei Menschenrechten.
— (13.5.2009): China: Die alten Wunden von Tiananamen.
— (7.7.2008): China: Verpflichtung zur Medienfreiheit anlässlich der Olympischen Spiele nicht
   eingehalten.
McLaughlin, Ryan (2009): Human flesh search engines – crowd-sourcing „justice". CNET Asia Weblog.
OpenNet Initiative (http://www.opennet.net)
— (16.10.2010): Older Generation of Chinese Politicians Seek to End Censorship.
— (15.1.2010): Official Google Blog Blocked from Baidu.
— (25.4.2006): Is there a way to circumvent Google's censorship in China?
— (25.1.2006): Google.cn Filtering: How It Works.
Reporter ohne Grenzen (http://www.rsf.org)
— (11.10.2010): Massive Zensur nach Ehrung von Liu Xiaobo.
— (3.9.2010): ROG alarmiert über Überwachung von Mikroblogging-Seiten.
— (27.8.2010): ROG kritisiert wachsende Zensur durch Unternehmen.
— (1.10.2010): Breschen in die Mauer: Kleine Erfolge im Kampf gegen Zensur.
— (27.8.2010): ROG kritisiert wachsende Zensur durch Unternehmen.
— (29.1.2010): Internet still not restored in Xinjiang.
— (18.1.2010): Google e-mail accounts of foreign reporters hacked, sources endangered.
— (13.1.2010): Google rebels against China's internet censors.
— (1.1.2010): iPhone apps about Dalai Lama blocked in China.
— (18.9.2009): Is China imposing more powerful version of Green Dam, called Blue Shield?

—— (14.8.2009): Government backs down on Green Dam but concerns remain.

Presseberichterstattung

AFP
—— (22.1.2010): China weist Kritik Clintons an Internetzensur zurück.
BBC News Online
—— (22.3.2010): Google stops censoring in China.
—— (21.3.2010): China denounces Google ‚US ties'.
—— (12.3.2010): China's stern warning to Google.
—— (23.2.2010): China denies school-based hacks.
CBS News Online
—— (30.11.2009): Feng Zhenghu: Changing China from Terminal 1.
China Daily Online
—— (7.1.2010): Green Dam faces $2,2b lawsuit.
—— (10.7.2009): Govt pledges to keep stability in Xinjiang.
—— (20.6.2009): Google pledges to comb out porn results in China.
—— (15.6.2009): China delays mandatory „Green Dam" installation.
CNN Online
—— (8.10.2010): China blanks Nobel Peace prize searches.
—— (23.1.2010): U.S. enables Chinese hacking of Google.
Der Spiegel
—— (2010): Operation Aurora, in: Der Spiegel 3/2010, S. 65-67.
—— (2008): Chinesische Mauer 2.0, in: Der Spiegel Nr. 18/2008, S. 184-186.
Die Zeit
—— (2008): Zensur bei den drei großen „T". Interview mit Vincent Brossel („Reporter ohne Grenzen"), in: Die Zeit, Nr. 32/2008, S. 4
—— (2003): SARS: Fiebersenken und Beten, in: Die Zeit, Nr. 15/2003. Online-Version.
Economist Online
—— (14.1.2010): Flowers for a funeral. Censorship and hacker attacks provide the epitaph.
FAZ.NET
—— (7.4.2011): Ai Weiwei wird „Wirtschaftsverbrechen" verdächtigt.
—— (3.4.2011): Künstler Ai Weiwei an Ausreise gehindert.
—— (8.10.2010): Liu Xiaobo erhält Friedensnobelpreis – Peking: „Auszeichnung eines Kriminellen"
—— (18.8.2010): China und seine Kinder: Das geheime Experiment von Yicheng.
—— (29.6.2010a): Zugeständnisse ans Regime: Google kämpft gegen Lizenzverlust in China.
—— (29.6.2010b): Google vs. China: Eine Täuschung.
—— (30.4.2010): Internetzensur in China: Im Zweifel für das Staatsgeheimnis.
—— (28.3.2010): Kampf gegen Kindesmissbrauch: EU-Kommission will Internetsperren.
—— (23.3.2010a): Google beendet Selbst-Zensur: China: Googles Entscheidung wird „politisiert".
—— (23.3.2010b): Chinesische Internetzensur: Googles List.
—— (23.3.2010c): Google beendet Selbstzensur: Chinas kurzer Traum vom freien Internet.

— (22.3.2010): Umweg über Hongkong: Google stellt Suchmaschine in China ein.
— (11.2.2010): Urteil gegen Liu Xiaobo bestätigt.
— (25.1.2010): Streit mit Google: China weist Verantwortung für Hackerangriffe zurück.
— (22.1.2010): Google-Debatte: Peking und Washington streiten über Internet.
— (14.1.2010): Hacker-Angriff aus China: „Google wird die Lücke nicht bekannt geben". Interview mit Internet-Sicherheitsexperte Magnus Kalkuhl.
— (13.1.2010): Google erwägt Rückzug aus China.
— (6.1.2010): Freiheit nur für eine Nacht.
— (25.12.2009): Elf Jahre Haft für Liu Xiaobo: „Das Huhn töten, um den Affen zu erschrecken."
— (23.12.2009): Prozess gegen Liu Xiaobo: Botschafter, Bürgerrechtler und Blogger protestieren.
— (7.7.2009): Unruhen in Xinjiang: Über 1400 Festnahmen, weitere Proteste.
— (31.7.2008): Zensur im Internet: Chinas Kampf gegen das freie Netz.
— (30.7.2008a): Streit über Internet-Zensur: „Das IOC ist ein Gefangener Chinas."
— (30.7.2008b): Kritische Internetseiten blockiert: IOC akzeptiert Chinas Zensur bei Olympia.
— (17.4.2007): Chinas Internet-Zensoren: Sind die nicht putzig?
— (3.2.2006): Illusionen des Westens. Nur keine Aufregung: Google.cn und die chinesische Zensur.
— (14.6.2005): Wie Microsoft chinesischen Zensoren hilft.
— (3.3.2005): China schließt Zehntausende Internet-Cafés.
Focus Online
— (27.2.2011): China: Proteste werden im Keim erstickt.
Guardian Online
— (6.1.2010): US software firm sues China over Green Dam piracy. Cybersitter alleges ist code was copied for Green Dam censorship program.
— (13.11.2009): Chinese human rights activist stuck at Tokyo airport.
— (13.8.2009): China drops Green Dam web filtering system. Government drops out plan to install controversial software on all country's computers after outcry over censorship.
New York Times Online
— (19.4.2010): Cyberattack on Google Said to Hit Passwod System.
— (7.3.2010): China's Cyberposse.
— (14.1.2010): Google's Threat Echoed Everywhere, Except China.
— (9.6.2009): China Requires Censorship Software on New PCs.
— (23.2.2009): Exploring a ‚Deep Web' Google can't grasp.
Newsweek Online
— (5.4.2008): Repression 2.0. Totalitarian states are learning to control citizens by creating the impressions of ubiquitous surveillance.
People's Daily Online
— (24.7.2010): Senior official stresses China's determination to clear Internet of porn.
— (16.7.2010): Hundreds of Chinese websites ordered to remove pornography.
— (24.2.2010a): China cyber attacks against Google pure fabrication.
— (24.2.2010b): China denies government links on cyber attacks on Google.
— (20.2.2010): Military not linked to attacks on Google.
Reuters
— (22.7.2010): Chinesischer Google-Rivale Baidu steigert Gewinn kräftig.

— (20.7.2010): China ist nun zufrieden mit Googles Internet-Praxis.

— (9.7.2010): Peking erneuert Googles Web-Lizenz in China.

— (29.6.2010): Google beendet in China Umleitung auf unzensierte Seite.

— (2.6.2009): China sperrt vor Tiananmen-Jahrestag mehrere Internet-Dienste.

— (8.5.2008): China won't guarantee Web freedom over Olympics.

Spiegel Online

— (23.4.2011): Chinas Machthaber fürchten streikende Lkw-Fahrer.

— (4.4.2011): Ai-Weiwei-Festnahme: Chinas Kunststar verliert seinen Schutzschild.

— (12.1.2011): Ai Weiweis Atelier abgerissen.

— (2.12.2010): Ai Weiwei an Ausreise gehindert.

— (8.10.2010): Liu Xiaobo: Friedensnobelpreis für Pekings Staatsfeind Nr. 1.

— (1.7.2010): Zensur-Streit: China blockiert Teile der Google-Funktionen.

— (29.6.2010): Zugang zur Web-Suche: China zwingt Google zum Rückzieher.

— (20.4.2010): China-Hacker sollen Googles Passwort-System gestohlen haben.

— (23.3.2010a): Umzug nach Hongkong: Google düpiert Chinas Web-Zensoren.

— (23.3.2010b): Internetaktivisten in China: Warum Chinas Behörden Angst vor dem Web haben.

— (23.3.2010c): Umzug nach Hongkong: Google überlasse Peking das Zensieren.

— (23.3.2010d): Umzug statt Rückzug: Googles PR untergräbt Pekings Propaganda.

— (13.1.2010a): Googles Absage an Chinas Zensoren: Comeback des Guten.

— (13.1.2010b): Internet-Zensur in China: USA verlangen von Peking Erklärung zu Attacken auf Google.

— (25.12.2009): Urteil gegen Liu Xiaobo: Elf Jahre Haft für das freie Wort.

— (22.12.2009): Satire-Missverständnis: China wirft deutschen Medien vulgäre Berichterstattung vor.

— (16.9.2009): OP nach Polizeiübergriff: Chinesischer Künslter Ai Weiwei klagt Regime an.

— (4.6.2009): 20. Jahrestag des Massakers: China blockiert Bilder vom Tiananmen-Platz.

— (24.4.2009): Abschied von der Internet-Mumie.

— (31.7.2008): Olympia in China: Korrespondenten protestieren gegen Netzzensur.

— (27.7.2008): Olympia-Zensur: China sperrt kritische Seiten auch für Journalisten.

— (23.7.2008): Chinesische Polizei verhaftet Web-Dissidenten.

— (17.4.2008): Überwachungsstaat: Zensoren simulieren Total-Kontrolle.

— (21.7.2007): SMS-Zensur in China wird schwieriger.

— (8.6.2007): China blockiert alle Flickr-Fotos.

— (23.4.2007). Internet-Filter: Die neue Architektur der Zensur.

— (2.6.2007): Chinesen entdecken Protest per SMS.

— (25.1.2006): Selbstzensur in China: Google wird böse.

— (2.6.2004): China führt politische Zensur von PC-Spielen ein.

— (15.3.2003a): Asiatische Pneumonie: „Jetzt eine weltweite Bedrohung".

— (15.3.2003b): China: Neuer Präsident mit 99 Prozent der Stimmen.

Stern.de

— (6.3.2011): *Stern*-Korrespondent in Bunker festgehalten.

Sueddeutsche.de

— (10.12.2010): „Das Streben nach Freiheit ist nicht zu stoppen"

— (8.10.2010): Geburtswehen in Oslo – Zorn in Peking.

— (16.3.2008): Unruhen in Tibet: China blockiert YouTube wegen Tibet-Videos.

Tagesschau.de
— (12.6.2009): 20. Jahrestag des Massakers vom Tiananmen-Platz: Chinas sperrt Internet-Dienste.

Time Online
— (21.4.2003): SARS: Unmasking a Crisis.

Wall Street Journal Online
— (22.3.2010a): Google Stops censoring in China.
— (22.3.2010b): Analysts' Views: Google's China Decision.

Washington Post Online
— (20.2.2011): Wife of detained Chinese Nobel prize winner Liu Xiaobo says she, family are „hostages".

Wirtschaftswoche Online
— (1.4.2011): Google: Nur noch ärger in China.

Zeit Online
— (5.5.2011): China verbittet sich Einmischung im Fall Ai Weiwei.
— (16.4.2011): Merkel setzt sich für Ai Weiwei ein.
— (3.4.2011): Künstler Ai Weiwei festgenommen.
— (27.2.2011): Polizei verhindert protest in China.
— (20.2.2011): „Jasmin-Revolution": Chinas Polizei löst Proteste auf.
— (31.1.2011): Nordafrikas Aufstände beunruhigen Chinas Führung.
— (29.1.2011): China sperrt Suche nach „Ägypten".
— (22.10.2010): Zensur in China: Menschenrechtsaktivisten planen chinesisches Wikileaks.
— (10.10.2010): Ein Regime schlägt zurück.
— (21.9.2010): Deep Web: Schürfen in den Tiefen des Netzes.
— (8.7.2010): Internetzesnur: ‚Ein Stück weit naiv'.
— (23.3.2010a): China eskaliert den Streit mit Google.
— (23.3.2010b): Chinesen fühlen sich im Stich gelassen.
— (23.3.2010c): Google dementiert Rückzug aus China. Interview mit Kay Oberbeck.
— (24.2.2010): Jugendschutz: Angst vor Zensursula 2.0.
— (4.2.2010): Netzneutralität: Knoten im Netz.
— (22.1.2010): Nach Hacker-Angriffen: Clinton attackiert China im Google-Streit.
— (15.1.2010): Google vs. China: Chinas Google-Hack nutzte Lücke im Internet Explorer.
— (13.1.2010a): Google vs. China: Die Google-Republik.
— (13.1.2010b): Zensur: Google legt sich nach Hackerangriff mit China an.
— (14.6.2009): Great Firewall: China verlangt Zensur-Programm auf allen Rechnern.
— (2.6.2009): Internet-Zensur: Web 0.0 in China.
— (25.5.2009): Twittern statt zittern.
— (5.8.2008): Olympische Spiele: Komplizen der chinesischen Zensur.
— (4.8.2008): Internet-Zensur: Selektive Repression in China.

VS Forschung | VS Research
Neu im Programm Politik

Cornelia Altenburg

Kernenergie und Politikberatung
Die Vermessung einer Kontroverse
2010. 315 S. Br. EUR 39,95
ISBN 978-3-531-17020-6

Markus Gloe / Volker Reinhardt (Hrsg.)

**Politikwissenschaft
und Politische Bildung**
Nationale und internationale Perspektiven
2010. 269 S. Br. EUR 39,95
ISBN 978-3-531-17361-0

Farid Hafez

Islamophober Populismus
Moschee- und Minarettbauverbote
österreichischer Parlamentsparteien
2010. Mit einem Geleitwort von Prof.
Dr. Anton Pelinka. 212 S. Br. EUR 34,95
ISBN 978-3-531-17152-4

Annabelle Houdret

**Wasserkonflikte
sind Machtkonflikte**
Ursachen und Lösungsansätze
in Marokko
2010. 301 S. Br. EUR 34,95
ISBN 978-3-531-16982-8

Jens Maßlo

Jugendliche in der Politik
Chancen und Probleme einer
institutionalisierten Jugendbeteiligung
2010. 477 S. Br. EUR 49,95
ISBN 978-3-531-17398-6

Torsten Noe

Dezentrale Arbeitsmarktpolitik
Die Implementierung der Zusammen-
legung von Arbeitslosen- und Sozialhilfe
2010. 274 S. Br. EUR 39,95
ISBN 978-3-531-17588-1

Stefan Parhofer

**Die funktional-orientierte
Demokratie**
Ein politisches Gedankenmodell
zur Zukunft der Demokratie
2010. 271 S. Br. EUR 29,95
ISBN 978-3-531-17521-8

Alexander Wolf

**Die U.S.-amerikanische
Somaliaintervention 1992-1994**
2010. 133 S. Br. EUR 29,95
ISBN 978-3-531-17298-9

Erhältlich im Buchhandel oder beim Verlag.
Änderungen vorbehalten. Stand: Juli 2010.

www.vs-verlag.de

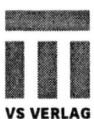
VS VERLAG

Abraham-Lincoln-Straße 46
65189 Wiesbaden
Tel. 0611.7878 - 722
Fax 0611.7878 - 400